EXCELLENT CITIES,
INNOVATION DISTRICTS

卓越城市
创新街区

邓智团　著

上海社会科学院出版社

编审委员会

主　　编　张道根　于信汇
副 主 编　王玉梅　谢京辉　王　振　何建华
　　　　　张兆安　周　伟
委　　员　(以姓氏笔画为序)
　　　　　王　健　方松华　叶必丰　权　衡
　　　　　朱建江　刘　杰　刘　鸣　孙福庆
　　　　　杨　雄　沈开艳　周冯琦　荣跃明
　　　　　姚勤华　晏可佳　黄凯锋　强　荧
执行编委　陶希东　王中美　李宏利

总　序

当代世界是飞速发展和变化的世界,全球性的新技术革命迅速而深刻地改变着人类的观念形态、行为模式和社会生活,同时推动着人类知识系统的高度互渗,新领域、新学科不断被开拓。面对新时代新情况,年轻人更具有特殊的优越性,他们的思想可能更解放、更勇于探索,他们的研究可能更具生命力、更富创造性。美国人类学家玛格丽特·米德在《文化与承诺——一项有关代沟问题的研究》一书中提出,向年轻人学习,将成为当代世界独特的文化传递方式。我们应当为年轻人建构更大的平台,倾听和学习他们的研究成果。

2018年,适逢上海社会科学院建院60周年,上海社会科学院向全院40岁以下青年科研人员征集高质量书稿,组织资助出版"上海社会科学院院庆60周年·青年学者丛书",把他们有价值的研究成果推向社会,希冀对我国学术的发展和青年学者的成长有所助益。本套丛书精选本院青年科研人员最新代表作,内容涵盖经济、社会、宗教、历史、法学、国际金融、城市治理等方面,反映了上海社会科学院新一代学人创新的能力和不俗的见地。年轻人是上海社会科学院最宝贵的财富之一,是上海社会科学院面向未来的根基。

上海社会科学院科研处
2018年7月

前　言

在更大空间尺度和更长时间跨度上，城市发展的动力和逻辑也因时因地而异。20世纪后半叶，城市发展逻辑是"业兴人，人兴城"，人跟随产业，实质是产业兴城。在该发展逻辑推动下，工业化推动新兴城市发展，"田园资本主义"的盛行，制造业外迁，跨区域跨国迁移，伦敦、纽约等老牌世界城市相对衰落，东京和新加坡等一批新世界城市崛起。然而从20世纪末或21世纪初开始，信息社会与知识经济重塑城市发展路径，创新创意成为城市发展新动力。能源危机和环保压力，让田园资本主义逐步被倡导"注重步行空间，强调密集型发展"的新城市主义替代，与创新创意人才的需求高度吻合，强调适宜步行的邻里环境、功能混合、高质量的建筑和城市设计、可持续发展和追求高质量生活。

改善城市生态环境和促进文化多元，营造舒适的生活和工作环境，成为集聚创新创意人才增强城市发展新动力的钥匙。纽约、伦敦、旧金山和波士顿等一大批城市，重新焕发创新创意活力，迎来新一轮发展。环境吸引人才，人才集聚产业，产业繁荣城市，形成"城兴人，人兴业"的城市发展新逻辑，城市间的发展竞争，转变为更显性、直接的人才争夺战。特别是进入新时代后，城市发展必须贯彻"创新、协调、绿色、开放、共享"五大发展理念，并严守"人口、土地、生态和安全"城市发展四大底线，创造出城市发展路径的拐点。

当前，在中心城区规划建设能吸引知识员工的创新集群，已经成为国外重要城市政府、开发商、建筑师和城市规划师普遍推崇的优先战略。伦敦硅环(Silicon Roundabout)、剑桥肯戴尔广场(Kendall Square)、波士顿创新区(Boston Innovation District)已成为当地政府最为重要的政策和规划计划；纽约硅巷(Silicon Alley)已成为如 Kickstarterand 和 Tumblr 等超过 500 家新公司的所在地；西雅图南湖(South Lake Union)也成为信息技术和生命科学机构的新枢纽；圣弗朗西斯科也正在推进 Mission Bay 和 5M Project 等项目。

  本书针对创新创业集聚中心城区这一特定现象，基于对当前城市新一轮"城兴人、人兴业"的新发展逻辑，首次提出和使用了"创新街区"概念。在内涵界定和特征归纳的基础上，本书从理论、策略与案例三个维度，对创新街区的建设进行了深入研究，特别是针对创新街区兴起的动力、经济活动、空间特质、场所营造、规划建设策略进行了全面系统的研究，提出场所营造是创新街区规划建设的关键路径，并以上海为例对我国创新街区的建设实践进行了针对性研究。最后，通过综合国内外创新街区实践，形成加快推进我国创新街区建设的经验与对策。这对当前我国城市的内涵式发展，特别是对国家正在着力推进的"城市修补"的理论认识与现实实践有较大的参考借鉴价值。

  在创新街区的兴起和建设过程中，创新企业、知识员工和地方政府是三个关键的行动主体。从经济理性人的角度来看，只有当创新街区建设能给三个行动主体带来收益增加，才能形成真正有效的内生动力。对创新企业而言，良好城区生活环境能更好地获取知识"溢出效应"。对于创新活动而言，知识被认为只能通过人际接触和跨企业流动进行有效地传递，因此会被地理性地限制在区域内。对知识员工而言，办公空间的演变推动员工倾向具有良好生活环境的中心城区。对地方政府而言，可以促进中心城区复兴并提升城市经济弹性。随着郊区生活品质的相对下降，人们重新焕发对中心城区生活的向往，而以前郊区城市化过程中遗留的"城市疤痕"空间大、成本低,成为城市复兴的机遇区(Opportunity Area),触发点正是2008年前后开始的经济衰退。

从纽约硅巷、伦敦硅环、巴塞罗那22@街区和剑桥肯戴尔广场等典型创新街区的发展历史来看,在他们的转型初始阶段,基本上都是市场化因素在推动,特别是以私人开发商对区域的改造升级为主,在转型达到一定的阶段后,地方政府开始进入,并推动实施相关的政策计划,推动创新街区更快发展。但也还有例外,波士顿海港广场创新街区则是完全由地方政府规划推动建设的。与大多数美国城市一样,2008年后波士顿遭遇了经济衰退带来的高失业率,而地方政府迫切寻找能够创造就业、刺激增长和振兴市中心城区的经济发展机会。在这个背景下,2010年波士顿宣布一个新的城市更新计划:在南波士顿滨海地区规划建设一个创新街区。经过5年的开发,这个地区的科技公司贡献了30%的新就业增长,11%的新公司是教育和非营利组织,21%的新工作在创意产业,16%的新工作在生命科学或绿色技术领域,成为世界上第一个完全由地方政府主导打造的创新街区。创新街区已经成为中心城区复兴和城市功能提升级的关键选择。

当前我国城市正从"摊大饼"式的规模扩张向城市内涵发展转变,应因势利导实施创新街区建设计划,加快推动大城市中心城区创新街区建设。在"新型城镇化"和"大众创业、万众创新"两大国家战略背景下,应改变长期以来我国城市在中心城区更新过程中过分强调对高端商业和商务办公、文化创意产业的重视,积极响应创新街区建设方兴未艾的最新趋势,学习借鉴创新街区的规划建设经验,加快推进创新街区的建设步伐,实现城市的转型升级,尽快走向卓越城市。

目 录

第一章 创新街区的兴起   1
第一节 城市发展新逻辑   1
一、城市发展驱动力升级   1
二、"城兴人,人兴业"城市发展新逻辑   2
第二节 新创新空间   3
一、高科技产业发展集群化   3
二、工作生活融合的新趋势   5
三、新创新空间广泛兴起   8
第三节 创新街区概念   10
一、创新街区现象   10
二、创新街区概念   13
三、创新街区内涵   15
第四节 创新街区识别   16
一、创新街区的特征   16
二、创新街区的阶段与类型   18
三、创新街区的识别标准   19

第二章 创新街区兴起的动力   26
第一节 创新街区兴起前提   26

第二节 创新街区兴起的经济理性 27
   一、创新街区兴起的动力：行动主体收益预增 27
   二、企业层面的成本—收益权衡 30
第三节 地方政府层面的综合收益权衡 31
   一、创新街区创造新的城市发展模式 32
   二、地方政府建设创新街区的成本 33
   三、地方政府建设创新街区的收益 36
   四、地方政府的综合收益权衡 38
第四节 重塑空间区位决策的成本—收益预期：硅巷案例 40
   一、降低创新企业中心城区集聚的空间成本预期 40
   二、提高创新型企业中心城区集聚的综合收益预期 41

第三章 创新街区重塑城市空间 43
第一节 创新街区重现空间价值 43
   一、构筑城市向创新驱动转变的空间依托 43
   二、重新调动与汇聚被忽视的智力资本 44
   三、重新发现与发掘被低估的区位价值 46
第二节 创新街区与城市空间发展的互动 47
   一、创新街区主导下城市功能的再设计 47
   二、创新街区主导下城市空间的再组织 48
第三节 创新街区集聚的关键因素 50
   一、模型设计 50
   二、计量结果及解释 53

第四章 创新街区的经济活动 58
第一节 功能混合 58

一、功能呈现多元产城融合　　58
　　二、"新城市主义"的开发理念　　59
　　三、爱尔兰国家软件园的城市化发展　　62
第二节　产业多元　　67
　　一、20世纪60—70年代：民用计算机行业蓬勃发展　　68
　　二、20世纪80年代：从硬件制造转向软件开发　　69
　　三、20世纪90年代：生物技术繁荣　　70
　　四、2000年后：信息技术与生物技术的多元化发展　　71
第三节　数字经济　　73
　　一、硅环的区位：位于内东伦敦　　73
　　二、伦敦硅环的兴起背景　　75
　　三、硅环数字经济的经济活动　　78

第五章　创新街区的空间特质　　86
第一节　创新街区的城市特质　　87
第二节　从工业区到创新街区　　88
　　一、肯戴尔广场概况　　89
　　二、20世纪60年代以前：工业景观　　93
　　三、20世纪60—90年代：办公园区　　94
　　四、2000年以来：功能混合的创新街区　　95
第三节　第三空间塑造创新街区　　98
　　一、具有活力的城市空间　　98
　　二、零售空间与公共空间的第三空间　　100
　　三、第三空间激发城区创新活力　　103

第六章　创新街区的场所营造　　106
第一节　场所营造的关键作用　　107

一、创新街区的发展 107
二、创新街区的挑战与冲突 108
三、重新定义"场所营造"的角色 109

第二节 场所营造的分析框架 109
一、创新街区（创新集群）的场所营造 109
二、创新集群场所营造的实证分析 111
三、场所营造的多维分析模型 114

第三节 场所营造的实践对比 115
一、案例描述 115
二、研究结果 123
三、关键结论 129

第七章 创新街区的建设路径 134

第一节 街区新公共利益 134
一、重新定义街区公共利益 134
二、塑造公共创新中心和连通公共领域 136

第二节 区域联动更新 139
一、南湖联盟区的发展 139
二、西雅图南湖联盟区的转型与大学区的诞生 142

第三节 公共空间转型 145
一、公共空间的转型 145
二、剑桥分区修正案 148

第四节 拓展的办公空间 149
一、拓展办公空间 149
二、公共创新空间 154

第五节 打造公共创新中心 159

一、美国麻省波士顿创新街区　　159
　　二、建设公共创新空间的总体规划设想　　161
　　三、街区会客厅打造海港广场的公共创新空间　　164
　　四、街区会客厅与社区中心的区别　　166
第六节　文化与创新融合　　168
　　一、区域联动更新背景　　169
　　二、区域联动更新经验　　170

第八章　创新街区建设的上海实践　　177
第一节　上海创新街区的识别　　177
　　一、杨浦：大创智功能区与四大创业创新街区　　177
　　二、虹口：北部地区与大柏树科技创新中心　　179
　　三、徐汇：两大创新活力区与漕河泾新兴技术开发区　　180
　　四、静安：市北高新园区　　182
　　五、普陀：四大科技创新功能区与桃浦科技智慧城　　183
　　六、简单评价　　185
第二节　上海创新街区建设的类型　　186
　　一、上海创新街区建设的类型　　186
　　二、城市更新型创新街区建设　　188
　　三、园区升级型创新街区建设　　192
第三节　上海推进创新街区建设成本与收益考察　　194
　　一、成本投入问题　　194
　　二、收益获得问题　　196
第四节　上海创新区建设策略　　197
　　一、努力提升经济弹性　　198
　　二、政府发挥关键作用　　199

三、提升两大空间定位　　　　　　　　　　　　　　　　　　200

第九章　创新街区建设经验与建议　　　　　　　　　　　　202
　第一节　创新街区的理论经验　　　　　　　　　　　　　　202
　　　一、创新街区的理论探讨　　　　　　　　　　　　　　203
　　　二、创新街区的经验总结　　　　　　　　　　　　　　205
　第二节　创新街区的规划对策　　　　　　　　　　　　　　206
　　　一、核心策略　　　　　　　　　　　　　　　　　　　206
　　　二、具体对策　　　　　　　　　　　　　　　　　　　208

附录　创新的前沿：量化测度与国际比较
　　　——对联合国教科文组织《2012年创新统计》的解读　　211
　　　一、创新活动：外部获取主导　　　　　　　　　　　　212
　　　二、创新联系：多元化的创新信息源　　　　　　　　　213
　　　三、创新合作："硬"合作强于"软"合作　　　　　　　　215
　　　四、产品与工艺创新：并驾齐驱，大企业主导　　　　　217
　　　五、组织创新：全球盛行，以大企业为主　　　　　　　220
　　　六、营销创新：大中型企业主导　　　　　　　　　　　221
　　　七、创新制约因素：由企业的资金与人才决定　　　　　222

参考文献　　　　　　　　　　　　　　　　　　　　　　　225
后记　　　　　　　　　　　　　　　　　　　　　　　　　238

第一章
创新街区的兴起

第一节 城市发展新逻辑

一、城市发展驱动力升级

城市的发展有一个从粗放到精细、从低端到高端、从外延到内涵的循序渐进过程。当一个城市发展的速度和规模都达到一定的水平后,如果在国家和地方层面都能通过采取适当的方式,推动促进城市发展驱动力的升级调整,则可以推动城市发展路径转型,实现城市发展的内涵化和功能的高端化。理解驱动力升级推动城市发展转型的逻辑关系,有三个递进层次的转变:第一层,驱动结构升级,从要素驱动到创新驱动;第二层,城市发展转型,外延式城市发展到内涵式城市发展;第三层,要素驱动的外延式城市发展向创新驱动的内涵式城市发展转型。

英国著名城市学家彼得·霍尔(P. Hall)在《文明中的城市》(*Cities in Civilization*)中指出,城市发展史中有十分难得的"城市黄金时代"现象。著名城市学家吴良镛也指出,如果我国城市发展棘手问题得到解决,同样可以有若干城市同时塑造它们的黄金时代。可以说,当前我国的城市发展面临着前所未有的机遇,也存在一些棘手的问题。邓智团构建了一个新的理论分析框架:"驱动结构升级—城市发展转型"理论。该分析框架强调,理解城市发展转型的根本在于认识驱动结构的升级,即实现从要素驱动向创新驱动的转变,为理解和推进城市发展转型提供了一个新的思路,在城市发展研究范式上具有一定的突破性,发展了城市发展的理论。

新常态经济背景下,理解并积极响应城市发展驱动力的转变,以及由此而导致的城市发展方式的转变,是新时期探索我国城市发展路径,推动我国城市发展转型的一个关键切入点。从"要素驱动"向"创新驱动"转变的驱动结构升级,将推动城市从重规模的外延式扩张转向重品质的内涵式发展,将有助于适应经济新常态,改善我国城市发展的质量和效率,是国家新型城镇化战略的必然要求,也是供给侧改革背景下城市发展的必然选择(邓智团,2016)。

二、"城兴人,人兴业"城市发展新逻辑

城市发展的动力和逻辑因时因地而异。20世纪中叶到20世纪后半叶,城市发展逻辑是"业兴人,人兴城",人跟随产业,实质是产业兴城。在该发展逻辑推动下,工业化推动新兴城市发展,"田园资本主义"盛行,制造业外迁,跨区域跨国迁移,伦敦、纽约等老牌世界城市人口减少,相对衰落,东京、新加坡等一批新世界城市崛起。然而,从20世纪末或21世纪初开始,信息社会与知识经济激活城市发展新路径,创新创意成为城市发展新动力。能源危机和环保压力,让田园资本主义逐步被倡导"注重步行空间,强调密集型发展"的新城市主义替代。

新城市主义与创新创意人才的需求高度吻合,强调适宜步行的邻里环境、功能混合、高质量的建筑和城市设计、可持续发展和追求高生活质量。改善城市生态环境和促进文化多元,营造舒适的生活和工作环境,成为集聚创新创意人才塑造城市发展新动力的钥匙。环境吸引人才,人才集聚产业,产业繁荣城市,形成"城兴人,人兴业"的城市发展新逻辑,将城市间的发展竞争,转变成更为显性和直接的人才争夺战。纽约、伦敦、旧金山和波士顿等一大批城市,重新焕发创新创意活力,迎来新一轮发展。

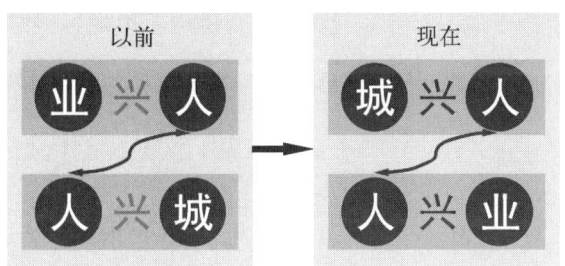

图 1-1　城市发展逻辑：从"业兴人，人兴城"到"城兴人，人兴业"
资料来源：作者绘制。

第二节　新创新空间

一、高科技产业发展集群化

企业集群不是只适用于高科技产业的概念。相反，这个现象的研究可以追溯到 1920 年，当时马歇尔认为，特定行业的集聚能创造一些优势，后来也被其他经济学家进一步推进发展，如赫希曼、佩鲁和雅各布等。在信息社会发展和技术演化的曙光里，一些未来学家早已不再争论由于技术的进步不会有集群的必要。然而，虚拟沟通是如此普遍的信息社会的矛盾是，城市和区域日益成为经济发展的关键（Castells，1994）。空间和地域成为经济发展关键要素的结果是，高新技术产业成为地理与经济研究兴趣的焦点。

一般情况下，集群被定义为企业、关联主体和相互靠近的机构所形成的群组，在这里，它们因互相接近和连接出现生产优势。Porter（1990）强调了地方产业集群在现代价值链管理上的重要性，使更多的企业通过合同进行生产或提供服务，而不仅仅只是传统意义上的零部件，如 IT 系统和管理、培训、设计和 R&D 等。此外，他认为集群的特点是：（1）强大的商用前研发的实力，如国防和国家健康研究所的资助经费等；（2）开发过程中的私营部门投资，即风险投资；（3）以世界一流大学作为科学人员、设备和知识溢出的来源；(4)社会资本：由于接近高等教育机构而激发的网络合作对促进高科技集群繁荣十分重要，在这里客户、人才和思想领袖能持续互动(波特，1998)。

在高科技产业集聚领域，经济文献的主要影响是"知识溢出"效应作为理解高科技企业集群的关键概念的重要性。对于创新活动而言，知识被认为只能通过人际接触和跨企业流动进行有效的传递，因此会被地理性地限制在区域内(Audretsch 和 Feldman, 1996)。特别是，成功的高科技集群案例研究也表明，在传递隐性专业知识过程中，基于共同的目标和工作分享文化的人与人之间的社会关系和非正式互动十分重要(Saxenian, 1990; Castells, 1989: 72)。换言之，在午餐或在高尔夫球场上面对面的接触和讨论，仍然是产业集群如硅谷持续成功的关键原因。

因此，我们知道为什么高科技企业会集聚：从知识共享网络中受益。因此，成功的高科技集群的一个主要特征是，在一个知识高度共享网络中地方企业的深度根植性，这种根植性从密切的社会互动、机构建立的信任和受到鼓励的行动主体间的非正式关系中获得支撑(Breschi, 2001)。然而，尽管其强调通过面对面的互动和非正式互动的知识溢出，已有的经济地理学文献，并没有描述这种互动在集群里的物理空间是如何发生的。当然，还是有一些实证证据表明了由社交互动带来的知识溢出，最近的实证研究表明了地理邻近和知识交流的复合影响(Smit, 2012)。

除了知识外溢的优势，近几十年来，在后福特时代关于知识密集型企业的空间区位选择的研究，基于知识的城市经济学逐步认识到软区位因素对企业和工人区位行为的影响(Florida, 2002; Musterd, 2004; Scott, 2007)。例如，美国艺术家决定在哪里工作和生活的研究发现，艺术家喜欢选择拥有专业机构、丰富夜生活并能提供生活和工作空间的内城，这一选择最终影响了文化创意产业的布局(Markusen, 2006)。这些研究强调了良好城市环境影响知识密集型企业集聚的重要性。

在区域优势上：硅谷和128公路的文化和竞争力，Saxenian对导致这两个高技术产业集群走向成功的潜在文化进行了比较，认为两个区域间社会资本的差异，硅谷有密集的社会网络和开放的鼓励尝试和创业社会资本。然而，肯戴尔广场，这个128号公路的一部分，正在成为创业和创新的新焦点。事实上，笔者也认为，肯戴尔广场良好的城市环境可能进一步扩大知识溢出效应，通过增加自发的社会互动的机会和吸引更多知识型员工到此工作，这一效应甚至远远超过硅谷的水平。

二、工作生活融合的新趋势

最具代表性意义的是，在2010年12月11日《纽约时报》的一篇文章中马尔科姆·格拉德威尔写道，办公空间已经学习着从繁华的城市街区（urban neighborhoods）中创造创新的工作环境。像哈德逊街一样繁华的城市街区，如简·雅各布斯在书中所述的"美国大城市的生与死"的一样，是由特定结构的街道和街区建筑物所构成。当街区面向街道时，当人行道被用于社交、娱乐和商业时，那条街的使用者是由此激起的：它们形成的关系和日常交往在其他地方是没有办法获得的(Jacobs, 1961)。

20世纪80年代末90年代初，美国公司的时尚是遵循设计师所谓的"通用规划"——成排的独立隔间。通用规划现在已经失宠，因为它原来的排列相同小隔间的经典方法降低了生产率和工人之间的沟通，并阻碍创造力。经验研究已经证明，以线性方式排列办公室将办公室人员间的间隔距离最大化了，几乎完全不能促进交流。通过对研究和开发实验室中工程师长达10年的研究表明，任何两个人有关技术或科学问题交流的频率随着两人间办公桌距离的增加而急剧下降(Allen, 1977)。

当创新成为知识经济的关键后，企业正在争取创造能促进创新的多样性的办公空间，因为他们从繁荣的街区中学习到创新基本上就是社会活动的结果。好的想法可能是在非正式会议中的非正式交流过程中产生的。一个又一个的研究表明,在任何工作场所最好的想法产生于部门间的沟通和组织之间的非正式接触(Allen 1977;Kahn 1996)。自 1990 年后期以来,这些增加创新的追求导致了单个公司在单体建筑物或综合体中对创新型办公空间设计的探索。这种新型办公规划设计,通常被称为开放楼层规划,灵活空间和"非领地型"办公计划,并开始建立规范以提高部门间的合作与日常沟通及创造性的工作环境。更加有趣的是,新兴的办公室看起来越来越像雅各布斯所描绘的繁华的街道。鼓励员工在走廊走动,并与其他员工进行互动,所以现在的公共区域都位于办公室的中心以用于社交和娱乐。

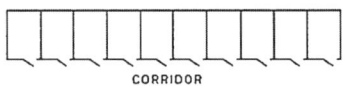
传统的带走廊和房间分隔的办公室布局

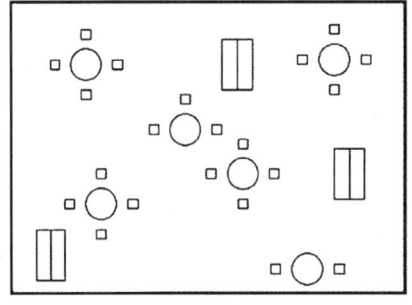
新式的非领地型办公布局

图 1-2 传统的带走廊和房间分隔的办公室布局和新式的非领地型办公布局
资料来源:Kim(2013)。

广告代理商 TBWA/Chiat/Day 的总部是第一个通过模仿活力街区实现非领地型办公空间概念的企业。1998 年,该机构搬到洛杉矶的新办公室,其前身为一座庞大的旧仓库:3 层楼高和 3 个足球场的大小。有时这里也被称为广告市 Advertising City,设计者为克里夫·威尔金森建筑事务所,后来设计了谷歌的山景城总部。楼层被中央走廊一分为二,这个走廊被称为主街道(Main Street),在房间的中间是一个开放的空间,有咖啡桌和一颗榕树,被称为中央公园(Central Park)。这里还有一个篮球场,一间游戏室和酒吧。大部分的员工都在被称为巢的舒适工作站,这些巢组合从主街放射性地像巴黎街区一样向外排开。这里的高管都坐落在房间的中间。分散在整个建筑物中的是会议室，员工可以在需要的时候在里面集合。

然而，尽管许多公司尝试为员工创造无与伦比的工作场所，一个新的趋势又一次改变工作场所，这一次变化是建筑的范围之外。人们工作和其日常活动间的界线开始弱化。越来越多的人在自己的家园、咖啡馆、餐馆甚至是在移动过程中工作。这种工作和生活的融合主要是技术进步的促进。随着便携式、无线笔记本电脑、无线互联网网络的出现，使用个人智能手机和电子邮件服务，改变了人们日常的生活和工作。因此，办公室中包括了日常的工作和生活活动。

然而，还有一个层面正在改变我们的工作场所：区位。工作和生活融合的新趋势是在城市地区进行。一个办公室越接近富裕的城市街区，就有更好的配套设施和从工作空间获得更多收益。办公室正在把注意力转移到城市地区。Zappos 的 CEO 谢家华正在筹划将公司的总部搬到洛杉矶市中心的老市政厅。"当你在一个城市里时，酒吧或餐厅变成了一个扩展开的会议室"，2012 年他在 CNN Money 采访中如此说。

在 20 世纪 50 年代的企业文化中，怀特的书有很好的描述，组织人 The Organizational Man(1956)所需的位置和办公，是在美丽的自然景观中间一个僻静的郊区办公园区。郊区也受到管理小组的青睐，是因为郊区有更便宜的价格获得更好的教育和家园。郊区被认为是一个比城市更适合抚养孩子的安全地方。交通基础设施，如公路系统和铁路的完善使公司更便于在郊区布局。其结果是，公司总部大都建在宁静的郊区地区，被湖泊和树木包围，就更不用说巨大的停车场了。这些时代最具代表性的是：通用汽车技术中心(Warren, MI)、迪尔公司全球总部(Moline, Illinois)、百事可乐全球总部(Purchase, Harrison, NY)、联合碳化物公司全球总部(Danbury, CT)。

更倾向于城市地区的趋势并不仅仅来自雇主也来自员工的角度。无论谷歌如何在山景城办公楼复制一个繁华的城市街区,有藏书丰富的沙拉吧,Wii游戏机站和豆袋椅,员工还是对每天必须通勤去山景城工作缺乏热情,在工作周围并没有真正的城市生活。将办公室变成假的街区是不够的。城市地区成为企业新的关注点。50年前,人们生活在像西村(West Village)的街区,前往郊区工作。20世纪末,一个标识后工业经济的变化出现了,他们住在郊区,而且越来越多,到市中心类似西村的地方工作。而现在,知识员工的愿望是能工作和生活在城市的同一个地方。

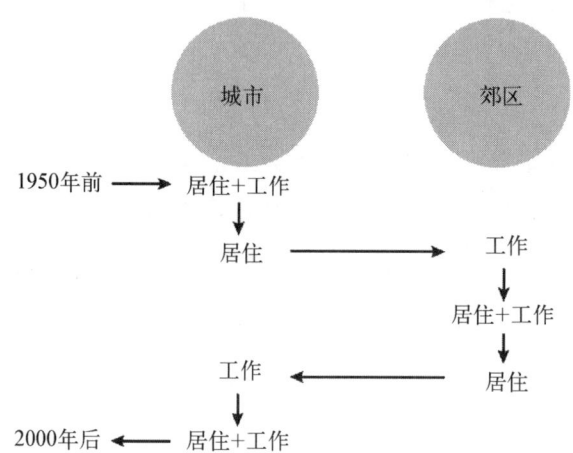

图1-3　工作与居住空间的变化：1950年前与2000年后
资料来源：Kim(2013)。

三、新创新空间广泛兴起

1. 创新的集聚

创新被提出最早可追溯到20世纪初,被定义为"把一种新的生产要素和生产条件的'新结合'引入生产体系"。进入21世纪,信息技术推动下知识社会的形成及其对技术创新的影响进一步被认识,技术创新是一个科技、经济一体化过程,是技术进步与应用创新"双螺旋结构"(创新双螺旋)共同作用催生的产物,与以往知识创新和研发往往同制造等环节契合在一起相比,随着信息技术的发展,研究开发不仅可以更为独立地发展起来,而且甚至可以形成所谓的"无制造企业",集中于研究设计而没有任何生产设备。

通常而言,创新分享专业理论与知识、公共设施、人才流动、企业管理知识,并形成相互依赖与相互促进的关系;社区的信息化应用条件与水平都达到一个比较发达的高度,极大地促进了全体市民与组织(如高等院校学生、社区居民等)的创新热情与才智,使得其网络化、知识化水平特别地高出其他地区,从而更加吸聚其他企业、人才与机构来该地区聚集;专门从事创新、创新的企业和相关服务业企业或组织机构大量集聚在高密度区域,创新专业人才的培养突出,并形成相对知名的创新服务品牌。无论是什么产业或是行业,其生产链的前端(创意、研发)部分,对于要素、资源、环境、文化的需求是具有统一性的,因此有可能创造或供应一个适合普遍意义上各类行业前端业务的普适性创新载体,以推动创意和研发的集聚。

因此,城市的创新空间将作为创意研发环节的载体,把创新研发人才、机构和活动集聚吸引到创新型城区。当然在不同技术发展周期,具体的创新集聚空间会更多地具体表现为特定技术行业的前端活动集聚,乃至整个行业生产链的集聚。事实上,针对生产链的特定环节设计针对性的空间载体,自20世纪中期以来的这一轮经济全球化肇始就有出现。出口加工区、自由贸易区、保税区、科技园、中央商务区(CBD)无不是这样的创造物,都是明确对应于全球生产链的特定环节。以CBD为例,就是认为生产链中的管理咨询、营销、金融、专业服务环节,对于载体的需求具有相当的同质性。

2. 城市新创新空间

目前关于大城市增长极核的理论认识的基本观点是,当代成熟的大城市整体上是以第三产业为主导、围绕金融保险房地产(FIRE)展开的。更为先锋性的认识则将文化创意产业同金融房地产并列为当代大城市的产业核心和增长极。而扩展到大都市区,在明确第三产业仍是主导力量的同时,也指出先进制造业产业在城市郊区的重要地位。[①] 城市也在功能空间上形成了 CBD 作为金融核心产业的承接空间,并从规划的高度营造能完善服务于金融活动的软硬环境。随着认识的不断深入,有学者提出把一个城市的全部产业部门分为"功能性产业"和"本地性产业"两类。在功能性产业内部,依据对该城市核心功能的关系的差异,可以再划分出三类"亚部门",结果是一个城市的全部产业按功能划分为核心产业、衍生产业、外围产业和本地性产业。

基于功能考虑的城市经济运行结构分析,我们可以发现,当代大都市的经济特征或者说核心发动机是金融服务业,表明大都市掌控了经济活动价值链的一个高端,并在城市的功能空间上配合 CBD 的塑造,以作为这一高端相关活动的物理载体。然而,对于价值链的另一个高端,创意研发活动,则还没有得到应有的重视。为此,需要在观念上把创意研发视为当代大都市另一项重要的经济特征和新的核心发动机;进而需要从城市功能空间上塑造最大限度支持创新研发活动的硬件和软件载体:创新街区。

第三节 创新街区概念

一、创新街区现象

通常而言,大多情况下高技术产业在郊区办公园区中繁荣发展,如硅谷、北卡罗来纳研究三角等。但是近些年高科技公司的区位选择却发生了显著变化(Florida,2012)。因此,在城市中创造了一些能吸引较高教育水平的人,如知识工人,已经成为美国城市政府决策者、房地产开发商、建筑师

[①] 以上分析并不排斥这样的情况:在发展中社会,仍在经历城市化、工业化过程中,制造业仍是这样一些城市的增长极;在一些中小城市,可以基于特殊的自然、文化禀赋而以某一特色产业功能(如旅游)作为城市的增长极。

和城市规划来说，一个比较普遍的经济发展战略。波士顿创新街区已成为波士顿政府最为重要的政策和规划计划；纽约硅巷已成为如Kickstarterand和Tumblr等超过500家新公司的所在地；西雅图南湖也成为生命科学机构的新枢纽；旧金山也正在推进Mission Bay和5M Project等项目。甚至像俄亥俄州的都柏林、马萨诸塞州的霍利奥克等都在推进他们自己版本的发展高科技产业的城市区。到2015年，美国有超过300个市长提出要建立创新街区。

这些新的创新街区在规模和名称上可能有差别，但却有一个共同的特征：最核心的目的是吸引"知识型员工"，从而吸引高技术业务；创新街区试着推动知识型员工间的促进创业和思想交流；通过提供丰富多元的城市化生活方式来实现这些目标。

已有的关于高科技产业集群的研究，最开始是来源于经济地理学视角中的区域集聚观点。大量文献研究都认为，企业的空间集聚原因是来源于物理邻近性的正外部性（Castells，1989；Hall & Markusen，1985；Saxenian，1994；Markusen，1996）。实证研究也表明，从可测度的专利数据来看，靠近大学或研究中心等知识源企业相比其他区域的企业能获得更高的创新效率（Jaffe等，1993）。然而这些统计研究并不能解释为什么物理邻近性能提升创新水平（Boschma，2005）。

尽管已有研究也强调了物理邻近性在提升知识外溢、面对面沟通和企业合作方面的重要性，地理邻近性的作用仅在一个区域规模水平上获得了关注。因此对区域网络不平等的重视导致了这样一个事实，那就是硅谷成为所有成功高科技产业集群的最具影响力的模式。在原有的老的硅谷发展模型中，大量分离的办公园区分散在郊区土地上。然而相对应的是，正在浮现的创新街区一般出现在高密度城市建成区中，比邻的建筑物主要是以街道步行作为连接的交通方式。

Saxenian（1994）在描述硅谷网络的物理邻近性的重要意义时提到，"西海岸事实上的风投总部是离斯坦福大学只有几千米的一座办公综合楼里，在这里风险资本家能频频交换信息"。然而同样的物理邻近（地理邻近性）并没有在波士顿、纽约、西雅图和圣弗朗西斯科等地方起相同作用。在创新街区中，知识溢出是如何发生的呢？在高度城市化的地区激发创新活动的城市空间是如何组织的？事实上，我们从大区域规模层面了解到的高技术产业集聚现象并不能很好地来解释发生在创新街区中的高技术产业集聚。我们应该认识到规模差异引起的认知落差，将我们的注意力转移到创新街区这种新出生的与过去有显著差异的新生事物上来。因此，对高度城市化地区的高技术产业集群来说，问题就是：交互活动是在什么地方以及怎样发生的？

  关于国外典型创新街区的研究，正好能明白创新在一个区的层面是如何发生的。波士顿咨询集团写的关于 Protecting and Strengthening Kendall Square 的报告，提到肯戴尔广场（Kendall Square）有全世界平均每平方千米上最高数量的生物技术和信息技术从业者。虽然肯戴尔广场在规模上远小于硅谷，但还是因其作为波士顿 128 公路网络的一部分，以其来自密度、城市环境和创新活力的价值吸引了全球的注意力。从区域规模层面转移到区层级，为理解面对面交流、思想分享和合作的发生提供了一次新的认识机会。随着网络与信息技术的不断发展，科技创新企业正呈现出区位选择的新趋势：向大都市中心城区集聚，成为推动大都市中心城区复兴的新路径。据 Telefonica Digital 联合 Startup Genome 联合发布的《2012 年全球城市（地区）创业生态系统报告》，全球创业生态系统[①]排名中硅谷登顶榜首，排在第二位的是以色列的特拉维夫，其他前 10 名中的洛杉矶、西雅图、纽约、波士顿、伦敦、多伦多、温哥华、芝加哥等都是较为知名的大城市。而且当前即使在硅谷帕洛阿尔托这类城市中心地带也正成为初创创新企业的

---

① 在这个排名系统中，考虑因素包括创业产出、资金、公司业绩、人才、基础设施的支持、创业者的心态、引领潮流的趋势以及与硅谷相比的生态系统分化。

区位选择。根据英国国家统计办公室与大伦敦市政府（GLA）联合发布的《伦敦的科技产业（2015）》报告，截至2013年的10年，大伦敦科技行业的工作岗位增加了14.6%，伦敦增加的11.5万个科技岗位占据英国整个大东南区所有增加岗位数的90%，更值得注意的是大伦敦地区新增的科技岗位主要集中在肯顿等中心城区，伦敦内城、伦敦西区及金丝雀码头三地是信息与通信技术（ICT）企业成长最快和数量最多的地区，伦敦中心城区中曾经遭遗弃的肖尔迪奇地区已经转型成为一个繁荣的高科技产业集聚的区域。

当然，最为典型的创新型企业在中心城区集聚的案例是当前在美国被誉为能与硅谷并驾齐驱的位于纽约市中心曼哈顿下城区的硅巷（Silicon Alley）。这个继硅谷之后美国第二大发展最快的互联网和移动信息技术中心地带，通常是指从曼哈顿下城区的熨斗大楼到苏豪区和特里贝卡区等地的互联网与移动信息技术的企业群聚的相关街区，为固定的边界。硅巷在经历了20世纪90年代科技股泡沫的错误开端后，现在已经成为超过500家全新初创企业的聚集地，包括Kickstarter、Tumblr和谷歌卫星中心等明星科技企业。尽管硅巷一直不敌硅谷，然而2008年的全球金融危机改变了硅巷：2007—2012年，互联网以及应用技术企业工作岗位增长了28.7%，而出版业和制造业分别萎缩15.8%和29.5%。[8] 风险投资情况同样如此，从2007年到2011年间，硅巷风投交易量暴涨32%，而其他6个类似产业聚集区（包括硅谷）的同期交易量却都呈现下跌态势。成百上千科技创新企业在纽约硅巷中集聚，推动了硅巷的成功复兴，并为纽约贴上了新的城市标签：美国"东部硅谷"、世界"创业之都"。

二、创新街区概念

关于创新企业集聚中心城区现象，已引起学者广泛关注，并基于土地竞租理论和价值链理论对其经济合理性进行理论阐释。而系统研究的标志性成果是2014年美国布鲁金斯学会发布的《创新街区的崛起》研究报告，首次提出"创新街区"(Innovation District)概念,分为3种不同模式:支柱核心或锚定+(anchor plus)模式、城市区域再造(re-imagined urban areas)模式和城市化科技园区(urbanized science park)模式[①]。随后国内学者也对这一研究进行跟踪,并将 Innovation District 翻译为"创新城区"(李健,2015)或"创新区"(王缉慈等,2018)(表1-1)。

表1-1 创新街区与相关概念辨析

对比\概念	创新街区	创新区	创新城区	高新技术园区	研究园区
区位	中心城区、城市滨水区(也可以是近郊及远郊)[②]	中心城区、城市滨水区和近郊及远郊	城区概念,中心城区和近郊及远郊	城区、近郊和远郊	城区、近郊和远郊
空间范围	小于4平方千米	可大可小,不确定	空间范围较大	空间范围变化较大	空间范围变化较大
特质	高密度城市化区域、郊区及城市远郊的城市化区域;创新型企业集聚	创新功能主导的区域	创新功能突出的城区	以高新技术发展为主的园区;居住生活以及休闲娱乐功能较少	以研发为主的园区;居住生活以及休闲娱乐功能较少

资料来源:作者编制。

但通过比较发现,Katz & Bradley(2014)的"Innovation District"和国内学者据此直译过来的"创新城区"或"创新区"等,都没有能准确地表达出,

---

[①] 支柱核心模式,主要位于城市的中心区,是在主要的支柱创新机构周边形成大规模的混合功能开发,如剑桥市的肯戴尔广场、费城大学城、圣路易斯市、匹兹堡的大奥克兰社区、亚特兰大中心区等;城区再造模式,一般邻近历史性水岸空间,区域内的工业或仓库区处于转型中,创新型增长提供了一条新路,如波士顿的南岸区域、旧金山的 Mission 海湾、西雅图南湖联盟区域等;城市化科技园区模式,一般位于郊区及城市远郊区域,通过增大密度以及融合一系列零售、酒店等新功能等举措推进了城市化水平,如北卡罗来纳创新三角区、威斯康星-麦迪逊大学研发园区和弗吉尼亚大学研发园区等(Bruce Katz & Jennifer Bradley, 2014)。

[②] 与创新创业企业在中心城区集聚现象相对应的是,原先位于郊区的科技园区、开发区等以产业发展为单一功能的区域,也显著出现产城融合、功能多元、宜居宜业的趋势。这种开发区城市化发展的趋势,也可以归为创新街区,只是为了能直观地让人理解,以及本书作者对创新创业企业向中心城区集聚这一特殊现象的独特兴趣,本书的研究对象内涵有所缩减。

创新型企业向某一个空间范围相对较小区域集聚这一特定现象的本质。一是，"创新区"内涵过广，空间范围不确定，不能准确描述创新型企业在街区特质空间范围集聚这一特定现象。这一概念是从演化经济地理学的角度提出，与传统产业区(Industrial District)概念相对应，是以创新型企业集聚和高新技术产品产出为主的区域，在理解上存在一定难度，不如街区概念给人以直观印象。特别是创新区的概念，空间内涵不清晰，空间范围弹性较大，可以是跨省级、区级行政区的创新区域来理解。二是，"创新城区"与国内已有概念冲突。创新城区的空间范围过大，与创新型企业向中心城区集聚现象大多发生在街区级空间范围内不符，而且在我国创新城区是已有的既定概念，内涵较为固定，科技部也已颁布了关于"创新型城区"认定的条文，因此使用创新城区容易产生理论歧义，不利于实践操作。因此，通过相关概念的辨析，在学术研究或实践操作上有必要提出新的概念或对已有概念的内涵进行重新界定，以推动对这一特定现象的深入研究，也有助于在指导实践中形成更具操作性和针对性的对策建议。

三、创新街区内涵

创新型企业向中心城区特定区域集聚这一特殊现象，在不同地方虽然可能名称不一样，但却有一个共同的特质：最核心的目的是吸引"知识型员工"以吸引高技术业务；努力推动知识型员工间的创业和思想交流；提供丰富多元的街区化城市生活。基于这些特征，邓智团(2016)使用"创新街区"概念对这一现象进行描述，并对创新街区进行内涵界定，提出创新街区(Innovation Square)是指在城市内部高新技术产业高度集聚的街区空间，强调两个层面的特质：创新企业高度集聚和城市化的生活环境。城市化的生活环境特别强调以开放空间和零售空间为代表的公共空间：公共创新空间，如剑桥肯戴尔广场的剑桥创新中心(CIC)；免费公共休闲空间，如肯戴尔广场的绿色开放空间；价格优惠的半公共空间，如咖啡厅、餐厅和酒吧等。

因此,本书提出的创新街区需有以下几个显著特质:一是,创新街区需要具备被著名学者萨森称为"城市特质"的特性,即:复杂性、高密度、文化与人口结构的多样性,以及新旧事物的层次性。二是,创新街区需要部分或全部地整合创新企业、教育机构、创业者、学校、金融机构、消费性服务业等经济活动要素。三是,创新街区必须是城市内部的高密度城市化区域,以中心城区为主,而且具备免费与半免费的公共空间、混合功能开发的空间要素,可以是中心城区,也可以是历史性滨水空间,即包括"支柱核心型创新区"(如肯戴尔广场)和"城区再造型创新区"(如波士顿创新区),且还包括中心城区非支柱型创新区(如伦敦硅环和纽约硅巷)。四是,创新街区需要便利的交通和互联网等。

第四节　创新街区识别

一、创新街区的特征

创新街区强调良好的社区呼应、以知识创造和研发转化为核心活动的城市功能区,区内各类信息与资源机构高度集聚,主体之间的横向创新合作十分发达,其渊源可以是大学城、科学城、科技园,或可视作科技园区的2.0版。

与科学园区和产业园区相比,由于加入了社区这一独特的创新主体,因此,其发展性的战略规划和空间规划也应该在很大程度上区别于单纯的产业园和科技园;又由于有别于 CBD 单纯的商务集聚功能,创新街区在创新软硬环境的搭建配套上、在社区创新基础设施的设计构建上、在有利于创新的城市景观重塑上,都有着与产业园区和中央商务区不同的设计思路和建造要求(表 1-2)。

表 1-2 中央商务区、创新街区、科技园区比较

	中央商务区	创新街区	科技园区
基于城市功能区的比较			
基本功能	城市功能区,金融商务服务功能	不是城市功能区,知识创新功能	不是城市功能区,仅为科技创新活动的集聚区
经济运行	围绕生产链的后端组织经济活动*	围绕生产链的前端(研究开发、知识创新)	围绕生产链的前端(研究开发)组织经济活动
社会运行**	体现金融交易	体现知识创新	商业性创新研发活动的运行空间,没有完整意义上的社会活动
基础设施组织方式	软硬件以促进金融交易为目的	软硬件以促进知识创新来组织	软硬件围绕促进知识创新来组织设计,缺乏外围城区基础设施的呼应
人员职业	金融总部管理及外围支持性职业	教育、研究、开发及外围支持性职业	研究、开发、转化及外围支持性职业
基于创新功能的比较			
创新源	侧重管理创新	内生智力源	外生智力源,突出智力和知识的商品化交换
创新活动	基于生产链环节划分	基于生产链环节划分	主要基于产业划分
创新扩散	被动接受创新扩散***	知识和创新由点及面地发散式扩散	知识和创新沿产业链扩散
创新环境	高度等级化环境	强调创新软件要素与硬件协同	侧重创新的硬件要素
创新氛围	创新行业化,行业内部竞争性创新	创新社区化,强调创新的社会性、根植性	创新活动的园区化,存在"创新孤岛"倾向

注:*生产链的后端:指生产性服务业,尤其是金融;**社会运行特征,指社区特征、消费方式和文化氛围等;***被动接受创新扩散:指应用创新知识与科技设备,如金融工程学运用、办公自动化。
资料来源:根据屠启宇、邓智团(2011)修改。

总体而言,相比中央商务区,创新街区的创新要素更加完备与齐全,便捷度和适用度也相对更高。创新街区标志主要包括以下几个方面:一是,知识和智力源集聚、知识交换平台完整、创新氛围文化浓厚、创新极化效应

和辐射力显著;二是,经济形态(或称经济活动组织方式)一定意义上摆脱产业定位视野,而从更为一般性的价值链或者说生产链的环节划分作为视野,主要围绕价值链、生产链的前端(创意、研发)来组织经济活动;三是,社会运行,包括社会生活运行、文化生态、人员职业和身份构成全面体现出知识创新核心特征;四是,城区组织的(区域)物理空间和硬件设施都是围绕知识创新来组织,区域公共服务与管理的软件同样以服务于知识创新这一核心功能来组织。

二、创新街区的阶段与类型

从创新街区的内涵和识别标准来看,要真正成为成熟的创新街区有一定的难度。因此,根据创新街区发展的过程,可以将创新街区划分为三个阶段:起步阶段、成长阶段和成熟阶段。

表 1-3 创新街区的阶段划分

阶 段	识 别 标 准	典 型 案 例
起步阶段	地方政府提出建设创新集聚区,城区环境改善,创新活动逐步集聚,创新影响力逐步提升	上海虹口大柏树科技创新中心,普陀桃浦科技智慧城,黄浦北京东路地区和广慈-思南医学创新园区
成长阶段	创新活动占区域经济活动比例相对较高,创新影响力较大,成为创新活动相对集聚区域	杨浦大创智功能区,徐汇漕河泾开发区,新加坡纬壹科技园,深圳南山高新技术园区,北京海淀中关村创新创业大街
成熟阶段	经济活动以创新活动为主,创新影响力大,已成为城市最重要的创新活动集聚区,全面达到创新街区的识别标准	美国纽约硅巷,伦敦硅环,美国剑桥肯戴尔广场,美国西雅图南湖联盟区,巴塞罗那 22@街区等

资料来源:作者编制。

从创新街区建设的区域基础来看,创新街区的建设可以划分为两种类型:城市更新型和园区升级型。

城市更新型,是指创新街区的规划建设是在老城区的基础上,借助大学、科研院所或大型科技创新企业,以科技创新为核心功能定位,推动整个城市区域的改造更新。比较典型的是剑桥肯戴尔广场和波士顿海港广场和纽约的硅巷等区域,以及上海的杨浦大创智功能区和虹口的大柏树地区。

园区升级型,是指创新街区的规划建设是在位于城区中的工业开发区的基础上,通过政策和规划引导,由传统的工业区、服务业集聚区向科技创新集聚区转型。这种类型,主要发生在发展中国家,由于发展中国家的城市扩张的时间较短,在工业化和城市化带来城市扩张的同时,又在极短的时间内面临着城市发展方式从规模扩张向内涵发展转型。而且经济发展方式也从以往的制造业、服务业经济向创新驱动转型。因此,大量的原有的位于城市的园区开始向科技创新集聚区转型。如上海的市北高新园区和徐汇的漕河泾开发区。

表1-4 创新街区的建设类型

类型	特征	典型案例
城市更新型	城区;借助大学、科研院所或大型科技创新企业,以科技创新为核心功能定位,推动整个城市区域的改造更新	波士顿海港广场,纽约硅巷,杨浦大创智功能区,虹口大柏树科技创新中心,普陀桃浦科技智慧城,上海黄浦广慈-思南医学创新园区,上海北京东路地区
园区升级型	位于城区中的工业开发区;由传统的工业区、服务业集聚区向科技创新集聚区转型	北京海淀中关村创新创业大街,杭州滨江区高新技术开发区,上海静安市北高新园区,上海徐汇漕河泾开发区

资料来源:作者编制。

三、创新街区的识别标准

创新街区既与传统的相互分离的商业与居住区不同,也与近期依托公共交通枢纽的城市活力中心不同。根据2014年布鲁金斯学会Katz和Wagner的研究,创新街区的识别需要有三个方面的要件:[1]

---

[1] Bruce Katz and Julie Wagner, "The Rise of Innovation Districts: A New Geography of Innovation in America", https://www.brookings.edu/wp.content/uploads/2016/07/Innovation Districts 1.pdf.

1. 创新要件

经济要件包括驱动、培育与支撑创新性环境的企业、机构与组织等。这一要件包括：创新驱动者和创新培育者。

（1）创新驱动者。主要为以市场化为目标，开发前沿技术、产品、服务的研发机构、医疗机构、大企业、小微企业、创业企业与企业家等。由于区域的产业结构各有不同，因此不同创新街区的创新驱动者的组成情况也大相径庭，从而形成了各自的特色。

图 1-4　创新街区的关键资产

①②③ 实物资产：公共和私人拥有的空间（建筑、公共空间、街道和其他基础设施）被设计和组织以刺激新的更高层次的连接、协作和创新。

④⑤⑥ 经济资产：驱动、培养或支持创新丰富的环境的企业、机构和组织。

⑦ 网络资产：行动主体（个人、公司和机构）之间的关系，有潜力产生、锐化和/或加速思想进步。

资料来源：Katz 和 Wagner（2014）。

（2）创新培育者。主要是为创新个体、企业以及其创意的发展提供支持的公司、组织以及相关群体。这些主体包括为创新性经济服务的孵化器、加速器、概念论证中心、技术交易平台、业务共享空间、地方高校、就业培训企业、促进专业技能的社区学院等。在部分创新街区,法律咨询机构、专利律师以及风险投资公司也投入创新领域的服务。高科技产业的快速发展创造了对于服务性产业的需求,从而带动了高教育水平的就业机会。创新培育者的高度集聚也成为创新街区区别于传统商务区与研发园区的重要特征。

2. 空间要件

物理空间标准包括3项,分别是公共空间、私人空间和便利设施。

（1）公共空间。如公园、广场、街道等具有活力的地方性空间。创新街区的公共空间经过重新规划创制,具有数字化的可通达性,即在空间内嵌入式配备高速互联网、无线局域网、计算机与数字播放设备等。其空间属性可归纳为"数字化空间",空间内融合了环境技术、数字系统与物理空间模式等特性。公共空间中的街道被灵活地转化为创新技术的实验场所。如在波士顿、巴塞罗那、埃因霍温、赫尔辛基、首尔等城市,街道与公共空间被用于测试新型街灯、废弃物收集、交通管理系统以及数字技术。

（2）私人空间。主要为私人拥有的以新手段促进创新行为体的建筑与空间。这些私人空间往往源于传统类型资产,如多阶层住房、社区服务零售店、研发与商务复合体等,经过重新设计改造以服务创新型人群。以商务楼宇为例,此类建筑往往针对初创企业规划提供更具弹性的工作空间、实验室空间以及更小、成本可负担的区域。

（3）便利空间。一是,服务设施,为区域内的居民与就业者提供重要的服务,其包括医疗诊所、商店、酒店、咖啡馆、小型宾馆、地方零售等。有学者指出,相关社区便利设施不仅能够满足城区的消费需求,而且能够提升区域新型经济背后的社会互动程度。二是,交通设施,连接创新街区与大都市区的物理空间为一系列旨在消除区域间壁垒,增进区间联系与连通性的空间资源。对于部分创新街区而言,消除先进研发机构与城区其他区域之间的物理阻隔十分关键,相关手段包括建设自行车专用道、步行道、步行街以及具有活力的公共空间等。

3. 社会要件

强调社会网络的社会要件,是创新街区关注的重点,社会网络能提升创新经济集群的价值与产出的能力已经得到各界的认可。从类别上看,社会网络要件主要分为"强连接"与"弱连接"两种,其判别的标准主要来自行为体之间的联系频度、相互关系的情感强度、互动行为的互惠度等。

(1) 社会网络强连接。强连接网络要素主要指推动强化相似领域的相互联系。此类要素包括"技术常客"(tech regulars)、工作室以及专业科技人员的培训会、创新集群专业会议、产业会议与月度例会、地方企业与企业家的博客平台等。

(2) 社会网络弱连接。主要指推动建立新兴,特别是跨领域间的创新联系。其形式包括:网络早餐会、创新中心、跨产业的黑客马拉松、技术创业课程班,甚至包括为增强不同创新群体交流,在不同创新项目承载楼宇之间精心设计的公共空间。

将这些标准概括起来,见表1-5。

表1-5 创新街区的识别标准

识别项	识别内容	识别标准	
标准1	空间区位	空间位置位于城区,特别是中心城区或城市滨水区;不在郊区	
标准2	空间范围	地铁站点周边步行10—15分钟范围,约3平方千米左右	
标准3	创新要件	创新驱动者	研发机构、医疗机构、大企业、小微企业、创业企业与企业家等
		创新培育者	孵化器、加速器、概念论证中心、技术交易平台、业务共享空间、地方高校、就业培训企业、促进专业技能的社区学院等;法律咨询机构、专利律师以及风险投资公司

续表

识别项	识别内容		识别标准
标准4	空间要件	公共空间	公园、广场、街道等具有活力的地方性空间；具有数字化的可通达性，即在空间内嵌入式配备高速互联网、无线局域网、计算机与数字播放设备等
		私人空间	多阶层住房、社区服务零售店、研发与商务复合体等
		便利空间	服务设施，如医疗诊所、商店、酒店、咖啡馆、小型宾馆、地方零售等；交通设施，轨道交通、公共交通、自行车专用道、步行道、步行街等
标准5	社会要件	强连接	"技术常客"、工作室以及专业科技人员的培训会、创新集群专业会议、产业会议与月度例会、地方企业与企业家的博客平台等
		弱连接	网络早餐会、创新中心、跨产业的黑客马拉松、技术创业课程班

资料来源：根据Katz和Wagner(2014)修改整理。

附：国外科技园区建设管理新趋势

当前世界经济已进入群体竞争的新阶段，科技园区的建设与发展环境呈现多元化变化，科学技术也有了巨大的发展变化，所有这些推动科技园区呈现出新的开发与发展趋势：空间区位的选择呈现多元化趋势，向大城市或乡村布局趋势明显；园区开发规模大型化趋势明显；园区功能从单一产业功能向产城融合发展；智能化与生态化是所有园区的一致诉求。

一、空间区位：大城市和乡村并重

1. 空间区位选择以城市为主，向乡村布局呈现增加趋势

根据世界科技园协会(STPs)的统计，世界主要科技园区一个显著的特征是主要位于城市中，2001年有超过99%的园区位于城市中，到2011年仍

高达94.1%的园区坐落于城市中。一个明显的趋势是科技园区的空间区位选择开始呈现出向乡村地区增加的趋势,比例从1%上升到5.9%,如位于美国西雅图的伊沙奎高地等。

2. 城市类型的选择上,以小城市为主,逐步向大城市和中型城市布局

根据世界科技园协会的统计,在2001年超过49%的科技园区选择位于少于50万人口的小城市,到2011年这一比例虽有下降,但仍高达45.4%。表现出空间区位逐步从小城市向大城市和中型城市转移,选择人口在100万以上的大城市的比例从31%上升到了35.3%的,中型城市(50万—100万人)占比从11%上升到了13.4%。

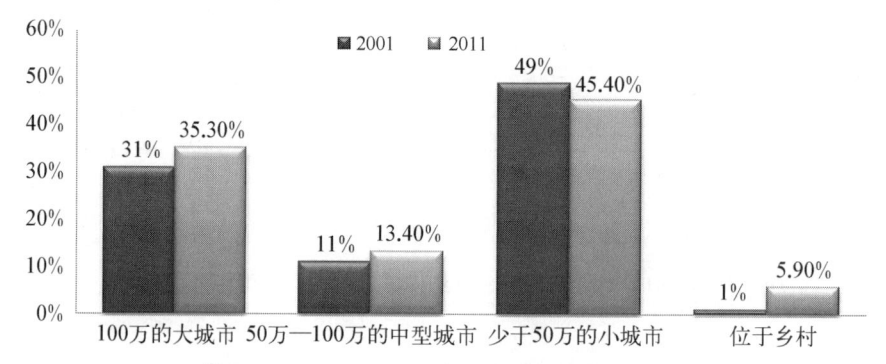

附图1-1 2001—2011年科技园区空间区位变化

资料来源:2001年数据取自国际科学园区协会2002年10月统计数据;2011年数据取自国际科学园区协会2012年9月统计数据。

二、开发规模:大型化趋势明显

1. 园区开发规模大型化趋势明显

根据世界科技园协会的统计,园区开发规模呈现一个大型化的整体趋势。从2001年到2011年,超过1平方千米的大型科技园区比例从20%上升到了25.2%,一个明显的趋势就是大型科技园区数据大量增加。

2. 中等园区比例基本不变,小型园区比例呈下降趋势

从2001年到2011年,超过半壁江山比例的小型科技园区比例有一个

大的下降,为45.4%,这些科技园区的开发规模均小于0.2平方千米。而中型(面积在0.2—0.6平方千米)和中大型园区(面积在0.6—1平方千米)的比例则没有大的变化,出现了小幅上升。

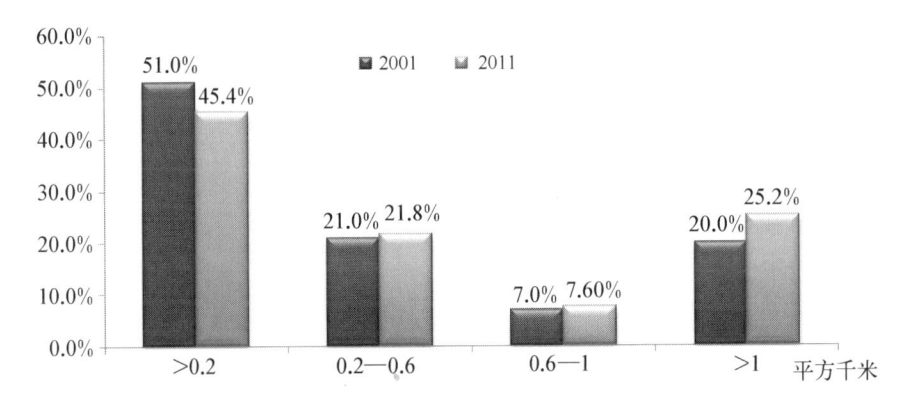

附图1-2 2001—2011年科技园区开发规模变化

资料来源:2001年数据取自国际科学园区协会2002年10月统计数据;2011年数据取自国际科学园区协会2012年9月统计数据。

第二章
创新街区兴起的动力

第一节　创新街区兴起前提

创新街区兴起前提，源于创新研发的高价值创造能力。但创新型企业在城市中心城区集聚的经济理性是否存在？根据价值链理论，生产的业务流程因价值创造能力的不同被分为"两高一低"三部分，即网络权力研究中的高附加值的技术权力端（研发、设计）和渠道权力端（服务、品牌）的"两高"部分，以及权力塌陷区价值创造能力低的代工、组装"一低"部分。然而，在我国城市建设用地性质分类中，与"两高一低"三部分用地性质能相互对应的只有工业用地（国家建设用地性质分类代码为 M1、M2、M3）和商业与服务用地（国家建设用地性质分类代码为 B，上海为 C2），缺少与研发用地相关的用地性质分类（上海例外，在其工业用地和服务业用地中增加了两类：工业研发用地 M4 和科研设计用地 C65）。根据城市经济学关于单中心城市的土地竞租理论，郊区到中心城区的地租呈逐步同心圆上升的趋势，其用地性质也从郊区的工业用地主导升级为中心城区的商业用地主导，结果是在中心城区集聚能承担相对更高地租价格的商业商务。若将土地竞租理论的平均地租曲线由同心圆曲线抽离为水平直线，同时结合价值链的价值曲线，可以发现作为价值生产能力较高的研发与设计能承受中心城区较高的地租价值（见图 2-1 阴影部分）。

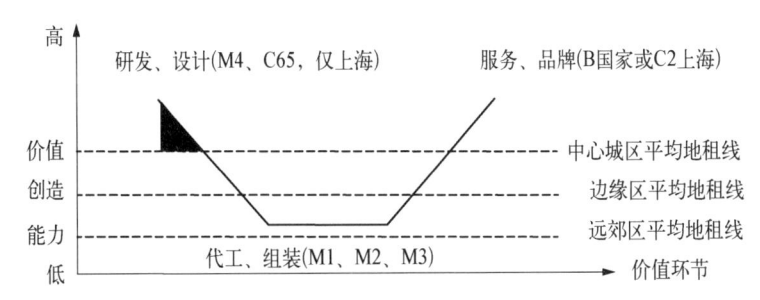

图 2-1 生产环节价值创造曲线与空间区位平均地租曲线
资料来源：邓智团(2015)。

第二节 创新街区兴起的经济理性

研发设计具有的高附加值创造能力为创新研发企业向中心城区集聚提供了前提基础。但这并不能直接解释创新研发企业从郊区集聚到在中心城区更新过程中的大规模集聚，还需要从经济理性的角度对其创新研发企业在中心城区集聚的两个决策主体（创新企业和地方政府）成本—收益的权衡进行理论考察。

一、创新街区兴起的动力：行动主体收益预增

创新街区的形成过程中，创新企业、知识员工和地方政府是关键的三个行动主体。创新街区能在某个城市的某个街区发展起来，从经济理性人的角度来看，只有当三个行动主体进入创新街区都能增加收益才能形成内在合力。根据研究发现，街区能真正转变成为一个成功的创新街区，其前提条件是，创新企业能获得更多知识溢出，知识员工可以获得更好的生活体验，以及地方政府有城区更新压力并能从街区复兴中增加综合效益。

一是，创新企业：良好城区生活环境能提升知识"溢出效应"。在高科技产业集聚领域，经济学文献主要是以"知识溢出"效应作为理解高科技企

业集群的关键。对于创新活动而言,知识被认为只能通过人际接触和跨企业流动进行有效的传递,因此会被地理性地限制在区域内。特别是,成功的高科技集群案例研究也表明,在传递隐性专业知识过程中,基于共同的目标和工作分享文化的人与人之间的社会关系和非正式互动十分重要。因此,在午餐或在高尔夫球场上面对面的接触和讨论,被看作是硅谷型产业集群持续成功的关键。除知识外溢的优势,近些年关于后福特时代知识密集型企业空间区位选择的研究,逐步认识到软区位因素对企业和员工区位行为的影响。例如,关于美国艺术家决定在哪里工作和生活的研究发现,艺术家喜欢选择拥有专业机构、丰富夜生活并能提供生活和工作空间的内城,最终影响了文化创意产业的空间布局。这些研究表明,良好城市生活环境能有效地促进创新活动的展开和增加知识密集型企业的有效产出,进而推动创新型企业向具有良好生活环境的中心城区集聚。

二是,知识员工:办公空间的演变推动员工倾向于具有良好生活环境的中心城区。在20世纪80年代和90年代初,企业办公的时尚是遵循设计师所谓的"通用规划"——成排的独立隔间。然而通过对研究和开发实验室中工程师长达10年的研究表明,任何两个人有关技术或科学问题交流的频率随着两人间办公桌距离的增加而急剧下降,因此,这种排列相同小隔间的传统方法降低了生产率、工人之间的沟通并阻碍创造力,当前已不再流行。而当创新成为知识经济的关键因素后,企业从繁荣的街区中逐步认识到创新基本上就是社交活动的结果,因为他们正在争取创造能促进创新的多样性的办公空间,如开放楼层规划、灵活空间和"非领地型"办公规划等,并开始建立规范以提高部门间的合作、日常沟通和创造性的工作环境。更加有趣的是,新兴的办公室看起来越来越像雅各布斯所描绘的繁华的街道,如谷歌山景城总部,楼层中央被称为主街道(Main Street)走廊一分为二,中间有一个称为中央公园的开放空间,还有一个篮球场、一间游戏室和酒吧等,大部分的员工都在"巢"中工作,并像巴黎街区一样从主街放射性地向外排开。

然而,随着便携式电脑和无线互联网的出现,增加了个人智能手机和电子邮件服务的使用,改变了人们日常的生活和工作的边界:办公室中包括了工作和日常的生活,工作和生活可以在街区更好地融合。无论谷歌在山景城如何将办公楼复制为一个繁华的城市街区,员工还是对每天必须远距离通勤去山景城工作缺乏热情,仅将办公室变成假的街区是不够的,因为这里没有真正的城市生活。一个办公室越接近繁华的城市街区,就有更好的配套设施,并能从工作空间获得更多收益,城市中心区成为创新型企业区位布局的新选择,知识员工被较短的通勤、更多更好的配套服务设施和步行街区所吸引。而且城市居民也愿意为更多的多样性和便利设施交换较少的生活空间,而从公共空间弥补到私有空间可能减少的便利设施,这可从纽约、旧金山和波士顿等城市中心城区小户型商品房的热销所佐证。

三是,地方政府:缓解中心城区更新压力提升城市经济弹性。在20世纪大多时候,由于人们对健康和环境愈发重视,以及高速公路的大规模建设,工业被推到城市之外,人们开始迁向郊区,出现所谓的产业空心化和居住郊区化现象。这一转变给许多城市中心区留下废弃的铁路、工厂和衰败的城市社区。现在随着郊区生活品质的相对下降,人们重新焕发对中心城区生活的向往,而这些原先遗留的"城市疤痕"空间大、成本低,成为城市复兴的机遇区,触发点正是2008年前后开始的经济衰退。虽然一些创新街区这之前已有雏形,但是从决策者制定规划的响应来看,创新街区的有计划推动大都是在2008年之后。传统上,城市相互竞争以吸引大型锚公司增加就业和税收预期,但经济衰退却让城市逐步意识到由于经济缺乏多样化带来的风险,并且开始谋求促进自己经济多样化的核心资产,如知识型人才。在2008年以后的短期内,地方决策者开始认识到"传统的经济发展策略没有认识到大公司不是创造就业的主力军",就业主要来自中小型企业。为此,地方政府迅速做出响应,提出大力发展创业公司和小型企业的政策计划,以帮助城市缓解经济衰退和降低失业水平。在地方政府的干预下，初创和中小企业入住中心城区创新街区的成本下降、收益上升，地方政府的综合收益也得到提升，对双方而言都是经济理性行为。而且"创造和培养创新和创业文化的城市，将更有利于经济复苏和创造就业机会，提升城市的经济弹性和区域经济转型的潜力"。

二、企业层面的成本—收益权衡

借助传统地租理论和传统成本收益曲线，邓智团、屠启宇（2014）构建了企业空间区位决策的"新成本—收益曲线"，尝试探寻和理解创新型企业向中心城区集聚的原因。根据研究，创新企业在大都市中的空间区位被简化为两种选择：中心城区和郊区。T_c、B_c、T_m 和 B_m 代表创新企业在中心城区集聚所产生的总成本、中心城区集聚所产生的总收益、在郊区布局所产生的总成本和在郊区布局所产生的总收益。据其研究发现，通常而言，$T_c > T_m$，$B_c > B_m$，创新企业区位选择的经济效益条件为：郊区 $[M_1, M_2]$（$B_m > T_m$），以及被政府行政干预后的中心城区 $[M_1', M_2']$（$B_c' > T_c'$）（见图2-2）。

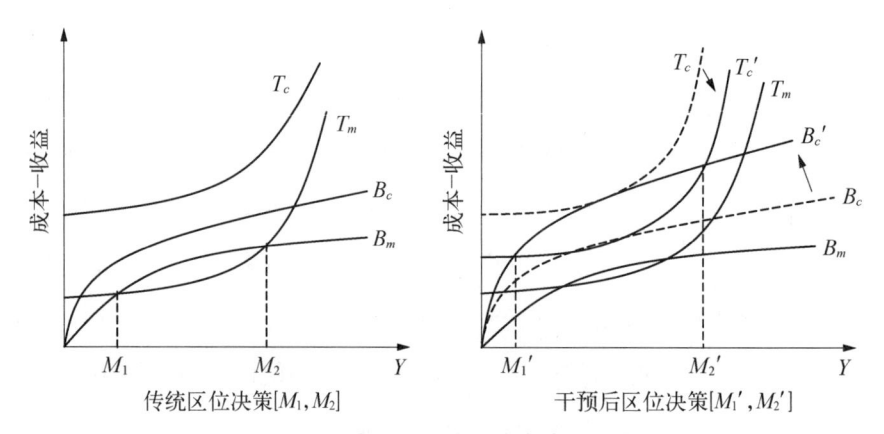

图2-2 创新企业空间成本收益曲线

资料来源：邓智团（2014）。

因此，理论上创新型企业在中心城区的空间集聚可以依赖于一个明显的经济理性空间 $[M_1', M_2']$，这个理性空间是可以通过地方政府的干预得以实现的。

第三节 地方政府层面的综合收益权衡

在20世纪大多时候，由于人们对健康和环境的关注，以及高速公路的建设，工业被推到了城市之外，人们开始迁向郊区居住，出现所谓的产业空心化和居住郊区化现象。这一城市转型过程中，在许多城市中心区留下来的是废弃铁路、工业厂房和衰败的城市社区，包括波士顿、旧金山、芝加哥和伦敦等。有些城市前工业用地面积甚至达到许多前工业城市总面积的1/3，当时因为产权关系和土地价值高昂，缺乏开发动力。现在随着人们对中心城区生活的向往，以及郊区生活品质的相对下降，现在这些遗留下来的"城市疤痕"反过来成为城市复兴发展的巨大机会，转型的触发点正是2008年前后的经济衰退。虽然一些创新街区是在经济衰退之前形成的，但是从各城市决策者响应的政策制定来看，创新街区的正式计划大都是在2008年之后才基本成形。传统上，城市竞争吸引大型锚公司带来了良好的工作和企业税收的预期，但经济衰退却让城市更加意识到由于缺乏经济多样化而带来的风险，并且开始寻求发展自己经济多样化的核心资产，如知识型人才。在2008年以后的很短时间内，许多社区突然发现自己拥有大量的失业居民，房地产开发商发现自己没有长期租赁权，企业发现自己拥有太多的可租赁面积。地方决策者开始认识到"传统的经济发展政策未能认识到大公司不是创造就业的主要生产者"，新的就业机会主要来自中小型企业。于是，地方政府迅速作出反应，提出大力发展创业公司和小型企业的政策计划，以帮助城市缓解可能带来的经济衰退和降低失业水平。

在地方政府的干预下，入住成本下降，而总体收益上升，地方政府推动创新街区建设的综合收益也较高，地方政府规划建设创新街区吸引创新企业入住，对双方而言都是经济理性行为。而且"创造和培养创新和创业文化的城市，将更有利于经济复苏和创造就业机会，提升城市的经济弹性和区域经济转型的潜力"。事实上，创新街区建设的另一个目的是吸引人才和留住人才。例如，波士顿是世界上最好的大学的所在地，当地的智力资本是非凡的。然而，这些年轻创新者中的大多数选择在毕业后离开波士顿地区，造成"人才流失"，为此波士顿市政府希望能通过创建创新街区，利用技术集群和创新的理念，留着一些本来会留下的本地人才。终于，城市更新发展的内在需求与提升城市经济弹性的战略不期而遇，创新街区如同雨后春笋般蓬勃发展，到 2015 年仅美国提出创新街区战略的城市就有 300 多。

一、创新街区创造新的城市发展模式

当前，创新区建设正在成为美国城市推动新一轮发展的关键战略。美国大多城市都大量存在废弃工业用地和发展水平较低区域，这些区域的再发展为美国城市发展提供新机遇。大多数情况下，城市政府制定新的经济发展战略，并通过与适当的私营部门合作，协同推进城市发展新战略的实施。通过创新区建设计划，以功能定位、住房和公共基础设施建设等形成有利于创新创业生态系统的新经济空间。随着住宅和商业的增长，先进的研究型大学、医疗综合体以及创新和创意公司集群推动创新创业活动在中心城区的进一步集聚，亚特兰大、波士顿、印第安纳波利斯、费城、凤凰城、匹兹堡和圣路易斯等城市的创新区逐步成形。

创新区创造的就业机会，既包括创新创业、风险资本和智能制造等高端行业岗位，也包括大量餐饮、娱乐和零售等传统行业的升级版岗位。创新区多元化的经济活动，使得这些区域的经济充满弹性。非常关键的一点是，环境友好的、空间需求少的智能制造可以在创新区集聚，不再需要与办公室或住宅邻里显著隔离。虽然智能制造、实验室和研发空间对创新创业企业而言,使用成本极低,但却作为创新创业的重要环节,这些场所改变着创新区的创新创业生态系统,成为吸引创新创业企业集聚的关键,为开发商提供开发动力。

二、地方政府建设创新街区的成本

政府积极参与会加速创新街区的建设和成长,主要可以发挥三个方面的重要作用:刺激创新和创业、融资土地和改善基础设施、提升人力资本。

1. 吸引研发机构

从美国的经验来看,如果没有联邦政府投资基础和应用科学、各州政府建设公立大学等基础力量,很难想象在20世纪后期会出现硅谷、创新三角及波士顿大都市区等知识城市。可以说,美国经验表明,政府最重要的是保持现状和提供持续的平台来资助支持创新。

一是,布局研发机构。从美国经验来看,考虑到创新空间地理的转移,联邦政府和州政府应该考虑到在创新街区布局新的或者成熟的高端研发设施的再布局。如联邦政府在俄亥俄州的杨思顿(Youngstown)设立第一家国家制造业创新研究所,邻近中小企业制造业集群;加州政府在旧金山的Mission Bay地区设立再生医学研究所;公立大学高端研究设施向创新街区的转移也已经变成一种趋势。

二是,提供催化资金。地方政府往往通过特殊的税收政策和支出等以推进创新活动机构平台的成长。如纽约政府花费4 500万美元帮助俄亥俄州的爱迪生焊接研究所搬迁到水牛城。与此同时,马萨诸塞州也投资500万美元来帮助建设坎布里奇的实验中心设施。这类目标性投资都填补了基础科学和应用研究的基础资金需求。

2. 改善基础设施

政府在传统上一直在融资和调整城市土地等方面发挥最大作用。在不同层面上,各级政府都会直接或间接投资于交通、公路、公园、居住等设施。

一是,改善交通基础设施。许多创新街区特别是那些位于滨水区和中心城区的地方,仍然存在一些过去发展如20世纪中期,高速公路建设所带来的空间伤疤,这些伤疤往往将统一的社区分割,破坏城市街道的有机组织和城市空间连接性,通过将这样的基础设施清除可以刺激创新市场的发育。如波士顿滨水区创新街区的建设,就是通过将高速路拆除,进而将滨水区与波士顿大都市区更好联系而形成。

二是,提升信息基础设施水平。如纽约推行数字化纽约计划。实施管线改造计划,通过对曼哈顿34大街的南面和布鲁克林商业区的地下总计175千米长的旧管道的利用,安装光纤线路,进行高速数据传送。如加强地铁站Wifi和移动信号建设,打造"科技地图"。2014年,纽约市政府与IBM公司一起发起了"数字纽约"(Digital.NYC)计划,打造了一个在线创业服务中心,能为新创企业和技术生态系统汇集纽约所有技术部门所涉及的每一个公司、新创企业、投资者、事件、工作、博客、视频、工作间、创业孵化器、资源和组织机构等相关利益涉及者。

3. 财政税收优惠

创新街区通常要面临城市历史文化价值保护的难题。如果对这些建筑进行改造,能够成为一个区域品牌重要组成部分,创新街区仍然倾向承担这个包袱,即使这个地块因为工业利用受污染需要重新整治,这个整治的成本可能超过其市场价值。在这个过程中可以借鉴针对文物保护、棕地治理、土地征集的税收政策,特别是在创新街区的开发过程中可以更好地利用并推广,例如圣路易斯的Cortex区域通过利用税收政策已经取得较好的成功。在20世纪90年代,针对纽约市税收偏高的问题,市政当局即制定了优惠税收政策,如房地产税特别减征5年计划(前3年减50%,第4年减33.3%,第5年减16.7%);免除商业房租税(前3年商业房租税全免,第4

年免2.7%,第5年免3.3%);曼哈顿优惠能源计划(期限12年,前8年电费减少约30%,以后每年减电费20%)。2014年纽约发起了创业纽约计划为新创企业提供100%的税收减免,包括新创企业管理人员100%的个人收入所得税免除。

表2-1 创新街区的建设目标、内容与主体

目标	内容		建设主体	
			地方政府	开发商与企业
刺激创新和创业	创新要件	创新驱动者	研发机构、医疗机构、大企业	研发机构、大企业、小微企业、创业企业
		创新培育者	孵化器、加速器、概念论证中心、技术交易平台、地方高校、就业培训企业、促进专业技能的社区学院等;法律咨询机构	孵化器、加速器、概念论证中心、技术交易平台、业务共享空间、就业培训企业等;法律咨询机构、专利律师以及风险投资公司
		企业家	个人所得税、企业税优惠和减免等	
	社会要件	强连接	创新集群专业会议、专业科技人员的培训会、产业会议与月度例会、地方企业与企业家的社交平台	"技术常客"、工作室等
		弱连接	创新中心、跨产业的黑客马拉松、技术创业课程班	网络早餐会、跨产业的黑客马拉松、技术创业课程班
融资土地和改善基础设施	空间要件	公共空间	公园、广场、街道;高速互联网、无线局域网、计算机与数字播放设备等	高速互联网、无线局域网、计算机与数字播放设备等
		私人空间	租赁房、人才公寓等;研发与商务复合体等	商品房、社区服务零售店、研发与商务复合体等
		便利空间	服务设施:卫生服务中心;交通设施:轨道交通、公共交通,自行车专用道、步行道、步行街等	服务设施:医疗诊所、商店、酒店、咖啡馆、小型宾馆、地方零售等

资料来源:作者编制。

三、地方政府建设创新街区的收益

中心城区的改造更新,不管以哪种方式进行,政府更新的动力在于政府获得的综合收益最大化。在内城复兴过程中,创新街区因聚集了大量企业,可以发挥区域增长极的作用,同时创新街区在促进社会进步、增强环境保护方面也发挥着不容忽视的作用。区域经济的可持续发展,离不开创新街区的支撑。上海市政府对工业用地更新的收益有明确的定义:即针对已办理相关用地手续但土地利用效率不高、产业能级不高的土地,通过各种有效途径,对其进行重新开发利用,以提高土地经济效益、社会效益。[①]

1. 经济效益

创新街区作为产业聚集发展的平台载体,其盈利模式实质是开发建设该平台载体的开发主体的盈利模式。政府层面的盈利有狭义和广义之分,狭义指直接获得的货币收益,也就是政府得到的财政收入;广义的还包括经济增长和就业,以及开发建设所带来的技术溢出、产业结构升级、人力资本提升等社会效益。

拉动经济增长是创新街区最为现实的价值,也是创新街区风靡中国最为根本的原因。一方面,创新街区可以吸引投资、聚集产业,直接实现产出、增加 GDP 并创造税收收入,从而直接拉动所在地经济增长。另一方面,创新街区还可以通过消费效应、溢出效应等间接方式拉动所在地经济增长。首先,大量企业与人力资源在创新街区集聚会带动园区及周边地区餐饮、娱乐消费、酒店住宿、医疗教育、金融、房地产等服务业发展;其次,创新街区内企业通过管理、技术外溢可以带动周边地区企业发展;再次,创新街区先期将产业导入,为后期的产业升级打下基础并预留了空间;最后,创新街区还具备城镇化价值,是新型城镇化的理想场所,这为区域经济可持续发展注入

[①] 广州高新区政策研究室.创新园区盈利模式 打造知识经济园区[R].广州高新区研究报告,2017.

了持续动力。

政府的收益主要体现在财政收入，主要来源于土地出让金收入、税费收入、国有企业收益三个部分。具体的盈利结构如下：

(1) 土地出让金。包括生地出让金和熟地出让金收入。生地出让金收入是指创新街区开发土地在完成规划以及产业功能定位后，一次性出让给开发企业或项目企业实现的收入。生地出让金收入的实现往往发生在整个创新街区开发建设相对较成熟或基本成型的时期，如某特定产业功能区或项目用地，并由于地价较低，收益的水平较低，所以在财政收入中所占的比例不高。熟地出让金收入是指由政府投入或开发企业投入，完成土地"七通一平"基础设施建设后的土地出让金收入，是园区土地出让的主要方式，在园区财政收入所占比例较高。

(2) 税费收入。指园区企业上缴税收园区留成部分收入和园区企业及相关机构行政事业收费收入。税收收入主要有增值税、流转税、所得税、财产税、资源税等。收费收入是指园区政府机关或事业单位在提供公共服务、实施行政管理或提供特定公共设施的使用时，向受益人收取一定费用的收入形式。

(3) 国有资产收益。指园区政府凭借国有资产所有权获得的利润、租金、股息、红利、资金使用费等收入的总称。以苏州工业园为例，国资控股的房地产开发公司、市政服务公司等企业的利润是园区财政收入的重要来源，在园区开发建设中有效发挥了骨干、支撑、示范、带动作用，取得了良好的经济效益和社会效益。

表 2-2 地方政府收益结构

盈利来源与结构	项目分类	具 体 内 容
土地出让金	生地出让金	只是完成规划或土地定位，未完成土地"七通一平"的土地出让金收入
	熟地出让金	完成土地"七通一平"基础设施建设后的土地出让金收入

续　表

盈利来源与结构	项目分类	具　体　内　容
税费收入	税收收入	增值税、企业所得税、营业税、个人所得税、房产税、印花税、消费税等
	规费收入	行政事业性收费、罚没收入等
国有企业收益		凭借控股或持股的国有资产所的权获得的利润、租金、股息、红利、资金使用费等收入

资料来源：作者根据广州高新区政策研究室（2017）研究编制。

2. 社会效益

经济增长与社会进步在短期内是可以兼顾的，在长期内是统一的。在集聚中发展壮大的创新街区成为二者兼顾与统一的理想方式。

首先，创新街区可以促进社会和谐。创新街区的正常运转需要数量庞大的人才及劳动力资源，这会直接缓解所在地的就业压力，提高就业率，从而促进了社会和谐。另外，创新街区对于人才及劳动力的需求是多层次、多样化的，创新街区内员工可以通过教育、培训等方式不断提高劳动技能和人力资本水平以增加自身的收入，进一步促进了社会和谐。

其次，创新街区可以塑造创新文化。创新街区是"试验田"，也是示范区。创新街区及其企业在积极探索、勇于创新和成功实践的基础上所形成的创新成果、取得的发展成就会引起外部的关注、学习和模仿。在此条件下，一些先进理念、价值观念等产业文明因素也会获得外部认同，并通过示范效应和引导作用，产生难以估量的积极影响。此外，取得成功发展的创新街区还具有品牌价值，能够作为所在城市的名片向外推介和推广，进一步夯实创新街区的创新文化。

四、地方政府的综合收益权衡

通常情况下，政府推动城市更新目的是为了让政府的综合收益（短期收益＋长期收益)最大化,推动城市土地经济效益、社会效益和空间效益的全面提升(图 2-3)。

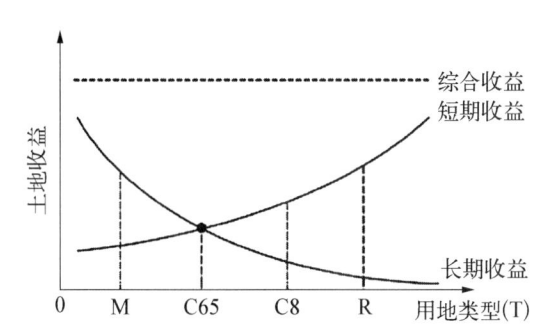

图 2-3 工业用地类型改变后地方政府的综合收益比较
资料来源:郑德高、卢弘旻(2015)。

根据郑德高、卢弘旻(2015)的研究,若以用地类型为横轴、土地收益为纵轴形成直角坐标体系,将工业用地(M)、研发设计用地(C65)、商业与服务用地(C8)到住宅用地(R)的四类用地从左至右标在横坐标上,那么短期收益曲线将表现为一条逐步增加的向上的曲线,而长期收益则表现为逐步减少的向下的曲线,而总部研发类用地(C65)[①]则成为政府与市场的平衡点。从企业决策主体来看,创新研发在中心城区布局存在合理的经济理性空间,这个空间大多是在政府干预后形成的,即通过改变新增创新企业的成本和收益预期而得以实现,这一干预过程可简化为"降低成本、提升收益"。从地方政府决策主体来看,因研发用地本身综合收益可以接近甚至达到土地类型调整的综合收益(短期收益与长期收益)最大化。因此,从创新型企业和地方政府两个决策主体来看,创新企业在中心城区集聚存在经济理性,可以作为中心城区城市更新的重要路径之一。

---

① 根据上海的实践,工业用地通常可更新为工业研发用地(M4)、科研设计用地(C65)、商务办公用地(C8)和居住用地(R)等用地性质。C8 和 R 用地类型政府的增值收益最高、M4 用地类型政府的增值收益最低。由于考虑到城市中心区的更新是长期收益与短期收益相结合(短期收益可以用土地出让的增值收益替代,而长期收益可以用政府的税收收益(或 GDP)替代)。

第四节 重塑空间区位决策的成本—收益预期：硅巷案例

纽约硅巷的成功复兴可以说是中心城区在吸引创新企业集聚的典范，借助政府与市场对成本—收益预期的干预，创新型企业在区位选择时倾向在政府规划的中心城区集聚（见表2-3）。

表2-3 创新型企业的区位偏好比较

项目	内 容 比 较	
区位偏好	中心城区	城市郊区或边缘区
判断依据	$[M_1', M_2']^{Bm>Tm, Bc'>Tc'}$	$[M_1, M_2]^{Bc<Tc, Bm>Tm}$
典型案例	硅巷	硅谷
偏好目的	良好的基础设施、公共服务，青年人才集中，休闲娱乐项目丰富，沟通交流方便，文化氛围好，风险资本集中。从创业者来看，纽约是面向消费行业建立电子商务、广告、媒体或时尚的新硅谷，在创业进入更高规模的阶段，在纽约更容易获得全球关注，吸引到投资	商务成本低、用地约束小，生态环境好，产业集聚度高，集群效益明显。从创业者来看，硅谷有丰富的风险资本、有世界一流的人才、大量大型公共企业的总部以及一个充满活力的支持生态系统以及开放、信任、预支和改变世界的文化

资料来源：邓智团（2015）。

一、降低创新企业中心城区集聚的空间成本预期

一是，推行减税计划。在20世纪90年代，针对纽约市税收偏高的问题，市政当局即制定了优惠税收政策，如房地产税特别减征5年计划（前3年减50%，第4年减33.3%，第5年减16.7%）；免除商业房租税（前3年商业房租税全免，第4年免2.7%，第5年免3.3%）；曼哈顿优惠能源计划（期

限12年,前8年电费减少约30%,以后每年减电费20%)。2014年纽约发起了创业纽约计划为新创企业提供100%的税收减免,包括新创企业管理人员100%的个人收入所得税免除。

二是,接近市场和丰富的资金来源。纽约有丰富的顾客群,易于取得资金来源,内容拥有者和战略合作伙伴的选择余地大,哥伦比亚大学、纽约大学等著名学府和最好的设计学校能够不断地输送新生力量,以及便利的交通设施等都足以使公司老板们动心。纽约市市长布隆伯格于2010年提出要把纽约打造成新一代的科技中心。为此,纽约市政府提供土地与资金吸引高新技术与应用科技水平一流的院校与研究所落户。

三是,提升基础设施水平。推行数字化纽约计划。实施管线改造计划,通过对曼哈顿34大街的南面和布鲁克林商业区的地下总计282千米长的旧管道的利用,安装光纤线路,进行高速数据传送。如加强地铁站Wifi和移动信号建设,打造"科技地图"。2014年,纽约市政府与IBM公司一起发起了"数字纽约"(Digital. NYC)计划,打造了一个在线创业服务中心,能为新创企业和技术生态系统汇集纽约所有技术部门所涉及的每一个公司、新创企业、投资者、事件、工作、博客、视频、工作间、创业孵化器、资源和组织机构等相关利益涉及者。

二、提高创新型企业中心城区集聚的综合收益预期

一是,丰富优秀的创新人才队伍。对于大多数新落户纽约的公司而言,纽约的人才组合具有极大的吸引力,特别是创新人才,这里集聚了众多的作家、导演、编辑、设计师和艺术家等,这些创新型人才是新媒体发展过程中急需的人才。

二是,政府、商业区联盟和业主成立公私合作伙伴以及行业协会,如新媒体理事会。为了吸引更多的信息技术公司入驻硅巷,1997年纽约市政府与纽约商业区联盟和楼房业主们结成了独一无二的公私合作伙伴,将硅巷

中因特网已到位的总面积为1.1万平方米的办公楼推向市场吸引了众多新的信息技术公司落户硅巷。2000年6月,纽约市政府组织成立新媒体理事会,并设9个小组,理事会成员包括新媒体企业、贸易委员会、教育文化机构和政府部门,几乎涵盖新媒体产业从数字化艺术直至税收等所有问题。

三是,成熟的创新创业生态系统。纽约包括有纽约科技大会和其他299个科技产业组织,帮助投资者找到初创公司,建立了产业互助系统,形成了良性的科技圈生态环境,给新公司一个良好的空间,并让政府事务中科技产业优先级提高,整合金融、时尚、媒体、出版社和广告商为科技产业开路。使得纽约成为美国2007—2013年风投成交数量增加的唯一城市。而且,纽约是国际金融中心,而高科技企业也受到风险投资家们的青睐。

表2-4 纽约硅巷复兴路径的简化模型

复兴举措	降低成本	提升收益
政府推动	房地产税特别减征5年计划;免征商业房租税;曼哈顿优惠能源计划;实施管线改造计划	政府、商业区联盟和业主成立公私合作伙伴;数据公开法案;加强地铁站Wifi和移动信号建设;打造"科技地图"
市场选择	丰富优秀的创新人才队伍;纽约是国际金融中心,拥有丰富的风投资源,降低融资成本;纽约拥有至少12个"孵化器",丰沛的投资、成熟的指导和全面的服务帮助初创企业更快地站稳脚跟	成熟的科技创新生态系统,整合金融、时尚、媒体、出版社和广告商为科技产业开路;国际大都市浓郁的文化氛围,闻名于世的公益文化、表演艺术、传播媒体、娱乐休闲和时尚风俗的汇集地;接近市场

资料来源:作者编制。

第三章
创新街区重塑城市空间

当前我国的经济社会发展进入一个新的等级跨越期,中国城市发展仍主要表现为要素驱动和资本驱动型特征,相应的城市功能设计与空间配置主要是围绕两者展开,表现为中心城区主要围绕金融和现代服务业,空间上表现为以中央商务区为核心展开各功能区的布局。要求经济又好又快发展的科学发展观要求重视创新,尤其需要重视狭义的创新,即知识创新和科技研发,打造资源和资本要素驱动之外又一个以知识创新为特征的新发动机。

在向创新驱动转变的要求下,城市功能设计与空间配置需要注入新思维,进而形成更为符合创新要求的发展格局。而在城市功能上如何把创新、创意、研发作为发展的新发动机,形成金融与研发创新的双引擎模式;在空间上如何设计主要承担创新功能的城市空间平台,形成创新街区,成为与中央商务区相得益彰的城市新核心,这些问题成为创新推动下城市功能设计与空间再组织需要认真思考的中心问题。

第一节　创新街区重现空间价值

一、构筑城市向创新驱动转变的空间依托

将经济发展阶段理论与城市空间结构理论结合起来,要素、投资、创新

和财富管理4个经济发展阶段,分别对应着不同的核心产业,这些核心产业在城市空间里集聚形成较为显著的城市空间地标。要素驱动阶段是其经济现代化的初级阶段,国家主要通过开发生产要素资源来驱动经济发展,其产业主要是依靠要素禀赋的农业或加工制造业,其城市空间地标为中央商业区,以商业贸易为主。投资驱动阶段则是经济现代化的起飞阶段,国家大量吸引外国技术和投资,劳动和资源密集型的产业逐渐为资本与技术密集型程度更高的产业所取代,其产业竞争力主要表现在生产某一标准品的效率上,最成功的企业通过自主创新战略开始生产高附加值的产品,并密切关注海外的技术创新活动,其核心功能产业载体为金融服务业,其城市空间地标主要是中央商务区。创新驱动阶段是国家经济现代化的重要阶段,也是经济现代化的主要标志,国家开始将技术创新作为国家财富积累和经济现代化的主要驱动力,这一阶段的产业类型以技术密集型产业为主,体现核心功能的产业载体为研究开发业,通过研究开发产业在一定区域内的集中,形成以创新街区为特征的城市空间地标,成为城市创新的主要空间依托(见表3-1)。

表3-1 经济发展的驱动机制与空间响应比较

驱动类型	产业类型	核心功能产业载体	城市空间地标
要素驱动	劳动力或资源密集型产业	制造业	中央商务区(商业)
投资驱动	资本密集型	制造业、金融服务产业	中央商务区(商业、办公)
	技术密集型	研究开发、金融服务产业	创新街区、中央商务区
创新驱动	知识密集型	研究开发业	创新街区

资料来源:屠启宇、邓智团(2011)。

二、重新调动与汇聚被忽视的智力资本

如果说CBD是区域金融财富的集中区,创新街区就是区域智力财富的集中区,创新街区重新调动与汇聚被忽视的智力资本。区域的智力财富由

人力资本和结构资本两大部分组成。结构资本指保证创新街区知识经济安全、有序、高效运转以及人力资源发挥作用的无形资产，它们嵌入于创新街区的创新网络之中，形成社会运行平台，包括社会资本和组织资本两大部分（图 3-1）。

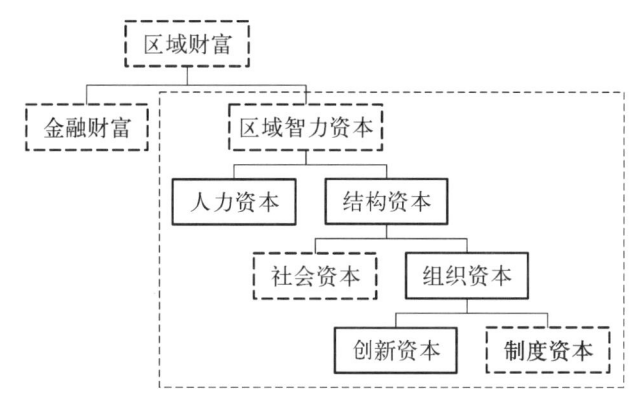

图 3-1　创新空间汇聚的被忽视的区域智力资本
资料来源：屠启宇、邓智团（2011）。

这些智力资本在创新街区重新汇聚，相互协作、相互补充。社会资本是创新街区与外部相联系的所有资源，是"能够通过推动协调的行动来提高社会效率的信任、规范以及网络"，包括创新街区内的各种服务业（知识服务与传统服务并存），蕴含并深嵌于社会构架、社会网络与社会文化之中，既非市场因素，也不是组织一体化的因素，但能够通过知识传递、信息流通、生产组织、市场规模效应等渠道充分发挥其作用。组织资本是智力资本的物质基础条件，它为创新街区提供组织平台和制度保障，包括区域硬件、软件、基础设施、产业结构和保障条件等。创新资本有别于人力资本，是创新街区的创新能力和创新成果，反映未来创新街区的智力财富，包括专利等知识产权、科研论文、科技合作、文献服务系统、技术转移水平、产业国际竞争力、一定时间内区域的研发投入水平、创新基金水平和信息化水平等。制度资本是指区域内为人力资本创造价值提供的制度环境和体制保障。它体现为创新街区所依托行政区制度的完善程度、执行情况、社会文化心理状况、社会公平等,客观地反映了在创新街区发展中政府职能发挥的程度和所起的作用这里的人力资本是与区域内的人力资源有关的无形资产,但与单纯的开发区不同的是,创新街区的人力资本主要是区域内的企业、大学、科研机构的高知人才,除此之外,还有区内的部分居民、各类智力中介组织人员和地方政府,体现了创新街区的制造和生产能力、设计能力和创业水平。

三、重新发现与发掘被低估的区位价值

马歇尔(1964)首次论述了城市工商业的土地价值问题,提出了城市地租理论。他把场地之位置利益的货币价值总和,定义为"区位价值",即某场地清除了建筑物之后在自由市场上出售所获得之价值,等于"位置价值"加上农业地租。美国经济学家阿隆索(W. Alonso)在杜能农业区位理论的基础上,建立了厂商对城市土地的投标曲线,然后根据经济学中的一般均衡原理[①],在土地市场的均衡中创造包括农业、工商业和居住性用地在内的土地价值模式。

而通常情况下,生产的业务流程的价值被划分为"两高一低"三个组成部分,两高是指生产过程中附加值高的两端,即前期的产品设计、核心部件研发制造和后期的管理与营销,一低是指附加值低的产品生产中间环节,主要包括一般部件设计制造及组配加工。根据地租理论,在完全竞争的社会,城市中心为零售业租赁,然后为专业性服务业、工业及批发业,再远一些为高密度多层住宅,住宅之外才是农业。郊区到中心城区的地租呈逐步上升的趋势。要支付较高的地租,则相应需要相关产业的价值生产能力也是呈

---

① 这些理论表明,商业的空间布局要遵循土地经济地租递减的规律,商业中心要布局在城市中经济地租最高的地段,高等级商业中心的位置较之低等级商业中心位置的经济地租更高,在某一等级商业中心内部,高级别职能部门要占据该商业中心内部经济地租较高的核心位置,这样,才能使各等级商业中心吸引到足够数量的消费者,获取更高的经济效益,而通过商业的发展,又会带动商业中心周边地区经济的发展和经济地租的抬升,以促进城市经济的良性发展。

逐步上升的。根据现有一般理论的观点，在中心城区能承担较高地价的业务主要是金融、管理、商业、办公等生产者、消费者服务活动。通过对原有价值生产能力曲线和地租价值曲线两者叠加，我们可以发现作为价值生产能力较高的产品研发与设计能承受较高的地租价值。因此，创新街区在中心城区的建立，可以重新发现这些被低估的区位价值。

第二节　创新街区与城市空间发展的互动

一、创新街区主导下城市功能的再设计

创新街区作为城市的一个功能区，其核心活动主要是知识的创造和研发的转化。代表的是一个塑造全社会整体创新导向的城区，突出社会整体改造概念，其管理和功能有更多的扩展，内涵覆盖更大。在一个典型创新街区中，知识教育、研发是核心功能，由此展开其他社会、产业、文化功能设计(图3-2)。

1. 创新街区的产业功能设计

中心城区产业发展，随着城市经济、城市产业结构进入新的发展阶段，以及

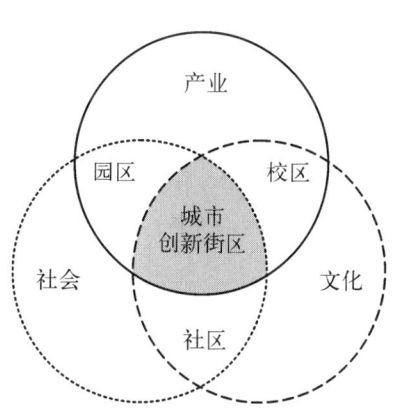

图3-2　城市创新街区的融合机制
资料来源：根据屠启宇、邓智团(2011)修改。

大规模投资越来越受到土地等资源硬约束，需要转向创新驱动的发展。城市创新街区的产业功能组织包含：对传统产业的结构调整、新兴产业培育与成长、夕阳产业的淘汰及打造新的产业集群的形成等几个方面。在具体措施上根据创新规律展开产业构造，包括支持基础教育、注重科技研发、打造卓越技术中心、培育先进制造业、支撑包括风险投资等金融在内的现代服

务业发展,形成高素质劳动力城市蓄水池。在空间组织上则应该着力打造符合知识创新活动需求的商业业态和商务楼宇设计配置等。

2. 创新街区社会功能设计

创新街区在社会功能方面的主要任务是支持知识型社会、学习型社会的形成发展。在具体措施方面则包括体制创新和配套环境创新两个方面。创新街区在建设创新型城市过程中,必须率先创新定制的城市公共管理安排,解决制约科技发展的体制性障碍,激发创新主体自身活力,实现创新体系各部分有效整合的新型创新体系。创新街区空间组织建设中,要加强重大创新基础设施的前瞻性布局与合理规划。同时必须注重软环境的建设,包括培育生产性服务业;增强科研气氛;培育激励性的科研环境和良好的人才发展环境。

3. 创新街区文化功能设计

创新街区应形成以竞争、进取、宽容为内核的城市创新文化。创新街区作为城市创新驱动发展的极核,必须视文化创新为一个系统性的建设过程,促进社会观念建设。具体抓手应该包括对城市文化创意产业发展的培育、重视人力资源改造提升,以知识创新为核心塑造社区文化,以创新人才为对象构建社会网络。

4. 创新街区的扩散机制设计

作为担当城市创新核心功能的创新街区,必然与次级城市创新区(科技园)、新城模式的创新区(科学城)存在天然的有机联系。城市规划应予以响应,设计形成由以上不同层级创新极构成的全面覆盖城市实体性创新网络。

二、创新街区主导下城市空间的再组织

在创新街区内的企业主要是有关模糊的、非嵌入性的专业性知识类企业,这类知识建立在大量的经验之上,用于特定领域,隐性、复杂、难以表达,造成了知识转移的困难。因此,创新街区的空间规划要求大学、园区与社区

在空间上相互交织、积极地合作,促进知识的转移。

1. 空间交织布局重塑原有城市空间

尽管在宏观空间层次上仍然存在必要的劳动分工,但功能交织已经成为创新街区的基本肌理,传统的城市功能区往往由于交织地带而相互开放、渐变过渡,通过功能的融合交织形成新型城市空间景观。同时,混合功能布局成为构造创新街区的基本理念,在创新驱动的发展模式下,教学、研发、服务、休闲消费、居住、母工厂、测试性市场等城市单元有条件相安无事、相互支撑、相互融合。

混合布局下的工作和居住的高度重叠,相当程度上消除了创新街区出现大流量昼夜通勤流情况。创新街区的道路交通组织因此更倾向于引导区域内部的高密度、无(快速道)阻隔、绿色通行。

2. 公共空间创造城市新地标

创新街区空间布局是围绕核心公共空间展开。核心公共空间担当着创新枢纽作用,构成创新驱动时代的城市(城区)新地标。CBD时代的地标往往是高档商务楼,创新时代地标是具备创新创意特色的公共空间。这一公共空间具有的特征是:网络开放性、多种交通方式和自行车、步行上的可接近性、人们交流的便利性;但又不是单纯的换乘交通枢纽,而是人流与信息流同行;人群活动不同于CBD有早晚差异,晚间变成空城区。创新街区没有昼夜之差,晚间同样有进修、持续研发、休闲等功能保证了人流。

3. 基础设施优先性的新排序

信息沟通基础设施同传统物理性基础设施的建设要求,在创新街区中,处于同等重要(甚至是更为重要)的地位。"无线城区""智能城区"是创新街区基础设施的典型特征。具体涉及:高速无线上网全覆盖且低成本、智能代理服务、智能社区、智能交通与物流、智能城市安全,等等。

4. 响应创新的商业与住宅配置

创新街区的商业业态和住宅等级的配置体现多层次全覆盖的特征,以满足处于不同创新阶段（从初创到行业领袖）的不同知识人群的多样化需求。并且通过不同等级的混合布局，而实现不同人群在发展意义上的可流动性、易流动性。即在消费和居住的能级安排上，创新街区既不会排斥创业失败者，也不会无力款待"科技新贵"。

5. 城市活动新形态、新单元

一些同创新活动高度相关的城市活动新形态、新单元将在创新街区萌发。比如：同产品研发紧密联系的"母工厂"（Mother Plant）型都市工业（产品原型生产、中试阶段产品生产）；在研发和市场之间担当快速反馈通道的"测试市场"（Testing Market），大量测试性产品集中在此投放，同时也吸引高素质的消费者"发烧友"向此地集聚其购买力；集科技创新与文化创意于一身的"科学商店"、"展示厅"、"体验馆"。

第三节 创新街区集聚的关键因素

根据数据的可得性，以美国创新型企业为实证对象，研究 2001—2011 年新建创新型企业的区位选择的决定因素，将从两个空间尺度层面建立面板数据模型：大都市区间和大都市区内部，具体研究不同空间尺度对新的创新型企业向中心城区创新街区集聚的影响。

一、模型设计

本节运用 McFadden（1974）提出的 Probit 模型探讨新企业的区位选择的影响因素，广泛应用于区位选择文献中（Coughlin，1991；Fur，2008）。借鉴王俊松（2011）的研究，这种方法主要估计区域特性如何增加或降低区域相对于其他区域被选中的概率。假设制造业企业在选择区位时遵循利润最大化原则，假定 π_{ij} 为 i 企业在 j 城市建立所获取的利润，则 π_{ij} 是 j 城市二级区变量的函数，ε_{ij} 是扰动项：

$$\pi_{ij} = \theta + \beta X_j + \varepsilon_{ij}; P_i(j) = e^{X_j} / \sum_{k \in K} e^{X_k}$$

则 i 企业选择在 j ($k \neq j$) 城市或区域布局需要满足：

$$\begin{aligned} P_i(j) &= prob\{\pi_{ij} \geqslant \pi_{ik}\} \\ &= prob\{(\theta + \beta X_j + \varepsilon_{ij}) \geqslant (\theta + \beta X_k + \varepsilon_{ik})\} \\ &= prob\{\varepsilon_{ij} - \varepsilon_{ik} \geqslant \beta(X_j + X_k)\} \end{aligned}$$

如果 ε_{ij} 符合 I 型极值分布，$P_i(j)$ 满足 logit 模型：$P_i(j) = e^{X_j} / \sum_{k \in K} e^{X_k}$。其中，$K$ 是 i 企业面临的选择域，可以通过 Probit 模型估计。

分别建立两个模型：一是 2011 年美国 331 个大都市区新建创新型企业建立条件逻辑模型；二是 2011 年纽约市内部①新建创新型企业建立条件逻辑模型。其中，每个新建创新型企业在第一个模型中的大都市区间有 331 个选择可能性，或在第二模型中的纽约市内部有 5 个次级区域可供选择，被解释变量中，每个企业选择的城市或城市内部的次级区域赋值为 1，拒绝选择的区县赋值为 0，由于拒绝城市②过多，可参照 Ben-Akiva 和 Lerman (1985) 的做法，在估计模型时只随机选择 5 个拒绝大都市区或次级区域，由于是随机选择，因此结果不会受到影响。最后进入估计的数据有 9×331×6 个，或者纽约内部为 9×5×5，对于每个企业，因变量为 1 时，自变量为企业所在地区的属性；因变量为 0 时，自变量为随机选择的五个地区的属性。本文将解释变量分为两组：核心变量和一般变量。核心变量主要针对创新型企业，一般变量则是针对一般企业空间区位选择所需考量影响因素（见表 3-2）。

---

① 布朗克斯区 (Bronx)、布鲁克林区 (Brooklyn)、曼哈顿 (Manhattan)、皇后区 (Queens)、斯丹登岛 (Staten Island)。
② 美国由于纽约只有 5 个城区，因此，不存在选择机会过多的问题。

表 3-2 变量符号及定义

变 量 名 称		变 量 定 义	预期符号
核心变量	集聚经济指数　loc	已有研发企业数	＋
	税收指数　　　tax	加权平均税率	－
	资本便利指数　cap	风险资本、风投资本总额	＋
	生活便利指数　liv	酒店、咖啡店、酒吧数	＋
	文化服务指数　cul	剧院、电影院、博物馆、图书馆加总数	＋
一般变量	高等教育水平　hig	大学及以上学历的总人口占比	＋
	服务业发展指数　serv	生产性服务业占服务业比重	＋
	制造业发展指数　manu	区域制造业能级	－

资料来源：作者编制。

其中，第一组变量主要包括集聚经济、税收、资本便利、生活便利和文化服务等六个变量。集聚经济指数，选取研究区域已有研发企业数（loc）为变量。如果新产业倾向于建立在已有研发企业规模较大的地区，那么上述变量预期符号为正，同时，为了探讨是否存在过度集聚现象，本节引入研发企业数的二次项（loc * loc），以验证产业集聚对企业区位选择是否存在非线性关系。税收指数（tax），将该变量的优惠税率通过折算进行加权总和，如免税额度等，有助于吸引新建企业，预期符号为负。资本便利指数（capit），是用来衡量所在区域风险资本、风投资本等创业资本发展程度，该指数越高，预期越能吸引新建企业的入驻，预期符号为正。生活便利指数（liv）和文化服务指数（cul），均能在一定程度上改善区域生活质量，吸引高素质人才，有利于企业获得更多收益，预期符号为正。

第二组变量主要包括高等教育水平、服务业发展指数和制造业发展指数等。高等教育水平（hig），如果研发企业趋向于技术人员集中的地方，能为研发企业带来更多收益，那么高等教育水平越高，则会促进研发企业的空间集聚,该变量预期符号为正。服务业发展指数(serv),反映了区域产业高端化水平,用生产性服务业占服务业比重来表示,如果生产性服务业水平越高,越有利于研发企业获得更多的便利,因此,变量符号预期为正。制造业发展指数(manu),反映区域制造业能级,制造业水平越高,越表示该区域生产配套能力越高,但研发企业更趋向于向高服务等级的区域集中,因此,变量符号预期为负。

将所有连续性变量取对数,并进行相关性、多重性检验的采用。检验结果表明所有自变量的相关系数均较小,可以直接进入回归模型。

二、计量结果及解释

将所有连续性变量取对数,并进行相关性、多重性检验的采用。检验结果表明所有自变量的相关系数均较小,可以直接进入回归模型。在模型计算过程中,分别对研发企业在大都市区间选择(模型1和模型2)和大都市区内的区位选择做模型(模型3和模型4),以新建企业数的自然对数作为企业选择概率的 Logit 估计结果,报告的数字为边际效应。通过比较,IV Probit 相对而言要优于 Probit 模型,因此,结果讨论以 IV Probit 模型为主。全样样本的计量回归结果见表3-3。

表3-3 创新型企业区位选择:全部企业条件逻辑模型计量结果

变量名称	大都市区间区位选择模型		大都市区内区位选择模型	
	模型1	模型2	模型3	模型4
	Probit	IV Probit	Probit	IV Probit
loc	0.235 1** (0.045 4)	0.117 0** (0.048 7)	0.362 4* (0.096 2)	0.356 9* (0.092 3)
loc* loc/100	−0.002 3*** (0.008 4)	−0.003 6*** (0.009 8)	−0.007 3*** (0.005 5)	−0.006 3** (0.017 2)
tax	0.002 8 (0.161 3)	0.002 5 (0.208 7)	0.003 6** (0.015 4)	0.023 5** (0.017 8)

续 表

变量名称	大都市区间区位选择模型		大都市区内区位选择模型	
	模型 1	模型 2	模型 3	模型 4
	Probit	**IV Probit**	**Probit**	**IV Probit**
capit	0.019 3*** (0.009 8)	0.010 2*** (0.003 6)	0.026 8 (0.145 8)	0.039 5 (0.153 1)
liv	0.098 3*** (0.001 6)	0.015 8*** (0.004)	0.018 4*** (0.008 6)	0.037 4*** (0.001 7)
cul	0.001 2** (0.018 4)	0.001 5* (0.014 3)	0.001 8** (0.018 5)	0.001 0* (0.012 5)
hig	0.013 5*** (0.008 7)	0.010 3*** (0.006 8)	0.025 1 (0.150 5)	0.038 4 (0.137 0)
serv	0.158 5** (0.018 3)	0.123 8** (0.020 1)	0.187 6*** (0.009 8)	0.209 6*** (0.008 6)
manu	0.001 5* (0.061 2)	0.006 8* (0.072 1)	0.002 6 (0.159 7)	0.009 6 (0.163 5)
Pseudo R^2	0.073 2	0.076 5	0.068 4	0.071 8
样本量	14 895	225	14 895	225

注：***、**、* 分别表示估计系数通过 1%、5%、10% 水平的显著性检验。括号中为 t 值。

1. 创新型企业在大都市区间的区位选择

模型中引入 loc，回归系数显著为正，表明研发企业倾向于选择已有研发企业相对较为集聚的大都市区，新的创新型企业倾向于选择创新型企业集聚的地区以便获取集聚经济。通过引入 loc 的二次项进一步验证发现，loc 的二次项显著为负，表明可能存在拥挤效应，即当某大都市区当创新型企业超过某一临界值时，过多的集聚不利于新的研发企业进入。税收指数（tax）并不显著，表明大都市区间的税收差距对研发企业的空间区位选择影响有限。资本便利指数（capit）的符号显著为正，表明风险资本因素对研发企业的空间区位选择影响显著，研发企业对资金成本或便利程度较为敏感。而生活便利指数（liv）和文化服务指数（cul）也是显著为正，表明研发企业对生活质量和公共服务水平要求相对较高,好的区域生活质量,能吸引高素质人才,有利于企业获得更多收益,有利于吸引创新型企业的集聚。其他相关变量的回归系数基本符合理论预期,高等教育水平(hig)、服务业发展指数(serv)和制造业发展指数(manu)等的回归系数显著为正,表明新企业倾向于人才相对较为集中的地区,偏向于更容易地获得研发创新人才,而产业发展水平对研发企业也有一定的影响,相对而言,研发企业对服务业发展水平的要求要高于对制造业的要求。

可以说,创新型企业倾向于与研发企业相对集聚的地区,而当集聚水平不断提升的同时,又会因过度拥挤而导致研发企业集聚速度下降。同时较丰富的风险资本和较好的生活与公共服务质量都有利于吸引创新型企业的集聚。制造业或服务业本身的发展水平对研发企业的集聚并没有太大的显著影响。这与当前美国的创新型企业向发达大都市区集中的趋势相吻合,特别是向大都市区的中心城市集中,原先研发创新新创企业比较集中的 128 公路和硅滩等地区的研发企业新增速度快速下降,而纽约、旧金山和洛杉矶等大都市区的核心都市新创的创新型企业数快速上升。

2. 创新型企业在大都市内部的区位选择

与大都市区间选择模型一样,大都市区内部选择模型同样引入 loc,回归系数显著为正,表明研发企业在大都市区内同样倾向于选择已有研发企业相对较为集聚的区域,新的创新型企业倾向于选择创新型企业集聚的地区以便获取集聚经济。loc 的二次项显著为负,表明可能存在拥挤效应,表明在大都市区内部的某些区域当创新型企业超过某一临界值时,过多的集聚不利于新的研发企业进入。生活便利指数(liv)和文化服务指数(cul)同样显著为正,表明研发企业对生活质量和公共服务水平要求相对较高,即使在同一个大都市区内,好的区域生活质量,也更能吸引高素质人才就业,有利于吸引创新型企业的集聚。

与前一模型差别较大的一点是税收指数（tax）的符号显著而资本便利指数（capit）的符号不显著，前者（tax）显著为正，这表明研发企业在大都市区内部布局时税收成本成为重要的考虑因素，中心城区通过减低税收水平，将有助于吸引创新型企业的集聚，而后者资本便利指数（capit）的符号显著为正，表明在大都市区内，资本等因素对研发企业的空间区位选择影响并不显著。其他相关变量的回归系数基本符合理论预期，高等教育水平（hig）的回归系数并不显著，因此在同一个大都市区内大学的集聚区并不一定带来创新型企业的集聚，高素质人才在大都市区内的流动较为通畅。产业发展基础方面，服务业发展指数（serv）符号显著为正，而制造业发展指数（manu）的回归系数则不显著，表明的新创新型企业对服务业的发展具有一定的要求，发达的生产性服务业有利于吸引研发创新人才的集聚，进而有利于促进创新型企业的集聚。而制造业的发展水平则对创新型企业的选择并没有太大的影响，这与前一个模型有所不同。

因此，创新型企业在大都市区内的区位选择与大都市间的选择有较多的共同点，包括倾向于与研发企业相对集聚的地区，而当集聚水平不断提升的同时，又会因过度拥挤而导致研发企业集聚速度下降，同时较丰富的风险资本和较好的生活与公共服务质量、高等级的服务业都有利于吸引创新型企业的集聚。但同时也有不同的地方，呈现了一个新的动向，税收在大都市内对研发企业区位选择有着至关重要的影响，较低的税收有利于促进创新型企业的集聚，而此时大学的区位对研发企业的区位选择并没有显著影响。这与当前美国纽约硅巷创新型企业的快速兴起的趋势相吻合，特别是向大都市的中心城区集中。

总体而言，这两个模型能很好地解释创新型企业在美国纽约硅巷的快速集聚。第一个模型解释了创新型企业向高等级大都市区集聚的原因，包括较好的研发企业集聚基础、较好的风险资本和较好的生活与公共服务质量、高等级的服务业以及较好的高等教育资源等。第二个模型则解释了纽约大都市内部硅巷出现创新型企业快速集聚新趋势的原因,相同的因素包括较好的研发企业集聚基础、较好的风险资本和较好的生活与公共服务质量、高等级的服务业和较低的税收水平。

第四章
创新街区的经济活动

第一节 功能混合

随着"创新领域"的概念不断增长,居住区和商业区之间的线条逐渐模糊,根据国际科技园区协会数据,科技园区(STPs/AOI)与其城市之间的联系和合作不断增加。只有6%的科技园区不在城市(IASP,2015)。根据数据可得性,本节以科技园区的发展趋势来反映,作为科技园区升级版的创新街区的功能特征。科技园区和与城市相关是这些创新区域组织性质的关键要素。

一、功能呈现多元产城融合

1. 研发与孵化主导

根据世界科技园协会的统计,从2001年到2011年所有世界科技园协会的成员园区,商业孵化器的比例从82.3%上升到了91.6%,研发机构或研发中心的比例从78.5%上升80.7%,这是所有园区中最为重要的两个功能,其他如大学的比例则有下降的趋势,从50%下降为42.5%。

2. 产城融合,生活休闲功能突出

从2001年到2015年,科技园区的产城融合趋势呈现明显的趋势,修建住宅的园区比例,从12.4%提升到40.6%,几乎一半的园区都提供居住功能。而上升最为明显的是休闲服务和社会服务功能的增加,休闲服务设施的比例从34.3%发展为72.2%,近3/4的园区有休闲服务设施,社会服务设施也上升非常明显,从23.6%增长为58.6%。表明科技园区的发展呈现一个明显的产城融合发展趋势,居住、休闲和社会功能成为园区的重要功能之一。

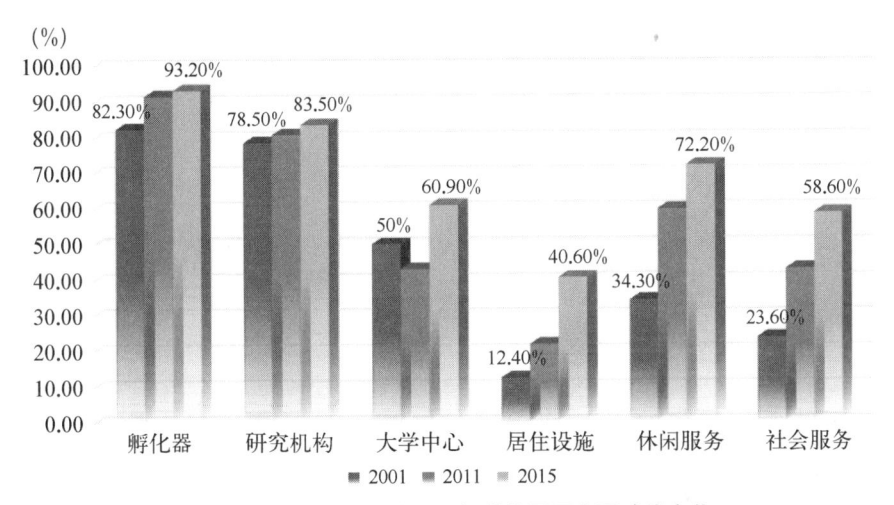

图4-1 2001/2011/2015年科技园区主要功能变化

资料来源:2001年数据取自国际科学园区协会2002年10月统计数据,2011年数据取自国际科学园区协会2012年9月统计数据,2015年数据取自国际科学园区协会2017年统计数据。

科技园区最重要的功能就是科技研发与创新,这极大地推动了科学技术的产业化,也极快地促进了园区主导产业的变化。以硅谷为例,硅谷拥有技术创新、产业化环境、资本的翅膀——最为完善的生态系统,硅谷内部产业链完整,既有芯片制造企业、元器件生产商,又有软件和集成电路设计公司,还有整机生产企业、网络集成供应商和电子商务公司等。硅谷的产业变化能在世界范围产生引导作用。

二、"新城市主义"的开发理念

正如本书前述创新街区概念,本书侧重研究向中心城区集聚的创新街区现象,但即使是布局在郊区或乡村的科技园区,在转型升级过程中多元化的经济活动特质也是如此。以位于离西雅图以东 35 千米的伊沙奎高地(Issaquah Highlands)最为典型。

1. 新城市主义的开发计划

伊沙奎高地以新城市主义理念建成为一个自足的城市村庄,住宅成片,办公楼、学校、商店、服务、餐馆等坐落在周围,使居住在这里的人们不仅避免了拥挤的交通,而且每时每刻享受着自然景色和资源。伊沙奎高地的 30% 土地用于商业开发,60% 用作公共绿地。入驻企业比较有代表的是微软,在此建立了微软伊沙奎高地园区。微软公司在伊沙奎高地选择了一块 135 英亩(约合 66 公顷)的土地,建立一个微软园区(Microsoft Campus),建设 29 万平方米的科研和办公楼,最终容纳 12 000 名职工在此工作。一期建设 8 万平方米办公楼房 2002 年完成,有 3 000 名职工移至此地。

2. 产城融合建设与管理

伊沙奎高地内建设 34 万平方米的商业建筑,相应配套 3 200 户的住房,分两期完成。一期完成 60% 的商业建筑和 20% 的居住。目前,伊沙奎高地是一个山水环抱的秀美环境,狭长的街道、公共设施、商业服务和自然景色融为一体。

表 4-1 伊沙奎高地开发面积

	商业建筑面积(平方英尺)		住宅(套)		
	科研办公	零售服务	独立式住宅	单身公寓	配套公寓
一期	2 500 000	50 000	320	170	150
二期	1 250 000	375 000	1 080	830	700
合计	3 450 000	500 000	1 400	1 000	850

资料来源:邓智团(2013)。

第四章 创新街区的经济活动 | 61

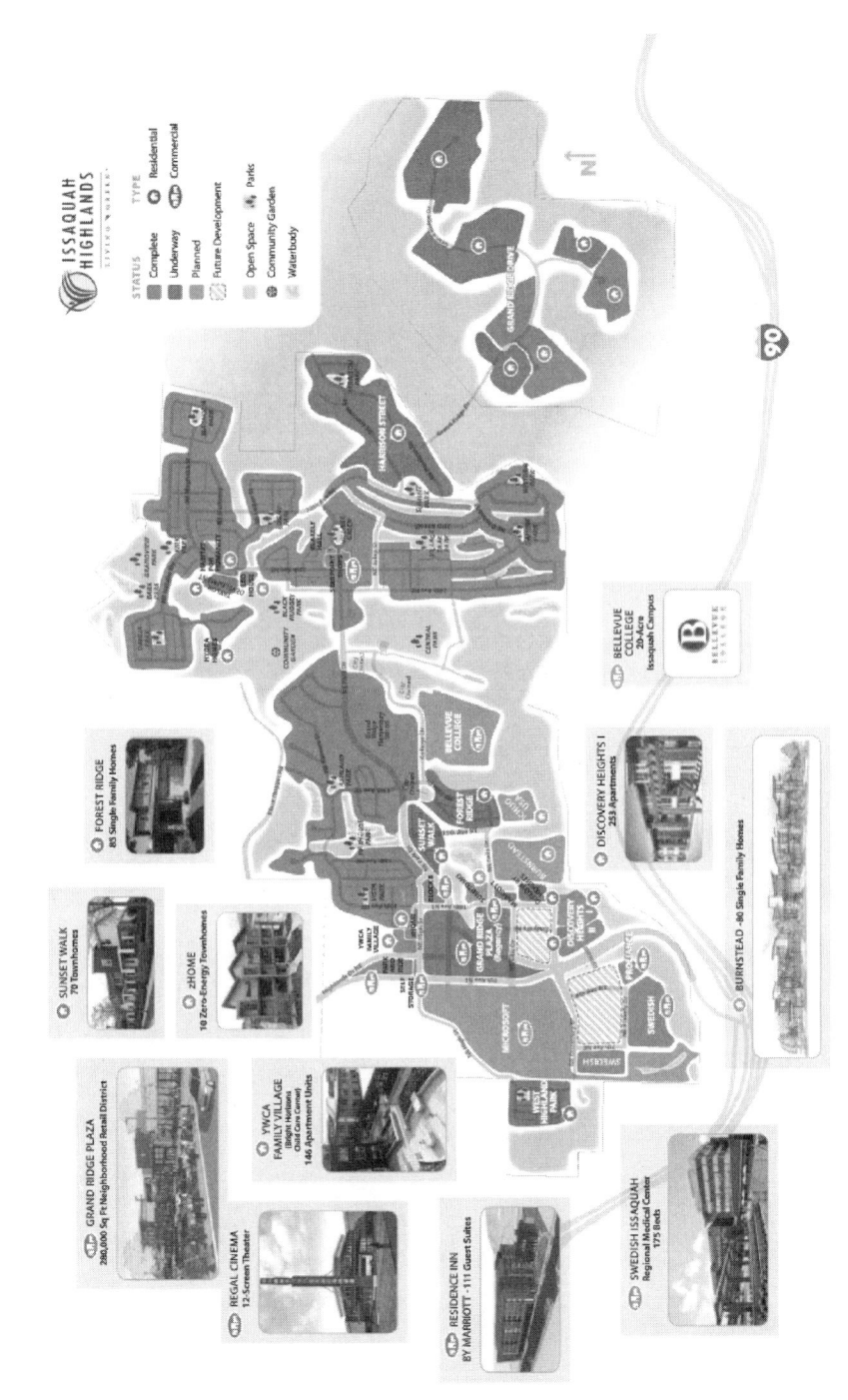

图4-2 伊沙奎高地空间区位与空间布局示意

资料来源：邓智团（2013）。

各类不同建筑风格公寓、联体住宅和独立别墅镶嵌在这个城市村庄中。

图 4-3 伊沙奎高地高品质的住宅
资料来源：邓智团(2013)。

伊沙奎高地将建立高速数据传输系统，铺设 27 000 千米的光纤，连接园区内的数据中心、公司和每个家庭，24 小时的数据传送速度达到 100 兆。园区还建设宽带网络，实现高清晰度电视播放和节目点播。

三、爱尔兰国家软件园的城市化发展

爱尔兰国家软件园（National Technology Park Limerick）始建于 1984 年，占地 2.63 平方千米。爱尔兰国家科技园交通区位优越，位于香农自由贸易区，离香农地区市中心 Limerick City 仅 5 千米，离香农国际机场 30 千

图 4-4 爱尔兰国家科技园空间区位与鸟瞰图
资料来源：邓智团(2013)。

米,香农国际机场是连接美国、欧洲及中东的重要交通中转站,地理位置优越,使其得以依托欧美等国际市场迅速发展。

国家科技园采取的是低密度布局,园区的绿化水平非常高,自然植被丰盛,景观宜人。园区整体规划及严格的入园条件,确保它成为现代科技企业理想的家园。

图 4-5 低密度的研发设施与居住设施
资料来源:邓智团(2013)。

1. 推行智慧园区计划,基础配套不断升级

进入 21 世纪后,爱尔兰国家科技园在基础配套和通信设施上投入大量的财力物力,较早地推行了"智慧园区"计划,基础设施非常发达,电信四通八达,配套十分丰富。科技园政府在引资方面颇费了一番功夫,"硬件"与"软件"双管齐下,努力创造良好的投资环境。便利的交通,充分保障的水电供应,极高宽带网络通信(爱尔兰是继加拿大、美国、英国之后的第四大宽带网络通信国家)。

2. 完善的高端的休闲功能与社会服务功能,成为利默里克市软硬件设施最为配套和完善的区域

利默里克市重要的剧院、艺术中心以及运动场馆均布局在利默里克大学,即爱尔兰国家科技园园区内,而所有的这些设施均对园区入驻企业开放,如 Belltable Arts Centre。同时利默里克市最好的两家酒店也坐落于园

区中,如 Castletroy Park,使得国家科技园成为利默里克市软硬件设施最为配套和完善的区域。

图 4-6 科技园内的酒店与艺术中心

资料来源:邓智团(2013)。

3. 管理架构不断调整,推行政府＋大学＋专业管理公司,现行管理极大提高了园区管理的效率和水平

(1) 政府＋大学:园区由爱尔兰地区政府下属的 Shannon Development 公司和 Limerick 大学共同管理。包括土地利用规划,提供与第三方机构的联系,市场推广以及信息通信服务等。

(2) 专业管理公司:园区同时设有一家专业管理公司 The National Technological Park Plassey Ltd.,负责制定租户资质要求和园区发展指导方针,以及园区景观和公共区域维护等。园区本身不提供餐厅、酒店和银行等服务,一般采取市场化操作。

主要包括:物业管理和规划,负责园区的总体规划和发展,并提供保安、景观美化和园区的日常维护。

(3) 孵化基地:"The Innovation Centre"为设立在园区的公司提供业务发展建议、担保、早期投资基金、顾问服务和办理执照。创新企业孵化器(Innovation Work Limerick)定位为数字网络孵化器,是 E.B.N.认证成员(E.B.N.即欧洲商业孵化中心社区网络和美国国家孵化器协会),为

Limerick 大学校友提供资金上的帮助，1万—5万爱尔兰盾的种子基金一般可换取公司 30% 的股权。

图 4-7 创新企业孵化器

资料来源：邓智团(2013)。

(4) 市场推广：园区管理公司提供市场推广活动，帮助提升园区在行业中的领先地位。尽管园区是大学研究园协会(A.U.R.P.)，国际科学园协会(I.A.S.P.)和科学园区联盟(U.K.S.P.A.)的成员，但园区管理公司经常性地对国外同类园区进行行业对标，以保证国家科技园保持其世界级的领先地位。

(5) 发展大学联盟：园区积极发展园区公司与周边大学的联系，使得园区企业能与相关大学发展良好的合作关系，有利于提高园区公司与大学的合作水平。

(6) IT 基础设施：通过 Shannon Development 和 Esat Business 的合资公司，园区铺设光纤，为企业提供一流的传输系统。E-town 智慧园区建设计划等，使国家科技园是爱尔兰第一个数字化的科技园区。包括：business voice, managed bandwidth, broadband L. A. N. interconnect, A. T. M. and frame relay, and Esat Net(e-mail, internet access and web hosting

services，I. S. D. N. and dial-up connections）。

4. 持续推行极低的税收优惠政策，吸引大量跨国公司入驻园区

爱尔兰国家科技园一直致力于使企业与教育和科研机构、企业与企业之间建立起密切联系的纽带，为高新技术企业的建立和发展提供必要的中介、孵化服务。通过对专业应用人才的培训、为欲设立企业的软件公司提供支持、协助软件公司进行技术研究开发工作、爱尔兰驻海外机构积极为软件公司开拓国外市场4个方面，体现出对软件一贯支持的政策。

（1）税收优惠政策包括：对1998年7月31日前在当地注册的制造业公司，在2010年前最高只征收10%公司所得税，2011年提高至12.5%；对1998年7月31日前在当地注册的国际服务企业（如金融、批发、咨询），在2005年前最高只征收公司所得税10%，2006年提高至12.5%；对工厂、建筑和设备给予折旧补贴，不扣赋税；在爱尔兰获得专利并开发的产品免征所得税；公司利润可以自由汇出爱尔兰；在自由贸易区内注册的公司进口物品（包括主要设备）免征增值税；从非欧盟国家进口的用于储存、处理和加工的物品免征关税；出口到非欧盟国家的物品免征关税；对进入自由贸易区的物品处理没有时间限制。

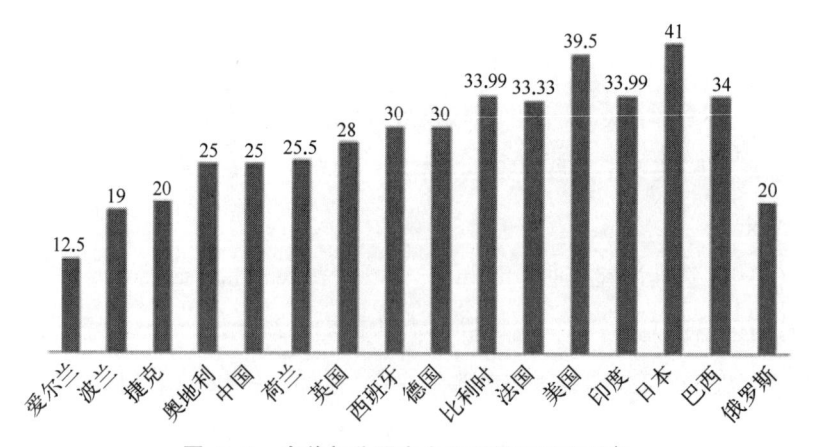

图 4-8　当前部分国家企业所得税税率（%）

资料来源：普华永道会计事务所2010年报告。

(2) 津贴鼓励包括：对资本投资包括地基、建筑和设备给予补贴；对获准的研究和发展计划给予津贴；对劳力培训和管理给予津贴；对租用的办公房屋给予降低租金的补贴；给予就业补贴。

第二节 产业多元

由于肯戴尔广场一直被视为 128 号公路网络的一部分，因此需要了解波士顿的 128 号公路增长才能理解肯戴尔广场的历史，这可以追溯到 20 世纪 50 年代和 60 年代初。为了了解为什么和如何成为美国的顶级技术中心之一，对 128 号公路有大量研究（Castells 1989；Saxenian 1985，1994；Lécuyer 2006）。卡斯特尔认为，128 号公路的发展主要与麻省理工学院有关，特别是与第二次世界大战期间和后来冷战期间的技术转移有关（Castells，1994）。波士顿高科技产业发展历史演变成三个不同时期：第二次世界大战和冷战时期建立国防产业；20 世纪 60 年代和 70 年代分拆的创业公司建立了一个新的民用计算机产业；以及 20 世纪 80 年代计算机工业的民用发展。1920 年，麻省理工学院（MIT）的电气工程副教授 Vannevar Bush 创建了一家公司 Ray-theon，生产恒温控制器和真空管。到 1950 年，Raytheon 搬迁到沃尔瑟姆，马萨诸塞州成为美国火箭和导弹领域的关键工业力量。在 20 世纪 30 年代和 40 年代，麻省理工学院其他高级实验室相继成立：仪器实验室、德雷珀实验室和以委托方式研究空军雷达和计算机技术的林肯实验室。在美国，由于麻省理工学院有最古老和最杰出的电气工程部门，第二次世界大战和冷战期间从联邦政府获得大量投资，使得麻省理工学院更加开放地与政府进行合作研究或开设私人公司。这种合同合作仍然是麻省理工学院的既定政策，并导致该学院在此期间从联邦资助的指数增长。因此，在战争期结束之前，从麻省理工研究实验室分离出来的工业企业是整个波士顿地区的经济增长引擎。一个有趣的现象是，128号公路的技术源自麻省理工学院，肯戴尔广场的技术溢出相比128号公路的距离更近，那为什么要到2000年后才导致紧邻麻省理工学院的肯戴尔广场的高科技增长，蓬勃发展作为一个创新街区？

一、20世纪60—70年代：民用计算机行业蓬勃发展

麻省理工学院发起的战时项目，与波士顿高科技产业的发展之间最直接的联系是，在麻省理工学院建立一个计算机科学中心。其中一家代表性的公司是由肯尼思·奥尔森创立数字设备公司（DEC）。相关公司一般由国防开支供资。然而，新公司的产品多元化很快：它们开始迅速发展以针对民用市场，小型计算机的发明和将计算机引入办公室（由 Wang 开发的工作站概念），推动了20世纪70年代末在大波士顿新高科技产业的发展。RLE 是该研究所第一个跨部门研究实验室，由陆军、空军和海军研究办公室每年60万美元的资助。这笔赠款是不可思议的开放式的，仅要求 RLE"做电子研究"。这种开放性许可促进了企业家活动繁荣。例如，1959年的一天，Wiesner 在 Bose 的办公室看到一个奇怪的物体：一个楔形的贴图，附有22个扬声器。5年后，Bose 开始了自己的公司。像 DEC，Bolt，Baranek 和 Newman 这样的新技术公司在肯戴尔广场里培育了他们的企业文化（Simson，1991）。

战后几十年，麻省理工学院在联邦资助建立研究强国的巨大扩张下，计划建立一个全面的工程科学，这个科学被细分为越来越细的研究领域。这种联邦资助的研究项目使麻省理工学院成为一个非常成功的研究机构。20世纪80年代高科技产业的增长可以归纳为一个词语：个人计算机。从硅谷一个电子爱好者开始，在1970年后期自制的计算机俱乐部开始大规模商业化个人计算机，其成员是比尔·盖茨、史蒂夫·乔布斯和斯蒂芬·沃兹尼亚克。到20世纪80年代初，个人计算机由个人拥有和操作，使分布式处理成为现实。个人计算机的销售量从1975年的零增长到1983年的700万套

(Forester,1987)。而当世界计算机行业在 1984—1986 年期间陷入衰退时，因为里根政府建立了国防资金，将马萨诸塞的高科技产业转向军事计划，麻省理工能够在财政上维持稳定(卡斯特尔，2001)。

二、20 世纪 80 年代：从硬件制造转向软件开发

20 世纪 80 年代美国"星球大战"战略，在软件和人工智能为高科技企业创造了巨大的、即时的和高利润的市场。由于这种对军事市场过度依赖的脆弱性，卡斯特尔对马萨诸塞州的高科技行业提供了一些悲观的预测。然而，与卡斯特尔的悲观预测相反，个人计算机的指数式扩展点燃了软件开发行业的新革命。从硬件制造向软件开发的转变标志着城市增长模式的转折点。

一个完美的例子是莲花开发公司(Lotus Development Corporation)，这是在肯戴尔广场建立的第一个也是最成功的软件开发公司之一。创办人 Mitch Kapor 从麻省理工斯隆管理学院退学，并于 1982 年成立了莲花开发公司。麻省理工斯隆管理学院马丁信托中心的董事总经理比尔·艾莱特(Bill Aulet)评论说，莲花公司在肯戴尔广场是因其软件开发公司属性，企业不需要搬出郊区寻找适合硬件制造设施的大片廉价土地。

麻省理工学院校长 Jerome Wiesner 在 20 号楼工作了 10 多年，也认识到这种向轻资产化转变的范式，补救办法是创建一种新型的知识型企业。麻省理工学院媒体实验室在 1985 年成立，其目的是推动"数字革命"和增强人类表达。实验室标志着通过跨学科合作，以创新和创业精神开启了经济增长的新时代。而在此基础上，该实验室不断孵化和分离出新企业，而大多都选择了在肯戴尔广场。然而，如果没有通过《拜杜(Bayh-Dole)法案》，[1]这

---

[1] 《拜杜法案》1980 年由国会通过，1984 年又进行了修改。制定之前，由政府资助的科研项目产生的专利权，一直由政府拥有。复杂的审批程序导致政府资助项目的专利技术很少向私人部门转移。截至 1980 年，联邦政府持有近 2.8 万项专利，但只有不到 5％的专利技术被转移到工业界进行商业化。《拜杜法案》使私人部门享有联邦资助科研成果的专利权成为可能，从而产生了促进科研成果转化的强大动力。该法案的成功之处在于：通过合理的制度安排，为政府、(转下页)

种企业家活动的显著增长是不可能的。该法于1980年通过，允许大学、小企业或非营利机构选择追求对政府的发明专利的所有权。自通过以来，技术转让的概念（研究组织和私营部门之间向工业授予这些专利知识的动态过程）促进了麻省理工学院研究的工业商业化，转而产生无数的衍出企业，同时吸引了强大的公司到肯戴尔广场。

三、20世纪90年代：生物技术繁荣

也许，在麻省理工学院和研究机构的技术转移机会中，获益最多的行业是生物技术和制药业。作为麻省理工学院生物技术专利技术许可办公室"biobunch"团队4个成员之一的Andrea Schievella认为，生物技术对麻省理工学院非常重要，原因是每年有160所（40%）大学（400项）的生物技术新发明被释放出来（Sable，2007）。因此，在创业活动激增的同时，肯戴尔广场成为生命科学的中心。

生物技术大发展最早从20世纪80年代开始。第一轮投资资助了新成立的生物技术公司，如Genzyme、Biogen和Whitehead生物医学研究所的研究实验室。生物科学依托两个主要发现：第一个是所谓的重组DNA技术的发现，第二个是在DNA链中找到"序列"或识别每个链接的方式（Cooke，1991）。

麻省理工学院化学教授亚历山大·克利巴诺夫在1994年在《波士顿环球报》的采访中说："化学和分子遗传学有一场革命，展示了20年前不可能实现的新研究和商业机会。麻省理工学院，以其信誉鼓励教师如我自己和托尼·辛斯基探索其发现的商业化机会。"与研究生和博士后学生合作，麻

（接上页）科研机构、产业界三方合作，共同致力于政府资助研发成果的商业运用提供了有效的制度激励，由此加快了技术创新成果产业化的步伐，使得美国在全球竞争中能够继续维持其技术优势，促进了经济繁荣。《拜杜法案》被英国《经济学家》杂志评价为"美国国会在过去半个世纪中通过的最具鼓舞力的法案"，开创了美国技术和风险基金产业进行合作的新境界。《拜杜法案》是美国"制造经济"转向"知识经济"时代的产物。

省理工学院的生物、化学工程和化学老师们挤满了剑桥肯戴尔广场的一个办公楼。然而,真正的生物技术推动始于 1990 年,由美国能源部(DOE)和国家卫生研究院(NIH)资助的人类基因组计划。这个价值 30 亿美元项目的目标是,提供构成人类基因组的 30 亿个 DNA 碱基对的完整和准确的序列,并找到所有估计的 20 000—25 000 个人类基因。麻省理工学院和哈佛大学都非常成功地获得了研究经费。因此,Whitehead 研究所麻省理工学院基因组研究中心成立于 1990 年,它成为基因组学领域的国际领导者和人类基因组计划的旗舰。加之剑桥市议会批准在 1993 年在肯戴尔广场建设 Biogen 的药物制造厂,这一势头得到进一步强化。自 1995 年以来,剑桥的生物技术有了显著的增长,在前 25 个雇主中只有 2 家是生物技术公司,只雇用了 913 人。而到 2000 年,前 25 个雇主中有 6 家是生物技术公司,就业人数增加了 450%,达到 3 928 人。到 2006 年,前 25 个雇主中有 8 家是生物技术公司,他们雇用的人数几乎翻了一番,达到 7 764 人。在过去 10 年中,生物技术已经成为剑桥市(2003 年剑桥市)的主要非学术类雇主,主要是大量在剑桥创立的公司和研发中心,如 Alkermes、Vertex 制药和 Genzyme,以及国际生物技术和制药公司,包括诺华、赛诺菲和 Millenium 制药公司。

四、2000 年后:信息技术与生物技术的多元化发展

自世纪之交以来,肯戴尔广场的经济活动的规模和行业类型不断多元化。这种多样化的业务组合使得该区经济增长具有弹性和自我强化。植根于该地区的公司包括从一个人的创业公司到巨型公司,以及各种类型的企业,涵盖从信息技术、生物技术、软件开发到传统专业服务等广泛的不同行业。

在创业的世界里,创业公司的新孵化空间在推动肯戴尔广场的创业方面发挥了重要作用。在共享资源的单一空间孵化创业公司的社区概念,最

初源自加利福尼亚州的帕萨迪纳的点子实验室（idealab），并在20世纪90年代末迁到马萨诸塞州。波士顿第一家孵化器空间之一是剑桥孵化器，现在被称为剑桥创新中心。该中心的原有商业模式是提供办公空间、共享商业服务，以及种子融资，侧重于电子商务公司。随着时间的推移，这种模式演变成一个更灵活的版本，主要集中在其作为办公空间、服务和通过协调事件促进知识员工之间的相互作用，而不是直接管理种子融资和孵化企业。这种管理模式被证明是非常成功的。剑桥创新中心在过去10年中获得的知名度，以及为肯戴尔广场作为公共创新中心的努力，在肯戴尔广场作为创新街区的品牌方面作出了巨大贡献。从大公司的角度来看，他们肯定会从靠近顶级知识来源（如麻省理工学院、怀特黑德研究所和布鲁德研究所）中获益。然而，同样重要的是，这里拥有了充满活力的创业环境。在2011年11月23日的麻省理工学院新闻采访中，麻省理工学院电气工程教授马丁·施密特（Martin Schmidt）断言，在肯戴尔广场，大型企业将在下一轮收购中占据"前排座位"。

因此，科技和生物技术的强大创新生态系统，已吸引大型跨国公司到肯戴尔广场，特别是那些专门从事生命科学的公司。2002年，诺华公司在剑桥租赁了7.1万平方米的实验室空间，并投资7.5亿美元用于开发、购买装备和雇用员工建立诺华生物医学研究所，成为诺华公司领先的研究设施和公司研发的全球指挥中心。诺华进入之后，像Sanofi Aventis和默克这样的药剂巨头也开始在剑桥建立了研究机构。Genzyme公司于2003年开设了该公司的新总部。生物工程公司是麻省理工的Phillip Sharp公司共同创办的一家生物技术公司，将从肯戴尔广场搬迁到郊区仅7个月的总部，又迁回肯戴尔广场。麻省理工学院和辉瑞公司构建了新的办公楼，将容纳公司的心血管、代谢和内分泌疾病（CVMED）和神经科学研究单位。这不仅仅适用于生物技术公司。信息技术巨头也涌向该地区。2007年，微软和谷歌都开设了肯戴尔广场分公司，以挖掘该地区的人力资本和利用创新文化。

第三节 数字经济

硅环(Silicon Roundabout)也被称为科技城,是指集聚有大量网络公司位于伦敦东部旧街回旋处(old street roundabout)附近区域。硅环很难定义地理边界,占据了伦敦东区的旧街(old street,为中心城与东伦敦的边界)和伊丽莎白女王奥林匹克公园斯特拉特福之间的主要区域,主要集中在肖尔迪奇地区。

这个名字起源于 2008 年,当时许多科技创业公司开始在该地区建立社区和网络。有趣的是,硅环是在没有政府支持或与大学直接联系的情况下出现的。在 2010 年 11 月 25 日的《经济学人》文章中,作者分析了由于伦敦的优势导致了创业公司的集聚:财富、对全球人才的吸引力、英语,但最重要的是它的波希米亚主义和对年轻创意工人而言相对便宜的租金。在 2010 年 11 月,卡梅伦总理宣布科技城计划,设立科技城投资组织(TCIO),以进一步推动该地区的创业集聚。从那时起,思科、Facebook、谷歌、英特尔、麦肯锡和沃达丰等技术巨头都成为在这一区域投资的公司之一。科技城投资组织由政府部门英国贸易投资部(UK Trade & Investment)成立,以管理和支持该地区的增长和发展。

一、硅环的区位:位于内东伦敦

伦敦硅环(科技城)是以克勒肯维尔和霍斯顿为中心的,而这两地是贯穿内伦敦的高科技活动走廊的一部分。曾经作为城市边缘地区的历史与靠近伦敦市中心和金融城的地理优势,成为英国伦敦众多科技热点地区最具辨识性的区域(图 4-9)。

其中的整个硅环包括区域有主教门、登喜路、克勒肯维尔、跛子门、哈格斯顿、霍斯顿、泊特苏肯、斯皮塔佛德、圣彼得及白教堂；核心街区则包括克勒肯维尔、哈格斯顿、霍斯顿（图4-10）。①

图4-9 伦敦硅环城市景观

资料来源：The times(2018)。

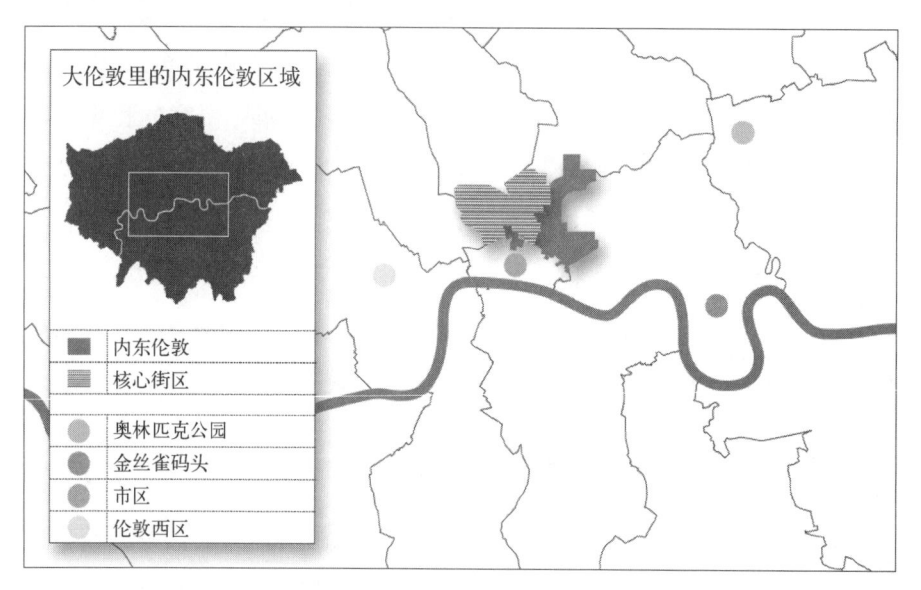

图4-10 伦敦硅环/科技城区位图

资料来源：Nathan(2011)。

---

① Max Nathan, Emma Vandore and Rob White head, "A Tale of Tech City: the Future of Inner East London's Digital Economy", http://citygeographics.org/2012/07/13/a-tale-of-tech-city-the-future-of-inner-east-londons-digital-economy/.

硅环(或是小硅谷)是一个全球城市的都市内热点区域。而从当地的视角看,是英国首都几个数字经济区之一,且伦敦东区的高科技走廊贯穿其中心。它结合了曾经作为城市边缘地区的历史与靠近伦敦市中心和伦敦金融区的地理优势以及不同寻常的产业结构。

二、伦敦硅环的兴起背景

硅环作为数字聚集区已存在了很多年,其起源可以追溯到第一次互联网泡沫之前的20世纪90年代中期,由于很多公司开展早期的数字科技而不断建立起整合创意与商业服务活动区域的名声(Cities Institute,2011)。伦敦科技城市发展历史可以从商业基础的演变进行观察,其中一个重要的指标就是公司的数量。在20世纪90年代后期与2000年中期,公司数量的增长都经历了快速发展的时期,但是在最近的几年随着整个宏观经济的衰落,观察到公司数量增长缓慢。

在伦敦,科技(Technology,tech,ICT)和数字(digital)经常是互换使用的。本书中的定义是根据英国政府(商业创新与技术部、文化媒体与体育部以及知识产权办公室,2010)出台的政策将"科技部门"定义为"数字经济"。数字经济有两个组成部分:一是信息和通信技术,这包括如宽带网络类的系统、硬件(电脑和服务器)、软件以及服务(诸如销售、安装和维护);二是"数字内容",涵盖活动有出版、广告、设计、音乐和广播媒体。近年来许多的数字内容部门随着科技进步正在不断地数字化,媒体内容也已移到在线平台。这样的结果是出现了很多创新的数字公司,他们为创意和商业服务活动提供了多重、真实的数字平台。

1. 伦敦成长为全球顶级水平的科技产业城市

硅环发展的最大背景是伦敦成长为全球顶级水平的科技产业城市。作为世界重要的金融中心,伦敦受到了金融危机的严重影响,其金融服务产业在12个月内裁员了8%。但3年后伦敦劳动市场就在2012—2013年几乎均增加了9%的就业,大大超过了在2012年对2013年少于1%的预测,驱动伦敦崛起为一个重要的技术中心,成为全球范围内"数字城市"的现象级案例。然而这些高科技与编程部门以前是散落在郊区办公园区与企业园区里,但现在新创企业与成熟企业均被吸引到了都市核心区。这种形式已经被旧金山和纽约强有力地证明了:技术公司从邻近的产业聚集区迁移过来,人才与风险投资在市区获得了很多益处,这个类似的模式也在伦敦出现了。而且,伦敦重新规划其作为全球贸易城市的长期优势之上,并有着高等教育和创新的坚实基础。

在全球经济中,像伦敦这样的城市如果仅仅与英国的其他地方比较是不够的。伦敦包括32个行政区和伦敦市的大伦敦,类似于拥有25个郡的纽约都会区而不是只有5个自治区的纽约市。也远大于旧金山市(人口82.5万),因此更有启发性的比较是将旧金山与圣何塞都会区组合一起与伦敦比较,该组合可称为旧金山—硅谷。当与这些更广阔的区域比较时,伦敦的科技/信息部门在规模上是可以与纽约和旧金山—硅谷相当的。所以另一个很好的指标是伦敦与英国及公认的全球科技领导者的美国的优势比较。图4-11中显示伦敦科技/信息部门就业量份额在稳定上升,从2000年的5.8%增长到2013年的6.8%。换句话说,伦敦在全球舞台上表现突出。如果将伦敦、纽约和旧金山一起考虑的话,还会发现一个令人惊叹的结果,2009—2013年,3个城市合力贡献了8.9万个科技/信息部门工作岗位,占到了英美两国新增科技/信息部门岗位的42%。

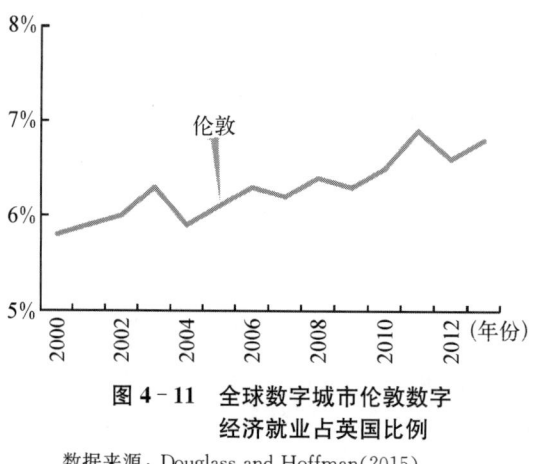

图4-11 全球数字城市伦敦数字经济就业占英国比例

数据来源:Douglass and Hoffman(2015)。

2. 伦敦扩充的科技/信息部门

伦敦被纽约和旧金山的众多公司和技术工人列为世界第三大技术集群（Online Support，2014）。伦敦的数字技术部门预计在未来10年每年增长5.1%，实现120亿英镑的增长和4.6万个就业机会（Ledwith，2014）。在2013年12月的科技城（硅环）3周年报告中，伦敦科技经济的统计中包含了许多种类的专业与技术产业，例如建筑业、工程、公共关系、市场研究、广告和设计公司。依照此分类，该部分内容检视这些"扩充的科技/信息部门"，即不仅仅包括了科技/信息部门，还要加上专业服务、科学以及技术产业。

这样的分组标准承认了，科技产业与其他知识型产业间界限正在彼此渗透。确实，伦敦的科技新兴公司吸收了大量来自知识型产业的当地专家，这些知识型的产业包括咨询、会计、科学研究，以及广告。随着知识不断地变得数字化，专业人员发现他们正在花越来越多的时间在网络上，而且他们的公司也在不断投资开发技术专业知识。例如，伦敦大型的会计公司往往会雇用大量的技术人员，如德勤（Deloitte）就宣称说其在英国的优势就是数据分析。

通过这个标准，扩充的科技/信息部门从2009年至2013年增长了15%（见表4-2）。通过比较发现，伦敦所有其他的部门，包括公共服务部门，在同一时期仅仅增长了8%。产生的结果是自2009年开始扩充的科技/信息部门占据了整个伦敦新增就业量的30%。

表4-2 伦敦增长的驱动力

	岗位数量，2013（单位：1 000）	新创岗位数量，2009—2013（单位：1 000）	占伦敦所有新创岗位数量比例，2009—2013
扩充的科技/信息部门	1 088	143	30%
其他部门（产业）	4 228	330	70%

数据来源：Douglass and Hoffman（2015）。

2013年,纽约都会区科技/信息部门就业量达41.1万人,旧金山—硅谷则有39.7万人,这包括计算机和电子设备制造。而伦敦的科技/信息部门就业水平已达38.2万人,很显然伦敦已经置身于全球科技创新中心金字塔的顶层(图4-12)。而且,该科技/信息部门正在不断地快速增长。从2009年起,伦敦的科技/信息部门已经增长了11.2%,远超纽约都会区的7.7%。只有旧金山—硅谷地区以一个更快的速度超过了伦敦。

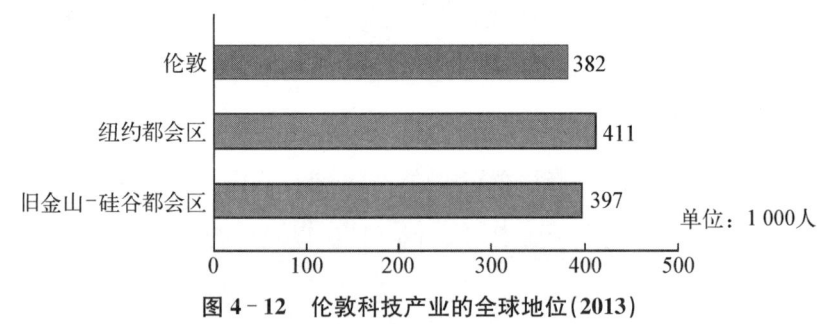

地区	数值
伦敦	382
纽约都会区	411
旧金山-硅谷都会区	397

单位：1 000人

图4-12　伦敦科技产业的全球地位(2013)

注：旧金山—硅谷包括计算机与电子设备制造业的就业量。
数据来源：Douglass and Hoffman(2015)。

三、硅环数字经济的经济活动

像其他创新街区一样,硅环地处主要的公共交通和公共汽车线路交汇处。2010年,戴维·卡梅伦首相宣布加快技术集群的计划。据估计,截至2015年,技术公司数量已从2010年的85家增长到"伦敦东部技术生态系统"的1 472家(图4-13)(Tech City Map, 2015)。亚马逊、微软、Facebook、思科、7Digital、PaveGreen、巴克莱、麦肯锡公司和毕马威等全球公司都已在该地区开设办事处。学术机构包括伦敦帝国学院、伦敦大学学院和拉夫堡大学的分支机构。2012年,谷歌开设了伦敦谷歌园区,其中举办活动、演讲者系列,并提供共享办公。

在全英范围内,英国政府推出了一些政策,使英国成为企业家和投资者的首选。政策包括：外国人启动签证；为种子投资提供50%税收减免

图 4-13 硅环/科技城创新企业分布示意图

资料来源：Wired UK(2010)。

的种子企业投资计划(SEIS),研发税务抵免,专利箱,降低公司自身创新的公司税率;快速上市IPO立法,开放数据和税收减免,用于动画、视频游戏和其他创意产业。科技城投资公司是一个准公共机构("quango"),作为政府发展战略的一部分,鼓励企业在区内创造投资机会。还为创业公司主办研讨会提供咨询,并建立了跟踪创业经济的科技城市地图。此外,公共部门通过基础设施和融资项目(例如创新仓库,创业加速器)为该区增加投资。

1. 不断增长的数字经济份额

硅环是一个重要的科技热点区域,拥有很大并且不断增长的伦敦数字经济的份额。这个区域至少有3 200家科技企业,其中超过1 500家在克勒肯维尔、霍斯顿和哈格斯顿三地,与1997年的统计数据翻了一倍。

现今的商业参与者包括很多全球的企业,如心灵糖果(MindCandy)、Unruly Meida、Songkick及Last.fm。该聚集区拥有超过48 500个与数字经济相关的工作,从1997年起在整个伦敦的科技就业比例中增加了1/3,并且在2010年当数字经济就业环境在伦敦其他地方变差时,还在持续创造更多的工作岗位。

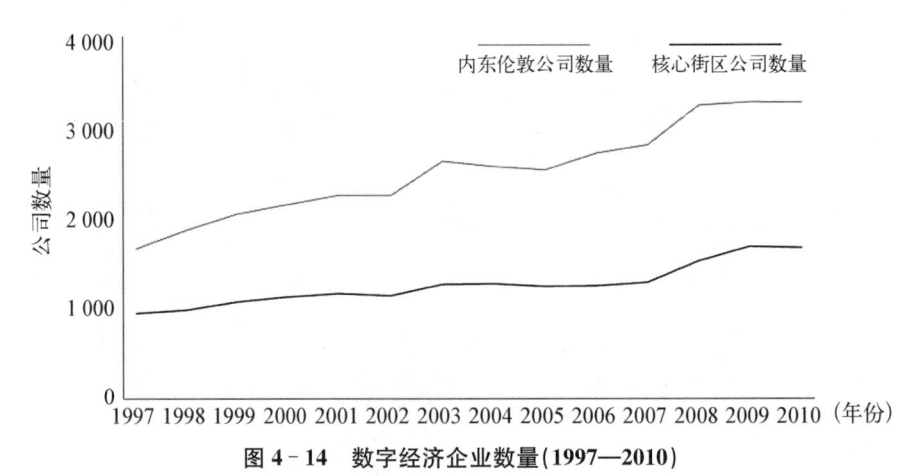

图4-14 数字经济企业数量(1997—2010)

数据来源:Douglass and Hoffman(2015)。

表4-3给出了更加详细的变化过程。数字经济企业的数量从1997年到2010年均是翻了一番：硅环从1 591家增加到3 289家，核心街区则从826家增长到1 599家。这其中还可以看到增长主要由数字内容公司驱动。

表4-3 硅环数字经济：公司数量(1997—2010)

年 份	硅 环			核 心 街 区		
	数字经济	信息与通信技术	数字内容	数字经济	信息与通信技术	数字内容
1997	1 591	348	1 243	826	126	700
1998	1 802	508	1 294	885	184	701
1999	1 980	674	1 306	960	220	740
2000	2 096	731	1 365	1 024	255	769
2001	2 203	790	1 413	1 067	275	792
2002	2 207	758	1 449	1 045	262	783
2003	2 600	698	1 902	1 164	262	902
2004	2 539	658	1 881	1 176	245	931
2005	2 499	597	1 902	1 148	230	918
2006	2 680	597	2 083	1 159	228	931
2007	2 786	572	2 214	1 196	223	973
2008	3 246	812	2 434	1 440	269	1 171
2009	3 288	688	2 600	1 611	291	1 320
2010	3 289	668	2 621	1 599	267	1 332

数据来源：Douglass and Hoffman(2015)。

2. 以数字经济、信息与通信技术及数字内容为主的经济活动

从就业来看，可以看到数字经济就业在硅环增加非常迅速，甚至超过了整个伦敦(见表4-4)。3个部门(数字经济、信息与通信技术、数字内容)的就业增长1997—2010年翻了一倍不止。同时，结合表4-4中公司数量的统计，数字内容部门就业的增长超过了信息与通信技术部门。硅环数字经济就业占伦敦数字经济的份额从大约8%增加到超过12%,从1997年开始算起增加了1/3。值得注意的是,在2009年到2010年期间,当整个大伦敦的数字经济就业量减少16 000个时,硅环区域的就业量却在不断增长。但是,表中数据也显示从2008年起在硅环就业量增长开始放缓,信息与通信技术部门就业量下降,数字内容部门则稳步增长。所以,从公司数量和就业量趋势看,硅环地区数字内容相对见长。

表4-4 数据经济的就业增长(1997—2010)

年份	数字经济		信息与通信技术		数字内容	
	硅环	伦敦	硅环	伦敦	硅环	伦敦
1997	12 931	271 062	9 253	91 223	12 678	179 839
1998	23 488	286 027	8 725	96 224	14 763	189 803
1999	25 068	297 402	9 348	105 601	15 720	191 801
2000	20 728	265 751	5 153	77 742	15 575	188 009
2001	27 013	306 545	11 943	100 076	15 070	206 469
2002	27 183	322 108	11 278	112 456	15 905	209 652
2003	36 172	384 713	13 628	125 174	22 544	259 539
2004	43 867	406 271	19 450	128 033	24 417	278 238
2005	43 461	381 549	19 270	110 938	24 191	270 611
2006	44 110	381 662	20 245	113 642	23 865	268 020
2007	43 940	371 928	19 968	102 146	23 972	269 782
2008	47 583	385 554	22 035	107 511	25 548	278 043
2009	48 577	408 448	21 034	110 241	27 543	298 207
2010	48 586	392 334	20 379	102 625	28 207	289 709

数据来源:Douglass and Hoffman(2015)。

上表的就业统计并没有显示出就业的集中度,考虑这一点我们可以参见图4-15、图4-16、图4-17,能发现在硅环有3个可以清晰区分的阶段。图4-17中,随着时间的推移,数字经济就业正在获得当地就业不断增长的份额。但是,增长也是非常不平衡的:1997年至2001年期间只能看到零星的增长;其后的2002年至2005/2006年时期增长进入了普遍增长期;最后在2006—2010年则是停滞甚至伴随着略微的下降。

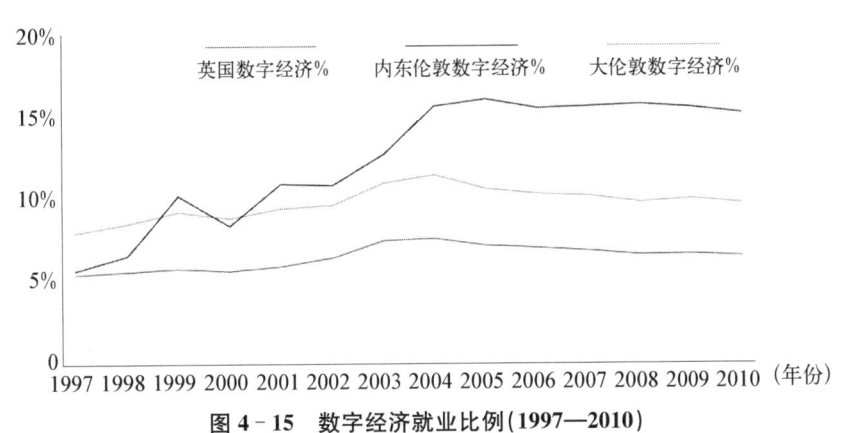

图4‑15　数字经济就业比例(1997—2010)

数据来源:Douglass and Hoffman(2015)。

(1) 信息与通信技术。对于信息与通信技术部门来说(见图4‑8),自2001年开始,硅环就表现超过了大伦敦和英国,而后两地区的信息与通信技术就业比例均是原地踏步,几乎没有什么变化。但是,加上就业的统计作为参考,硅环就业比例开始从2008年起下降。

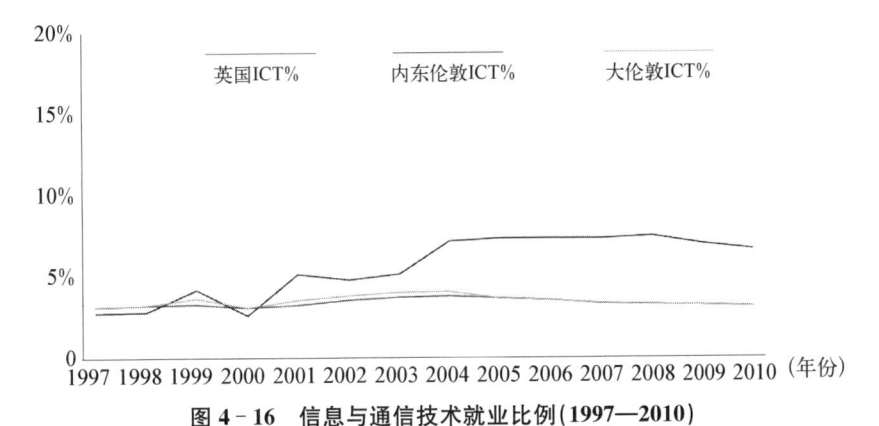

图4‑16　信息与通信技术就业比例(1997—2010)

数据来源:Douglass and Hoffman(2015)。

图4-17所描述的数字内容产业部门的图景与上两个部门几乎又不一样。自1997年开始,就平均数字内容就业量指标来说,大伦敦一直都是好于英国。在伦敦市内,硅环从2003年开始超过伦敦平均值。在2005年及往后,硅环不断巩固自己作为该数字内容部门就业比例指标的领头羊角色。

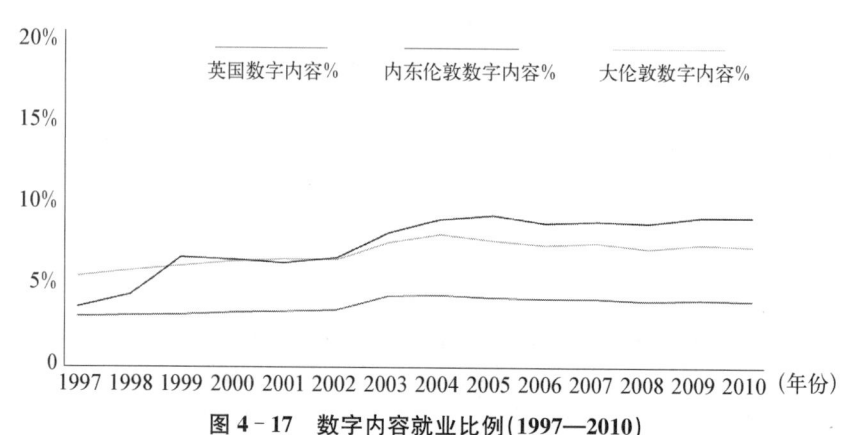

图4-17 数字内容就业比例(1997—2010)

数据来源:Douglass and Hoffman(2015)。

图4-18和图4-19为2010年硅环两个产业部门提供了详细的描述。信息与通信技术部门主要是由电信、办公室维修/其他办公室活动,以及计

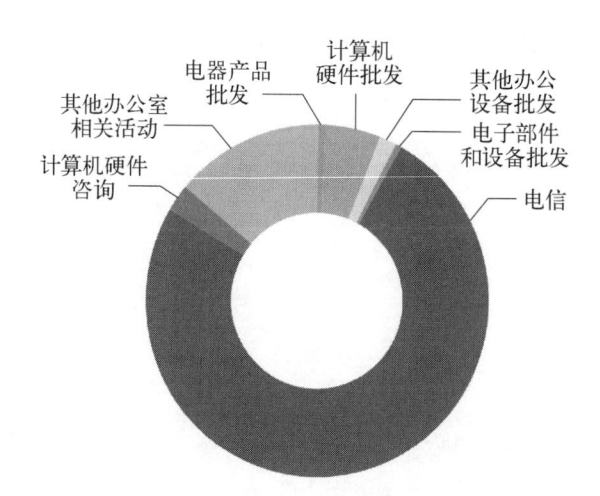

图4-18 硅环信息与通信技术部门构成2010

数据来源:Douglass and Hoffman(2015)。

算机硬件批发三部分所主导。其中,仅仅电信子部门就占据了整个信息与通信技术产业部门 75% 的就业量。而制造和批发信息与通信技术设备只有很小份额。

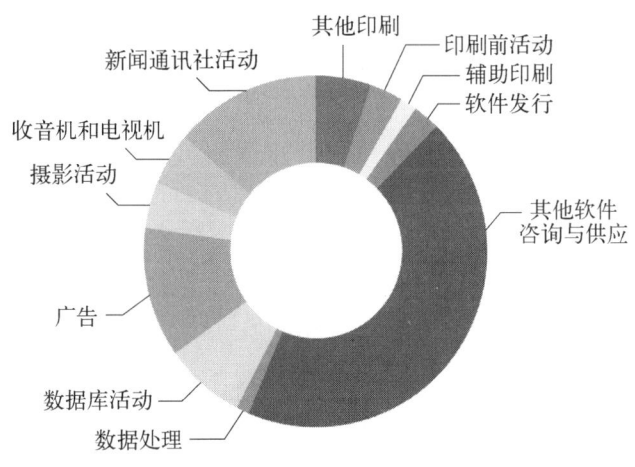

图 4-19　硅环数据内容部门构成(2010)

数据来源:Douglass and Hoffman(2015)。

数字内容子部门的构成相比图 4-18 中的信息与通信技术子部门要更多样化,覆盖了印刷、出版、音乐、摄影、电视以及软件等几大板块(见图 4-19)。其中最大的类别是软件咨询与供应、广告、无线电与电视、新闻与出版。虽然这些官方的分类显得有些过时,对于整合的不同种类的数据内容公司不太适应。但是,该分析是与其他的调查数据基本一致的。例如,科技城地图分析 774 家公司,发现将近 16% 的就业在数字营销部门,同时有近 2/3(59%)的公司是归属于"创新科技"的企业,如 3D 和动画设计师就是科技和创意部门的跨界。

第五章
创新街区的空间特质

　　肯戴尔广场正在成为创业活动的中心和创新街区的标杆。根据风险资本数据库管理公司 CB Insights 2012 年分析，在整个波士顿地区，剑桥一直是吸引风投交易和资本的主导者。尽管肯戴尔广场的租金上涨，创业公司还是希望能在肯戴尔广场，这样他们可以与其他同行企业家、来自麻省理工学院的毕业生、高科技公司的工程师以及能资助年轻科技公司的风险资本家和天使投资者们在一个地方，从而获得更多发展的机会。像谷歌、亚马逊和微软这些顶级信息技术公司也都扩大了在肯戴尔广场的业务，以利用该地区发生的创新活动。生物技术和制药巨头如 Novartis，Genzyme，Biogen，Sanofi，Millennium Pharmaceuticals 和辉瑞正在扩大其在肯戴尔广场的分公司。还有一点值得注意的是，Biogen Idec 本来搬到了位于 128 号公路附近的 Weston 地区，现在正在迁回到其初创地肯戴尔广场。

　　为什么肯戴尔广场成为高科技公司和创业公司的理想目的地？邻近麻省理工学院不能解释全部，因为肯戴尔广场一直是而且以后还将是通往麻省理工学院的门户。自从 20 世纪 50 年代以来，肯戴尔广场一直是从麻省理工学院分离出来的高科技公司的孵化场。然而，与今天不同的是，过去那些分离出来的公司一旦需要寻找更便宜的土地和充足的增长空间时，大都从肯戴尔广场搬迁到 128 号公路的某个地方。然而，这种趋势随着时间的推移发生了逆转。当前，创业公司并不愿意搬到肯戴尔广场之外，即使他们已经发展到相当大的规模,有些先前搬离的公司甚至又回到该地区。为什么会发生这种情况?这种突然的变化背后的驱动力是在肯戴尔广场作为企业家和高科技公司的地方吗?

第一节 创新街区的城市特质

创新创业企业向中心城区特定区域集聚这一特殊现象,在不同地方虽然可能名称不一样,但却有一个共同的特质:最核心的目的是通过吸引"知识型员工"来吸引高技术企业;努力推动知识型员工间的创业和思想交流;提供丰富多元的街区化城市生活。基于这些特征,邓智团(2016)使用"创新街区"概念对这一现象进行描述,并对创新街区进行内涵界定,提出创新街区是指在城市内部创新创业企业高度集聚的街区空间,与Katz & Bradley (2014)的"创新区"(Innovation District)略有区别,本书所提的创新街区强调创新创业企业高度集聚和城市化的生活环境等两大特质。其中,城市化的生活环境特别强调以开放空间和零售空间为代表的公共空间,包括:收费的公共创新空间,如剑桥肯戴尔广场的剑桥创新中心;免费公共休闲空间,如肯戴尔广场的绿色开放空间;价格优惠的半公共空间,如咖啡厅、餐厅和酒吧等。

因此,基于Katz & Bradley(2014)的研究,本书提出的创新街区需满足以下几大特质:

一是,空间区位。主要位于城市中心区,其建设以城市更新改造为主。可以是中心城区,也可以是历史性滨水空间。

二是,创新资源。创新街区需要部分或全部地整合创新创业企业、教育机构、创业者、学校、金融机构、消费性服务业等经济活动要素。

三是,城区特质。创新街区需要具备被著名学者萨森称为"城市特质"

的特性,即:复杂性、高密度、文化与人口结构的多样性,以及新旧事物的层次性。创新街区必须是城市内部的高密度城市化区域,以中心城区为主,而且具备免费与半免费的公共空间、混合功能开发的空间要素,即包括"支柱核心型创新区"(如肯戴尔广场)和"城区再造型创新区"(如波士顿创新区),且还包括中心城区非支柱型创新区(如伦敦硅环和纽约硅巷)。

四是,基础设施。创新街区需要便利的交通和互联网与外界沟通连接等。

第二节 从工业区到创新街区

肯戴尔广场(Kendall Square)是一个著名的创新街区模式,位于马萨诸塞州剑桥市,紧邻麻省理工学院(MIT)。肯戴尔广场拥有一个成功区域所有推荐元素:学术锚(麻省理工学院)、人才(麻省理工学院、哈佛大学和其他50所波士顿地区大学的学生)、黄金地段和公共交通(红线MBTA站和公共汽车路线)、现有建筑物、还有大片未开发的土地、私人投资(波士顿地产)以及市政府对分区、规划和基础设施的支持,还有生物技术公司辉瑞,Biogen、Genzyme、Millennium和诺华公司,以及微软、谷歌、IBM和诺基亚等科技公司,Broad研究所和科赫综合癌症研究所。肯戴尔广场的总投资估计为20亿美元(Weintraub,2013)。

在21世纪之前,肯戴尔广场被描述为办公园区。上班族上午9点工作,然后下午5点回家。但现在,在肯戴尔广场的街道上到处餐馆、咖啡店、酒吧、户外广场和开放空间,人们三三两两交织在一起。可以说,在过去10年,肯戴尔广场发生了显著的变化,从晚上一片漆黑,没有什么地方可以去,也没有人愿意去的地方,变成了晚上灯火辉煌、人头攒动的肯戴尔广场。正如从媒体实验室分拆出来的环境设备公司联合创始人、企业家Pritesh

Gandhi 在接受麻省理工学院新闻采访时说：新建筑、餐厅和新鲜事出现的事实提升肯戴尔广场的形象,使得这里成为一个很酷、人们很愿意去的地方,从而使该地区对知识员工更具吸引力。Kauffman 基金会在"创业影响：麻省理工学院的作用"报告的调查显示,创立过公司的所有麻省理工学院校友都表示,影响他们公司区位选择的最有影响力的因素是：(1) 创始人住在哪里,(2) 联系网络,(3) 生活质量,(4) 接近主要市场,(5) 获得熟练的专业工作者。生活质量问题包括获得强大的教育系统、文化设施、开放空间和良好的交通。肯戴尔广场成为企业家、IT 和生物技术公司定位的最理想之地,这证明了城市设施对知识员工的相对重要性。因此,通过了解肯戴尔广场如何形成,可以更好地理解空间特质在建立创新街区中的潜力和局限性。

一、肯戴尔广场概况

肯戴尔广场的确切空间边界还有待定义。一般来说,它被认为是在 5—10 分钟步行距离内的 MBTA 的 Kendall 地铁站的区域。

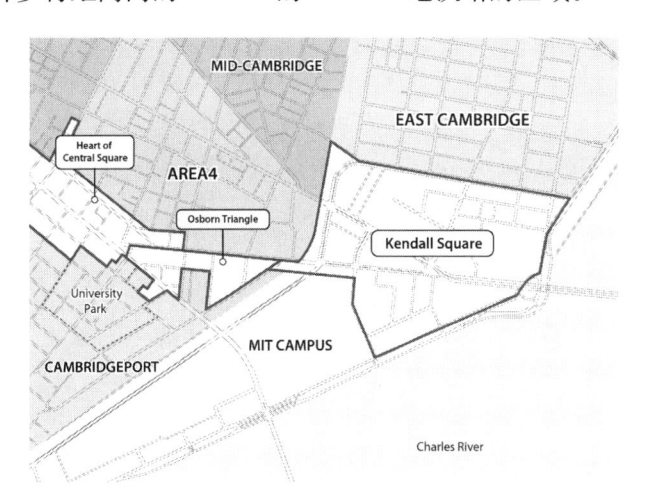

图 5-1　肯戴尔广场的规划边界

资料来源：Cambridge Community Development Department(2013)。

剑桥市 2014 年的肯戴尔广场中央广场(K2C2)规划研究,试图为规划目的区域划定边界(图 5-2)。然而,这个确定的边界并不包括沿 Binney 街北侧建设发展的预测未来的生活科学实验室,也不包括技术广场、Draper 实验室,虽然他们都在促进肯戴尔广场的经济发展中,发挥了不可或缺的作用。因此,肯戴尔广场的新边界为西至波特兰街(Portland ST)、北至本特街(Bent ST)、东至第一街(First ST)和南至主大街(Main St)。麻省理工学院校园的西侧也包括在内,但特别注意大学的特点与城市的其他部分有很大的不同。

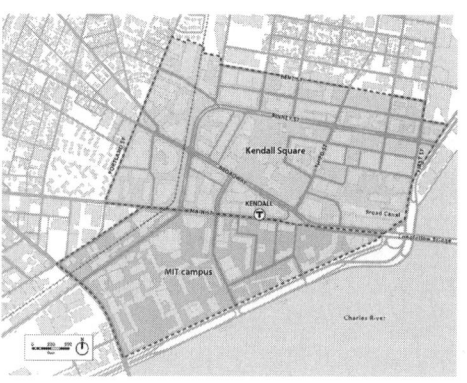

图 5-2 区域的边界与麻省理工学院区位关系
资料来源:左图为邓智团拍摄于 2016 年;右图来源于 Cambridge Community Development Department(2013)。

直到 19 世纪中叶,这里还是一个沼泽地,然后直到 20 世纪 60 年代一直是以制造业为主导的工业增长的中心。该领域逐渐受到私人开发商的关注,需要满足市场需求,主要是在 20 世纪 90 年代网络泡沫之前从麻省理工学院衍生出来的科技公司,以及 20 世纪 90 年代的生物技术和制药公司。肯戴尔广场项目已成为企业家、生命科学和科技公司做生意和研究的有利地点。跨入 21 世纪以来,肯戴尔广场的创新活动和网络,特别是剑桥创新中心,从外部吸引了很多关注。

肯戴尔广场作为生命科学和技术公司的中心,在 2011 年规划公

Goody Clancy 关于该地区未来增长的报告中，首次被确定为创新街区。连接肯戴尔广场到波士顿市中心的 Longfellow 大桥在 1907 年完成，其次是肯戴尔广场在 1912 年的第一条地铁线路，允许货物和工人在波士顿和剑桥之间低成本移动，使该地区成为工业制造的理想选择。当麻省理工学院在 1915 年提出将其校园从后湾迁移到剑桥时，当时还是一个有争议的决定，因为该地区被孤立和被工业包围，但土地便宜，适合年轻学院的成长壮大。该地区有技术根基：它是从波士顿的亚历山大·格雷厄姆贝尔到剑桥的托马斯·沃森的第一个"长途"电话的站点，它也是 20 世纪 40 年代的宝丽来公司的诞生地。

到 20 世纪 50 年代和 60 年代初期，城市更新改变了波士顿的大部分地区，并以办公园区形式进行开发，例如技术广场。当时，最新开发的包括办公室和实验室对建筑，坐在一个凸起的平台上，导致该建筑群与公共领域完全分离。在 1989 年之前，当肯戴尔广场 1 号将一群工业建筑物（包括波士顿编织软管厂）改造成一个充满活力的综合用途园区时，在麻省理工学院校园周围的商业活动和设施仍然很少（图 5-3）。这个项目创造了混合使用实验室和办公空间的先例，并通过地下零售和公共空间与周边社区连接起来，成为此后肯戴尔广场重建的流行模式。

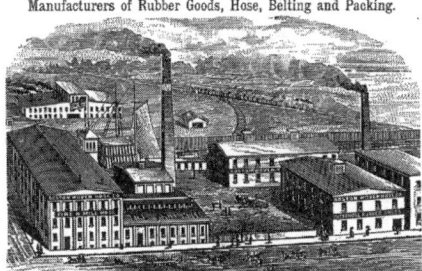

图 5-3 19 世纪 90 年代的波士顿编织软管厂与 2013 年的肯戴尔广场 1 号
资料来源：Cambridge Community Development Department(2013)。

在城市更新期间出现的另一个项目是剑桥中心。1965年的肯戴尔广场市区重建计划旨在促进剑桥开发17公顷的土地，同时也使得剑桥重建发展局（CRA）具有了卓越的优势，并在项目中发挥着开发伙伴的作用。1979年，在麻省理工学院对面9.7公顷的城市更新区，波士顿地产将其命名为"开发商记录"，建立了14个建筑物，称为剑桥中心（剑桥市，2015年）。该25万平方米的项目被开发为一个同质的建筑群，包括办公空间、MBTA和肯戴尔万豪酒店（波士顿房地产）。它反映了20世纪80年代的办公园区设计风格，具有超大的街区和宽阔的街道，但给行人只留下了很少的空间（见图5-4）。在整个开发过程中都有公共空间，特别是在MBTA站的主广场和位于停车库顶部的屋顶花园。中心内的建筑物已经翻新，并继续得到改

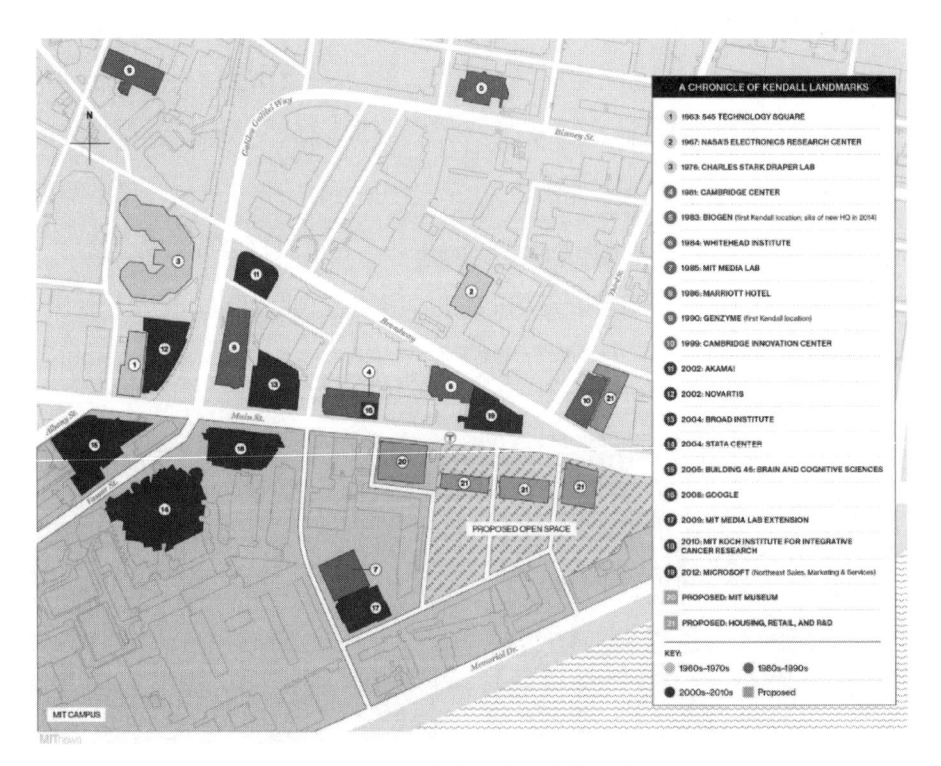

图5-4　肯戴尔广场主要建筑历史表

资料来源：Dragoon(2015)。

善。剑桥中心的租户包括微软、谷歌、怀特海生物医学研究所和麻省理工学院和哈佛大学的众多研究所,在 2014 年 5 月都移动到了新的 3 484 万平方米的实验室和办公空间。

二、20 世纪 60 年代以前:工业景观

在 19 世纪,百老汇街和主街的交叉点被称为码头广场,整个地区被称为下端口。直到 19 世纪中叶,下端口还被沼泽包围。在 1868 年,在波士顿连接奥尔巴尼铁路开始运行,开始吸引许多制造商到该地区。19 世纪 90 年代,在百老汇街、主街和铁路之间三角区域建立锅炉厂的知名商人,将这里改名为肯戴尔广场,这是肯戴尔广场名称出现的最早记录。在 1912 年第一条小路线从公园街到肯戴尔广场。这条线路的到来使该地区迅速吸引制造业。剑桥在随后 10 年的制造经验中获得了 300%的增长,大部分增长位于肯戴尔广场(Maycock,1988)。1916 年,麻省理工学院从波士顿后湾搬

图 5-5　20 世纪 50 年代的肯戴尔广场

资料来源:Cambridge Community Development Department(2013)。

到了剑桥现在的位置。第二次世界大战后，剑桥的工业发展停止了。当工业搬迁时，麻省理工学院购买了这些空置工厂的土地。

三、20世纪60—90年代：办公园区

从20世纪60年代，肯戴尔广场成为战后城市更新运动的主题，彻底改变了该地区的整个城市景观。开启城市更新运动的是1949年的"联邦住房法"。该法案的第一部分"贫民窟清除和城市更新计划"旨在清除衰退的城市地区，以获得新的城市发展。根据计划要求，成立了市民咨询委员会，以确定未来规划经济、物理和社会规划的主要问题。在1955年，重建和更新功能转移到新成立的剑桥重建发展局（Simha，2011）。

技术广场是剑桥重建发展局在肯戴尔广场的第一个重大项目。它是由私人开发商卡博特和福布斯一同与麻省理工学院和剑桥重建发展局（1955年至今）合作开发的园区，包括科学和工程公司办公室和实验室的四座建筑。城市设计总监Roger Boothe先生承认，从城市设计的角度来看，这不是一个好的项目。但不幸的是，在剑桥市民心里，技术广场却已成为这个区域开发的新标杆。因此，可以说，从20世纪60年代到21世纪初，肯戴尔广场并不是步行友好的区域。

也许更重要的另一个城市更新项目改变了肯戴尔广场的外观，那就是美国航空航天局在肯戴尔广场建立分部的宏伟计划。20世纪50年代的美国航空航天局当时正处在快速发展阶段，计划将其电子研究中心设在剑桥。后来成为剑桥重建发展局执行董事的罗伯特·弗洛兰先生将肯戴尔广场视为美国航空航天局研究中心的理想场所，因为它具有独特的位置优势，包括快速中转站、靠近麻省理工学院、直接地铁连接到哈佛大学和波士顿市中心以及方便连接到洛根机场等（Tercyak，2012）。因此，他游说剑桥市民咨询委员会，建议剑桥获得肯戴尔广场及其周围必要的土地以容纳美国航空航天局的研究中心。剑桥重建发展局与罗兰先生合作推进该项目，并建立肯

戴尔广场市区重建项目。市议会在1965年夏天批准了这个项目。在罗兰先生领导下的重建局，然后开始收购项目边界内的房产，并为以前占领该地块的商业组织安排搬迁提供资助。最终大约110家企业被迁移，广阔的运河部分被填满。到1966年4月，剑桥重建发展局为美国航空航天局腾出了一个29英亩（11.74公顷）的场地。然而，在1969年12月理查德·尼克松总统宣布，美国航空航天局的电子研究中心退出联邦政府的资助计划，于是波士顿城市中间留下巨大的可用空地。幸运的是，交通运输部于1970年在这里建立了国家交通系统中心（Volpe中心）。剑桥重建发展局利用城市土地研究所（ULI）的咨询服务，审查肯戴尔广场市区更新项目，并建议如何将项目推向正确的方向。剑桥中心的设计建设是办公园区工作方法的标志，多年来一直是肯戴尔广场的地标建筑。但街道过宽，对地面水平的关注程度较低，这给行人造成了极不友好的环境。项目的主要开放空间之一是4个楼层停车场的顶部。由于这一系列城市/研究和开发使该地区看起来像一个公司办公园区（见图5-4）。

四、2000年以来：功能混合的创新街区

尽管如此，肯戴尔广场在20世纪90年代开始变化。真正推动肯戴尔广场专报的一个开发项目，是1989年由两位不同的人员发起的。这种转变表现在两个方面：复合开发和底层零售空间及公共空间。

一是，复合开发。肯戴尔广场一个有7座工厂建筑的园区被修复成办公空间，让肯戴尔广场成为复合开发的标杆，这里最受好评的去处，如剑桥酿造公司、友好烤面包、肯戴尔广场电影院、平顶约翰尼和蓝色房间等。

二是，底层零售空间和公共空间。房地产开发商开始将旧厂房改造为小型和大型企业的办公空间。自那时以来的现有和新建的开发，大大增加了具有吸引力的底层零售空间，并提供愉快的公共领域。科技广场和剑桥中心的原始设计，这是肯戴尔广场重大转变。重要的是，代表整个剑桥社区的目标的

城市规划目标,与这种新的建筑模式相辅相成。"东剑桥河滨规划与实施"(1978—2002)和2001年"剑桥市重划区域规划"开始了采取城市更新方法的进程,特别是强调了步行空间的重要性,并在全市重新划分区域,认识到建筑形式对创造一个宜居社区的影响,创建了第19条规划单元开发(PUD)。根据第19条,所有PUD项目都必须经过剑桥规划委员会密集的设计审查程序,由专家和剑桥市民对建筑和开放空间设计的细节进行检查和审查(见图5-6)。

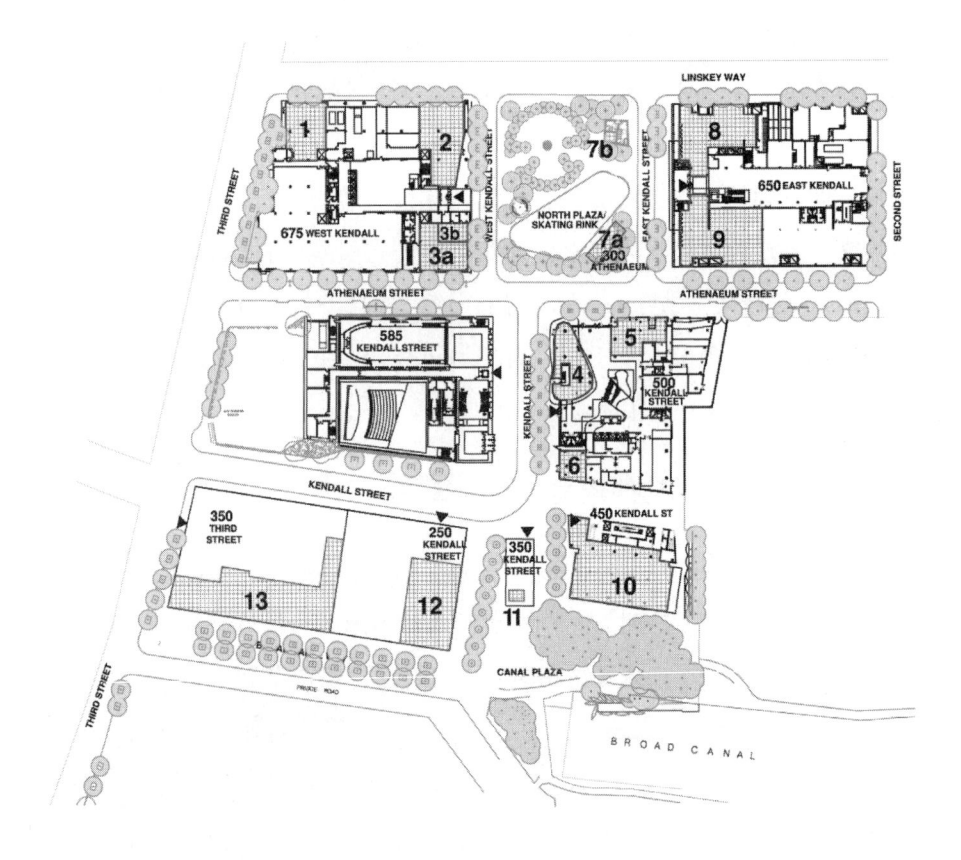

图5-6 肯戴尔广场剑桥研究园区规划示意图
资料来源:Cambridge Community Development Department(2013)。

对兴建于20世纪60年代的百老汇街和科技广场两个项目进行改建,是该区振兴的一个重大推进。这两个项目由麻省理工学院的投资管理公司

Mitimco 负责,在改建过程中,最重要的变化是,一楼增加零售业务并与公共街道无缝地连接起来。科技广场 IPOD 特别许可证(1999)使得原建筑群获得重大改造,原来孤立的绿色广场与主街连接起来,其底层零售空间包括咖啡馆、复印中心、健身俱乐部和便利店等。特别许可证在 2005 年再次被修订,允许建造两个小而重要的添加物:一层楼亭,为人行道水平的餐厅和咖啡馆使用创造空间(见图 5-7)。

图 5-7　办公楼一层餐厅与 CRP 的公共空间
资料来源:Cambridge Community Development Department(2013)。

21 世纪第一个 10 年,在肯戴尔广场中心的一个重大开发,展现了地方政府建设有吸引力环境的努力。来自两个先驱者大卫克莱姆和丹·温尼的剑桥研究园,有时被称为肯戴尔广场的一个重大改进,被规划为有 7 个不同建筑的园区,特别值得注意的是对零售、文化设施和开放空间的发展的关注,这些空间都互相连接。剑桥研究园把建筑物外的城市空间视为一个顺序空间,而不是把它作为多余空间。其零售计划说明了在整个地区分散小而重要的零售空间可以极大增强吸引力。在剑桥研究园内第三街的另一边,一个大型的复合体建于 2003 年,也建有底层零售。根据 Scott Kirsner 的说法,其中一个零售租户 Voltage Cafe 成为最受企业家和风险投资家欢迎的场所之一。

第三节　第三空间塑造创新街区

一、具有活力的城市空间

肯戴尔广场发展包括两个版本：一是经济增长；二是建筑环境发展。每个历史点都得出了同样的结论，肯戴尔广场在过去 10 年已经发展成为一个真正的创新街区。在本部分中，将介绍肯戴尔广场如何发展成为一个创新街区，以及从其开发过程中可以吸取哪些教训。在 1980 年颁布了 "Bayh-Dole 法案"后，20 世纪 80 年代初个人计算机大规模流行，随后软件开发蓬勃发展，1985 年成立了媒体实验室，肯戴尔广场成为麻省理工学院新成立的创业公司的首选地。20 世纪 90 年代，生物技术公司的快速流入带来了资本和发展机会，资本流向吸引顶尖人才。肯戴尔广场逐渐开始集聚优质的非常注重加强公共领域的房地产开发商。最终，这里成为一个宜居、繁荣的社区和高科技公司高度集中的区域：创新街区。

总而言之，开发商之间为生物技术和制药公司提供的竞争改善了整个地区。MITimco 投资总监迈克尔·奥武（Michael Owu）提到了 Tech Square（即 Catalyst 餐厅的第四区）的底层设计作为"遏制上诉"的砝码："只有当人们想要在那里时，房地产才是有价值的。在商业建筑中，你这样做的方式是确保人们看到的底层是有趣和有活力的。"肯戴尔广场的开发商为了下一个发展机会，相互竞争非常激烈。他们积极地努力使他们的项目对潜在的租户最有吸引力。为此，开发商建立了尽量多的互动空间和引进最好的餐馆。

企业家和年轻专业人士越来越不愿在郊区办公园区工作，开发商注意到市场的这种转变，推出了响应这种转变的第一个开发项目，肯戴尔广场 1 号。当然，创新街区不能只是由全新的建筑构成。此外，创新街区的建筑必须从底部改变开始。而且整个创新生态系统中需要小企业填补空间，创造嗡嗡声，让大中小企业的和谐共处开创出一个健康和有弹性的创新生态系统。这种有活力的城市从两个方面增强了肯戴尔广场的高科技产业的集聚。

一是，直接的影响，吸引知识员工。好的环境和知识工作间形成一个良性循环过程，好的环境吸引更多的人到该地区，为了吸引更多的人，建设的环境又不断变得更好。在2000年左右，从肯戴尔广场可以发现，知识型企业的位置选择的优先重点：依靠专业技术人员的可用性来建立可靠、高质量、创新的产品。创业公司需要找到这些专业人士最喜欢住的地方。市场和租户的这种要求，也使得开发商注意到了改变肯戴尔广场建筑环境的好处。

二是，间接的影响，为新型活动提供新场所。在肯戴尔广场开发关键房地产的私人开发商承认，租赁零售空间非常艰巨和无利可图，而开发商愿意承担这一努力的原因来自纯粹的经济观点，为新型活动提供新的场所。例如，位于第三街的电压咖啡馆（Voltage caff），作为在该地区开设的第一家咖啡馆，目前已经成为连接当地企业家和风险投资家会面的重要场所，逐步成为创业活动的新场所。而这样的事件是不可能发生在20世纪80年代和90年代的肯戴尔广场的，因为当时没有地点举行这些事件，这证明了城市更新在创新地区建设中的作用。

在肯戴尔广场出现的良好的城市空间表明，一个关于良好城市空间的基本点：知识员工激活良好的城市空间，以多种不同的方式利用它们，为创新生态系统作出贡献。仅举几例，空间被用作替代工作场所、会议场所、彼此社交互动的地方（如图5-8），或作为工作的休闲。所有这些活动都

图5-8 麻省理工学院提供的创业培训
资料来源：邓智团摄于2016年。

增强了人与企业之间的互动和协作的频率。

良好的城市空间模糊了工作场所和社会空间之间的界限。除了它们作为提供服务的基本功能之外,还促进知识员工间的互动和创新。借用古德伯格的术语(1989),把这些空间定义为"第三空间",这是相对于:第一空间(居住场所)与第二空间(工作场所)。本部分将重点探讨第三空间在加强肯戴尔广场创新生态系统中的作用。

二、零售空间与公共空间的第三空间

在20世纪90年代中期,当巨型公司主导世界经济时,私企文化阻碍了个体工作者的创造力和创新(Whyte,1956)。然而,信息社会的人们不太受过去的组织规则约束。现在,21世纪的高技能工人寻求鼓励他们创造性的组织和环境。因此,工作场所、个人生活和行业将依赖于富于创造性人之间的动态互动(Florida,2001)。这种增加社会互动的愿望正在改变传统上被视为工作场所的边界。事实上,传统办公空间和日常生活的其他部分空间之间的区分正在消失。非常规的工作场所被命名为"第三空间":家庭是第一空间、办公室是第二空间,第三空间则是非正式的公共聚会空间,如咖啡馆、餐馆和广场等(见表5-1)。

表5-1 肯戴尔广场的第三空间

零售空间	公共空间
咖啡	大楼大厅
自助餐厅	广场、街道和人行道
餐厅、酒吧和酒吧	开放空间
食品卡车	农贸市场
美食广场	肯戴尔广场社区
电影、健身房	溜冰场、查尔斯河独木舟和皮划艇区

资料来源:作者根据Kim(2013)编制。

过去人们通过第三空间与他人互动来寻求安慰。现在除了第三空间作为社会互动中心的角色之外，也被以许多不同的方式使用，以增强后工业社会的经济活动。因此，第三空间通过成为社交互动、企业间合作、观点交流和扩展办公空间的物理场所，成为创新街区成功的关键催化剂。作为过去20年活跃房地产开发商的结果，肯戴尔广场现在拥有各种零售场所和公共场所。确定了两个大类城市设施：第一是零售空间，必须买咖啡或饭后使用的空间；第二是公共空间，只要你喜欢你可以来去自由免费使用，如Google大厦的屋顶花园（见图5-9）。

图 5-9　肯戴尔广场 Google 大厦的屋顶花园
资料来源：邓智团拍摄于2016年。

显然，并不是所有市场上的零售空间都可以是第三空间。这些地方被用作替代工作场所、会议场所、社会互动和网络活动。这些活动通过增加意见共享的机会，提高工作效率和作为社会刺激，为肯戴尔广场的创新生态系统作出贡献。为什么一些城市空间通过比较其物理和非物理特征,如空间配置、价格范围、营业时间、设计和使用能推动第三空间的创新生态系统。通过收集从人群零售评估服务(Yelp)所有零售空间的信息,最令人垂涎的地方的共同特征是:(1)有免费WIFI的地方,(2)室外座位与人行道相接的地方,(3)"中等"价位的地方,(4)全天开放的场所,(5)有"时髦"氛围的地方。

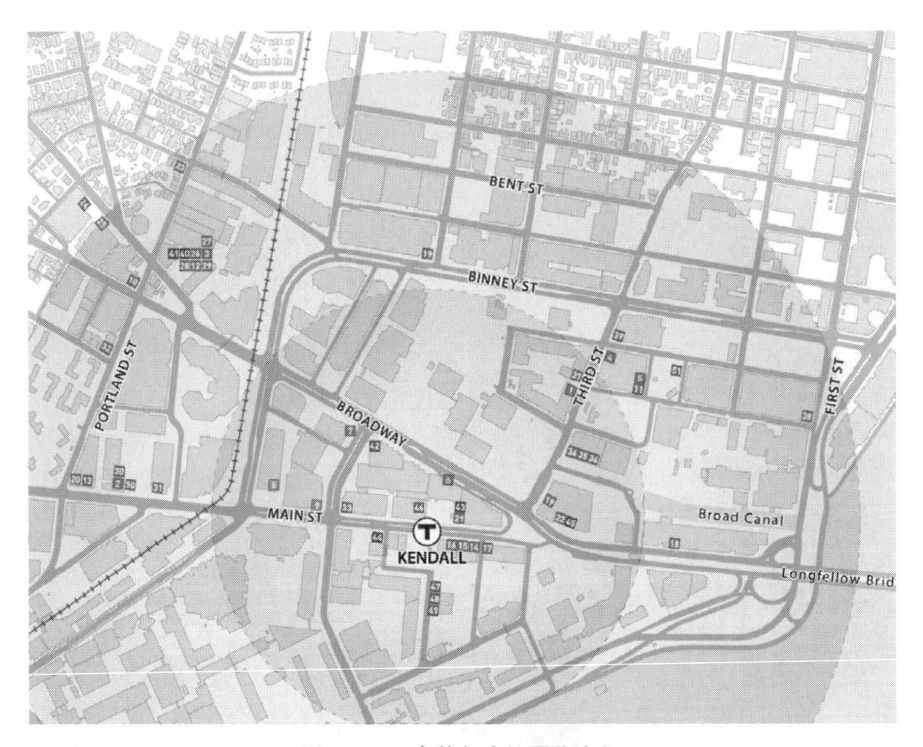

图 5-10 肯戴尔广场零售空间

资料来源:Cambridge Community Development Department(2013)。

虽然肯戴尔广场没有丰富的良好的公共空间,但在该地区有几种不同类型的公共空间。同样,并不是所有广场或开放空间都有助于创新经济。最常使用的是:科技广场草坪(图5-5中1号),Genzyme广场(13号),广阔运河步行(12号)和万豪酒店广场和大堂(10号)。一些最少利用的空间是剑桥中心开发区内的广场和开放空间(3号、5号、6号、7号、8号)。肯戴尔广场中广场使用较多的原因有三个方面。一是，主要广场毗邻一些具有良好的声誉并分散到公共领域的零售机构。二是，广场间彼此连接，形成一个连续的双向行人流：往返于场地北部的车库和南侧的主入口。增加的交通流量使广场看起来更加活跃，从而鼓励人们更频繁地访问公共空间。三是，是建筑物的入口都面向连接的公共领域。所有这些空间特性增加了人们意外碰面的机会。

三、第三空间激发城区创新活力

Sasaki Associates 做了一个关于知识型工作者在肯戴尔广场常用的工作场所调研，而 Kendall 创新小组由自己感兴趣的建筑师和城市规划师组成，创建了一个互动的地图，要求知识员工确定他们在哪里举行会议。

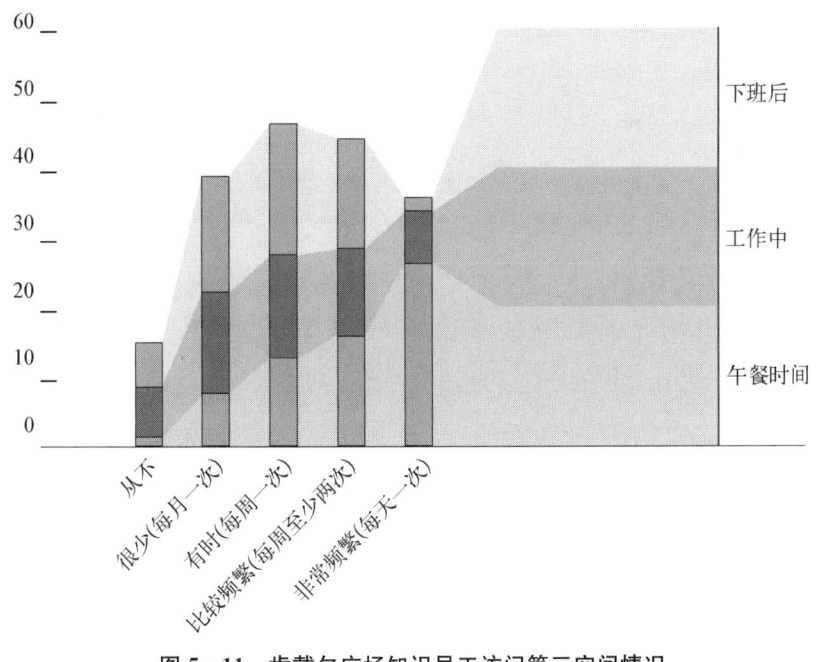

图 5-11 肯戴尔广场知识员工访问第三空间情况

资料来源：Kim(2013)。

根据 Sasaki Associates 的调查结果，肯戴尔广场的知识员工，都非常频繁地访问零售型第三空间。85%的受访者在午餐时间每周至少访问一次，56%的受访者在工作时间每周至少访问一次，48%的受访者每周下班后至少去一次。从一天中不同时间的细分，可以揭示一些如何使用空间的有趣发现。毫无疑问，这些地方在午餐时间使用最多，但在工作时间和下班后访问第三空间的人的比例很高，可以断定知识员工不会只是为了食物和饮料去第三空间。许多人在一天中的任意时间点进入第三空间，其目的是进行休闲交谈和工作相关的对话。大多数工作时间访问第三空间，则是为了商务会议和工作相关的对话。下班后访问，则主要是参加社交活动和休闲交谈。对于使用空间作为替代工作场所的人，受访者大多是创业和小企业雇员或雇主。

除了严肃的商务会议，在这些地方还有很多职业或工作相关的对话。尽管一些会议比较正式，但大多会议几乎像朋友间的休闲交谈。休闲交谈是第三空间中另一主要类型活动。所有零售空间都有户外座位，便于坐下进行随意交流，而不是召开严肃会议，同时门外与街面连接的座位，也能吸引路人的注意，整个街区显得亲近而友好。

根据 Kim(2013)的调查发现，第三空间作为一个促进创新活动的地方有5个直接原因：作为各种规模公司的会议场所；分享想法的地方；作为社交和文化刺激，提供地方以满足朋友和熟人会面；成为那些在创业和小企业工作的人的替代工作场所，对于那些想要逃离办公室或那些没有适当办公空间的知识型员工来说，在宽敞的座位上使用免费无线网络服务与笔记本电脑，选择咖啡馆和餐馆越来越流行；作为网络活动的场所，增加了弱关系的数量，弱关系在实现社会凝聚力方面发挥作用，特别是在专业和技术上作用明显(Granovetter,1973)。因此，建立弱关系的新场所的可用性，有助于增强肯戴尔广场的创新意识。

除了第三空间对增强创新街区的直接影响外，它们还通过以下方式间接发挥了关键作用：增加工人之间偶然交谈的机会，并吸引更多知识工人

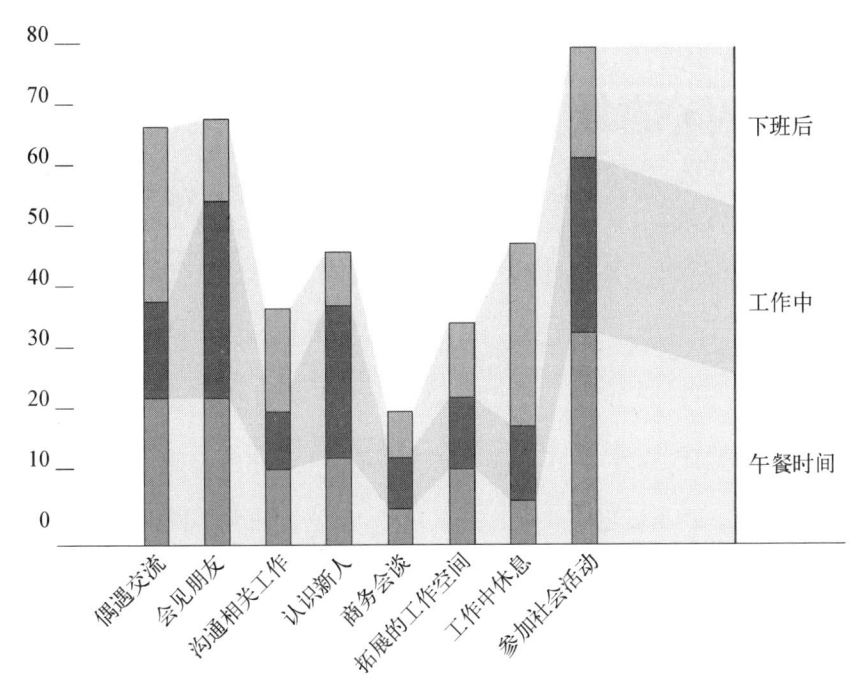

图 5-12　肯戴尔广场知识员工访问第三空间的目的

资料来源：Kim(2013)。

进入。可能会在该地区的公共领域偶遇的机会，这是精心设计的第三空间对整个地区巨大好处，如广场、开放空间和人行道。此外，第三空间也极大地提升了城市空间的品质。因此，创造良好的城市环境，能够吸引希望雇用技能人才和知识员工的公司，而公司的集聚反过来又吸引知识员工，形成一个促进区域发展的良性循环。

第六章
创新街区的场所营造

过去 20 年间,学者对"以知识为基础的城市发展道路是通向未来的最可持续路径"这一观点已达成共识。可以预见,全球各城市都将投资于他们的"创新街区"——在特定的多功能区域开展知识密集型活动,致力于生产和传播新思想、新知识。作为现代大都市的增长节点,它们的贡献不仅限于促进经济发展,还包括促进技术、社会、文化以及环境发展。为了确保创新街区知识的延续性,以期获得超过其他城市的竞争优势,决策者积极寻求致力于吸引和留住人才的,具有创新性的"场所营造"战略。大量研究建议,应将艺术和科技与地方文化、丰富多元的社交环境相结合,以满足创造型知识员工特需的生活方式。还有学者强调,物理环境在提高创新能力方面具有重要作用。然而,在实践中,规划者和决策者往往面临多重大挑战。经济方面,在"开放创新"的时代,最大的挑战是留住企业,并促进各租户和不同部门之间的知识共享和协作。组织方面,一大挑战是使利益冲突的不同行动主体达成共识。如何建设创新街区,是各地各级政府密切关心的问题。本章基于 Pancholi 等(2017)和 Esmaeilpoorarabi 等(2017)的研究,以 4 个典型创新街区的"场所营造"为案例分析对象,[①] 分

[①] 本文主要基于 Surabhi Pancholi, Tan Yigitcanlar, Mirko Guaralda《社会融合的重要性》(Societal integration that matters: Place making experience of Macquarie Park Innovation District, Sydney),以及 Esmaeilpoorarabi N, Tan Y, Guaralda M.《创新集群的场所品质》(Place quality in innovation clusters: An empirical analysis of global best practices from Singapore, Helsinki, New York, and Sydney),特此致谢。感谢研究生陈玉娇的整理工作。

析场所营造的重要概念框架及其所面临的问题。

第一节 场所营造的关键作用

一、创新街区的发展

近年,大量文献讨论了世界各地创新街区的转变。早先,许多成功的创新街区通常由大学附近的"科学园区"或"技术工业复合体"发展而来。由于以研究为基础的职能和专利政策所涉及的保密性质,相关功能区域不鼓励分享和传播信息,这直接导致区域或大厦之间及其与城市其余部分相互隔绝——从而产生了隔绝区域,通常大门紧闭或者只有汽车能通行。硅谷是其中一个突出的例子。最近,试图重振城市中心经济的全球趋势使得许多商业区已经转变为"生活—工作"的复式空间(loft)。这包括再利用老工业基地和车间的破旧建筑,以作为新的办公空间。这些空间尤其吸引从事创新创意行业的知识员工。他们还适合寻求充满活力、价格适中、具有创造性空间的初创企业和小型公司的需求。随着"开放创新"时代的到来,邻近性正在成为最主要的偏好,合作正在成为新的创新街区模式。中小企业(SEMEs)、初创企业和共享办公空间的蓬勃发展,进一步强化了这一现象。作为"开放创新"经济的表现形式,创新街区也试图进行改变,从他们先前内向、隐蔽和单一的功能,转向目前更加开放、联系、多功能、多部门的混合模式。物理上,他们正朝着开放的布局,相关联的步行区,有创新创意的环境和合作的文化转变。

组织上,创新街区正在成为"生活—工作—学习—娱乐"四位一体的社区。除了促进经济发展,创新街区提倡在社会和文化方面的融合。为了成功发展以知识为基础的城市,必须平衡而全面地发展经济、政治、物质和社会四个方面。为了新知识的成功生产,需要加强正式或非正式社会网络的作用。创新生态系统是由公众、公司和地方(即创新街区的经济、网络和有形资产)协同发展的。大量研究表明,当地文化的融合为孤立的创新街区塑造了创造力,并创造出独特性和竞争优势。在社会、组织、认知、制度或"关系"等方面的邻近性,增强了知识溢出,并促进了社会的学习生态系统。除了促进经济发展外,创新街区还突出表现为,通过强大的社会和人力资本,在一个民主社会实现了社会公平和包容。此外,最近还有专家主张,公众参与是社会变革的因素,是带来创新的原因。

二、创新街区的挑战与冲突

尽管有了上述物质和空间经济的转变,创新街区仍面临着一些挑战。组织过程的动态性和协调不同行动主体之间的利益冲突是创新街区成功道路上的一大挑战。更重要的是,最近有研究强调,政府应当基于国家和社会的关系进行"关系治理",并进一步弱化行政干预。在经济方面,创新街区在多大程度上存在合作关系仍待确证。少量研究表明,创新街区的公司通常与大学等地方机构具有更紧密的联系;事实证明,在不同情况下,这仍局限于强大的国际网络和较弱的本地网络。此外,在信息和通信技术、制造业、创意产业等不同部门的交互活动,以及在新出现的混合用途发展中,维持多种职能是一个挑战。这一转变也对社会产生了一定的影响。第一,在空间和社会方面,即使是已经建立的创新街区,开发保留知识员工的环境也是一个挑战。事实表明,企业从孤立的郊区园区向市中心集聚越来越多。例如旧金山市中心重新配置为"科技城"(Technopole),这一转变的关键因素是生活质量,即吸引知识员工的城市活力,可供使用的更小的办公空间和低犯罪率。第二,学者也批评这种情况引起了某些社会文化冲突。在更广范围内,研究谴责了文化与技术的融合是片面的,并且局限于有形资产(如遗产和旧建筑)的整合,虽然这种整合会有助于增加空间的经济价值和区域的创新性指数。在人口外流区域,由于随后的土地价格飙升,迫使现有的用户搬到更便宜的地区,导致整个区域的中产化。同时,城市中"单一文化"的发展也遭到了谴责,因为其边缘化了知识员工以外的群体——使其不那么民主和多样化,从而对城市的多功能产生了消极影响。此后,"场所营造"战略在创新街区中起着至关重要的作用。第三,与周围区域缺乏融合也是一个障碍,限制了创新街区及其周边区域的生活质量和产品供应。

三、重新定义"场所营造"的角色

为认识"场所营造"的特殊作用,有必要确定"场所"的定义。许多著名的跨学科学者已经界定了"场所"的整体和多维定义。因此,对"场所"的全面了解并不仅局限于有形的维度,还包括无形的维度,如社会经济活动和网络中的经验区域,以及使用者和观察者所赋予它的含义。研究表示,地方感知是物质体验和空间意识的同化,而场所的意义和价值也依附于此。此外,创新街区作为全球化空间,拥有一个多层空间的独特身份,这是由于多重身份、文化和历史在某一点上的交集而产生的。它考虑到知识位置所依附的时空,以及由无数连接和网络形成的全球化空间的动态特征。因此,创新街区的作用从创造一个物质上综合、动态和富有创造性的城市环境,扩展到一个功能网络化、全球包容性以及文化上充满活力的社会环境。

第二节 场所营造的分析框架

一、创新街区(创新集群)的场所营造

迄今为止,集群概念最常用的定义是 Porter 波特提出的:"国家,州或地区甚至城市的特定地区特定领域的众多关键公司。"因此,创新集群是一个地方性的工业专业化组织,一般围绕大学、研究机构和知识型产业组织,具有很高的内部和外部网络和知识共享能力。尽管一些研究更侧重于集群的城市和区域方面,但创新集群主要指的是地区或邻里规模的空间,如科技园

区、研究中心、工业区和创意集群,其中以知识和创新为基础的活动有益地聚集在一起。虽然基于知识的产品的无地属性和低交易成本,似乎使最初的集群理论失效,但基于知识的产业仍倾向于遵循基于地点的集群模式。当企业以真实和面对面的方式分享想法、产品和服务时,知识产业的创新能力会增加。这些集群还重组城市和地区的经济能力,发展地方政府、大学、创新企业和知识员工之间的新商业和联盟。

创新集群通常以3种形态出现:(1)科技集群,位于商业区周围的知识密集型服务部门,如大学和研发中心;(2)高科技集群,重点发展高科技制造业,如通信技术或生物技术;(3)创意集群,基于文化知识的创造而生成,如电影制作、媒体、艺术、设计。然而,创新集群正处于向混合功能类型转型的阶段,以更好地服务于创新企业和知识员工,混合功能区域内的创新集群,主要包含大学、研发中心及其边界和内部的商业区。但目前的集群似乎只有"创意集群"和"高科技集群"两大类,两者都试图为生活、工作和娱乐提供一个舒适的地方,并为创新企业和知识员工提供生活感和美感。创新企业和知识员工都是知识经济的驱动力,所以人才集中与基础设施集中一样重要,都会促进创新集群的成长。因此,为了系统地培育、吸引和留住创新企业和知识员工,以下问题一再被问到:创新企业和知识员工都会选择在哪里定居?哪里工作?为什么?

今天,知识型员工越来越倾向于定居在城市创新街区中,尤其偏好具有特定的场所营造和提供富有活力的日常生活方式的区域。换句话说,知识员工更喜欢真实的地点,这满足了他们丰富的生活需求,并且符合他们的创造性身份,而不仅仅是高薪职位。文献强调了城市区域背景作为地方特色的重要性,并考虑了3个主要组成部分:那里有什么:具有特定设施的良好环境;谁在那里:人口的多样性;发生了什么:街道生活,居民交流。从这个角度来看,场所营造主要取决于一个地方的无形状况(或软性因素),包括生活质量、城市氛围、文化和社会特征,以及人口的多样性、包容性和开放性。然而，一些学者还强调典型的场所因素（或硬性因素），对于创新企业和知识员工所重视的场所营造和选址的重要性，如可投资性、就业机会、生活成本等。

还有第三种看法认为，吸引知识型员工需兼顾劳动力市场、经济因素和基于质量的软因素。近年来，此看法已获得广泛支持。这种平衡的观点也更有可能支持理想的城市政策和规划成果。新的城市战略，如基于知识的城市发展（Knowledge Based Urban Development，KBUD）、知识城市、智慧城市、城市品牌，以及投资于基于质量因素和硬性因素的知识集群，可能是更有效的方法。Esmaeilpoorarabi 等（2017）回顾了大量文献，均证实了场所营造在吸引创新企业和知识员工方面的重要性，并提高了创新集群间的竞争力。然而，对于场所营造的定义和评估方法尚未达成一致意见。因此，Esmaeilpoorarabi 等（2017）的实证研究采用了第三种看法来全面了解创新街区中的场所营造属性。

二、创新集群场所营造的实证分析

Esmaeilpoorarabi 等（2017）利用案例研究方法来调查场所营造的属性，以了解其如何促进吸引和打造创新街区，选择了 4 个来自不同地域背景下的全球最佳实践创新集群——来自东南亚的纬壹科学城（One-North），来自欧洲的阿拉比阿海滨（Arabianranta），来自北美的 DUMBO（Down Under the Manhattan Bridge Overpass），以及来自澳大利亚的麦考瑞公园创新区（MPID，Macquarie Park Innovation District）[①]。以上都是精选挑选出的案例，具有以下特点：(1) 在不同的大陆背景下反映全球观点并支持归纳结果；(2) 基于知识的城市发展成就突出的城市；(3) 形态、功能、氛围和印象上既有共同点又具

---

① 虽然澳大利亚的麦考瑞公园创新区地处郊区，与本书所界定的创新街区在空间区位上存在差别，但为了保持原文内容的一致性，本书在本章节保留该案例。事实上，创新街区的概念也可以推广到郊区城市化发展的科技园区，但本书特别将创新街区的内涵缩窄，是为了聚焦大城市中心城区的内涵式发展或创新导向的中心城复兴。城市更新导向的内城复兴和郊区园区的城市化发展，两者在发展路径上存在巨大差异。

备独特性,可用于进行深入比较分析;(4) 尺寸相似,从而避免尺寸因素的相关影响;(5) 全球知名且经济繁荣,从而避免经济因素的相关影响;(6) 创新街区的新代表——混合功能,以人为本,并提供各种就业机会。

　　Esmaeilpoorarabi 等(2017)的研究首先确定有关创新集群案例研究的学术文献。使用的数据库为科学、斯高帕斯和谷歌学术;搜索主题词为"建筑"、"城市"和"社会";检索时间为 2000 年 1 月至 2017 年 6 月;检索出的文献由研究团队进行评估以确定其相关性,Esmaeilpoorarabi 等(2017)仅采用直接分析集群、城市或区域,且提供全文阅读的文献。其研究团队也试图平衡 4 个地区学术文献的数量。例如,研究 One-North 和 Arabianranta 的学术文献更多,为缩小 DUMBO 和麦考瑞公园创新区与之差距,相关书籍及其章节也纳入研究范围。Esmaeilpoorarabi 等(2017)共选取 48 个与 4 个案例研究相关的学术参考资料(表 6-1),并对 74 个有关创新集群场所营造的学术文献进行了评估(表 6-2)。

表 6-1　创新集群的研究文献

	学术文献	总规划报告	官方网站
One-North	15(期刊文章)	One-North Master Plan 2001—2021	www.jtc.gov.sg/industrial-land-and-space/pages/one-north.aspx
Arabianranta	15(期刊文章)	Walking around Arabianranta Helsinki Plans 2009	www.arabianranta.fi
DUMBO	10(期刊文章、书中章节)	Brooklyn Tech Triangle Strategic Plan 2013, and the 2015 update	www.brooklyntechtriangle.com
MPID	8(期刊文章、书中章节)	Macquarie Park Corrido, Development Control Plan 2014, Macquarie Park Investment Prospectus 2015, and Macquarie Park Innovation District Roadmap 2017	www.macquariepark.com.au www.mpid.com.au

资料来源:N. Esmaeilpoorarabi 等(2017)。

表 6-2 引用文献中场所营造的一般因素

Context(区域背景)(15)	Form(形态)(14)	Function(功能)(18)	Ambiance(氛围)(16)	Image(印象)(12)
Baum et al.(2009) Carrillo et al.(2014) Carvalho and Van Winden (2017) Cooke(2017) Esmaeilpoorarabi et al. (2016a, 2016b) He and Gebhardt(2014) Homan(2014) Lonnqvist et al.(2014) Mian et al.(2012) Pancholi et al.(2015, 2017a, 2017b, 2017c) Parker(2010) Pelkonen(2005) Trip(2007) Yigitcanlar and Dur (2013) Yigitcanlar et al.(2007, 2008, 2017)	Brown and Mczyski (2009) Carrillo et al.(2014) Da Cunha and Selada (2009) Durmaz(2015) Flew(2012) Frenkel et al.(2013a, 2013b) He and Gebhardt (2014) Kloosterman and Trip (2011) Pancholi et al.(2015, 2017a, 2017b, 2017c) Smith et al.(1997) Yigitcanlar and Dur (2013) Yigitcanlar et al.(2007, 2008) Zaheer and Nachum (2011)	Benneworth and Ratinho (2014) Carrillo et al.(2014) Cooke(2001) Da Cunha and Selada(2009) Darchen and Tremblay (2010) Grant and Buckwold(2013) Hazelkorn and Murphy (2002) He and Gebhardt(2014) Kloosterman and Trip (2011) Lawton et al.(2013) Mian et al.(2012) Murphy et al.(2015) Musterd and Gritsai(2013) Pancholi et al.(2015, 2017a, 2017b, 2017c) Porter(1990, 1998) Scott(2010) Yigitcanlar et al.(2008) Yigitcanlar and Dur(2013)	Bereitschaft and Cammack(2015) Bontje and Musterd (2009) Carrillo et al.(2014) Clifton and Cooke(2009) Cooke(2001) Evers(2008) Florida(2005) Hazelkorn and Murphy (2002) He and Gebhardt(2014) Heebels and Van Aalst (2010) Homan(2014) Murphy et al.(2015) Musterd and Gritsai (2013) Storper and Venables (2004) Yigitcanlar et al.(2008) Yigitcanlar and Dur (2013)	Carrillo et al. (2014) D'Mello and Sahay(2007) Durmaz(2015) Florida(2005) Hafeez, Foroudi, Dinnie, Nguyen, and Parahoo(2016) He and Gebhardt (2014) Homan(2014) Pancholi et al. (2015, 2017a, 2017b, 2017c) Sepe(2010) Trip(2007) Yigitcanlar et al. (2007, 2008) Yigitcanlar and Dur(2013)

资料来源：Esmaeilpoorarabi 等(2017)。

三、场所营造的多维分析模型

Esmaeilpoorarabi(2018)提出了一个多维模型作为概念框架,以突出场所营造最重要的硬性和软性因素(图6-1)。通过回顾74项文献及已有概念框架,推导出5个一般因素,即区域(context)、形态(form)、功能(function)、氛围(ambiance)和印象(image)。表6-1列出了有关场所营造的文献。形态和功能注重有形的、经济的和基于地方的硬性因素;氛围和印象更注重无形的和以人为本的软性因素。根据文献,以下是这5项因素的主要特征。

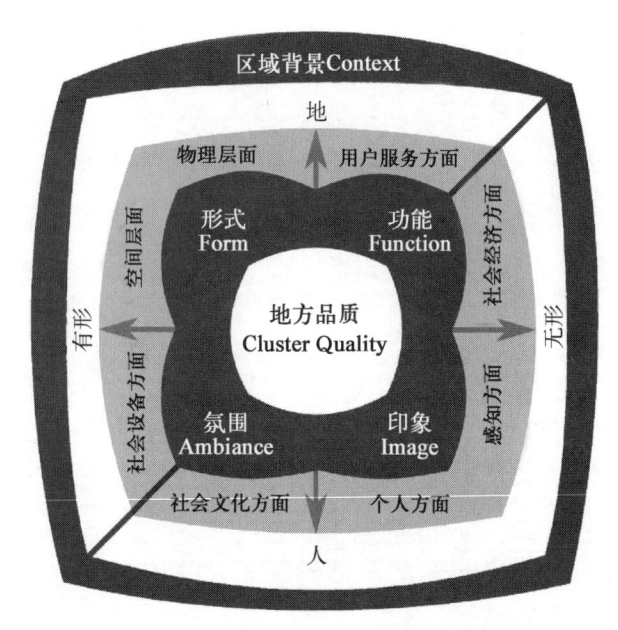

图6-1 创新集群中场所营造的概念框架

资料来源:Esmaeilpoorarabi等(2017)。

1. 区域背景

在创新集群中考虑品质因素并不罕见,微观尺度上集群的场所营造与中观或宏观视角下的城市品质都紧密相连。

2. 形态

场所营造与创新集群的地理特征(即位于内城或郊区,城市、建筑结构和设计,以及便利设施等)密切相关。从物质和社会两个方面而言,形态都欢迎繁荣、充满活力和健康的创新企业和知识员工,并为他们的福利提供一个有吸引力的物质环境。

3. 功能

场所营造高度依赖于创新集群中的活动类型、经济机会、劳动力资源和发展过程。功能代表了集群的规划、建设和领导力,定义了集群的类型,并描述了创造性人才与就业市场的关系。

4. 氛围

场所营造包含创新企业和知识员工的社会文化结构,创造了创新集群的创意氛围,即多样的想法、人群和生活方式,多元的文化和开放性。氛围与各种场景紧密相关,即音乐活动、街头艺术、夜生活和第三空间,以增强社交活力及社会和商业的互动。

5. 印象

场所营造涉及创新集群中创新企业和知识员工难忘的和可想象的认识或经验。印象是一个真实的标识,它将群集与其他群体区分开来。物理特征或外观(即形态),可观察的活动和目的(即功能)以及含义或象征(即氛围)共同创造了创新集群的特定印象。

第三节 场所营造的实践对比

一、案例描述

作为研究的理论结构,概念框架用于对每个研究案例收集的数据进行编码和分类。编码元素包含区域背景、形态、功能、氛围和印象。

Esmaeilpoorarabi 等(2017)基于上述编码系统对研究案例进行了以下描述性分析。

1. 纬壹科学城,新加坡

(1) 区域背景。由于其政治历史和战略地理位置,新加坡一直是一个具有强大国际经济联系的区域贸易中心(图 6-2)。新加坡利用这一优势占据全球知识经济中重要的金融地位。为提高知识经济的能力,新加坡开发了一套完善的知识产权体系,蓬勃发展的初创企业生态系统,强大的亚洲地区营销渠道和丰富的社会文化氛围。

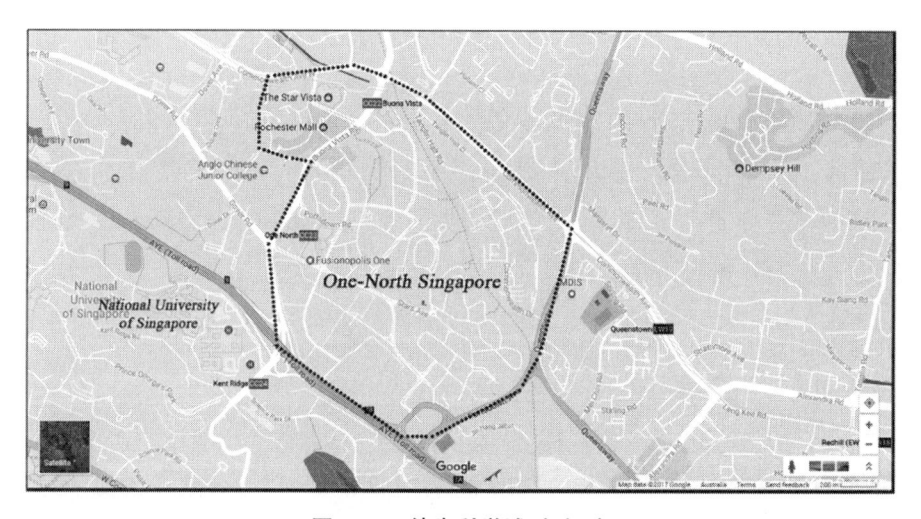

图 6-2 纬壹科学城,新加坡

资料来源:Esmaeilpoorarabi 等(2017)。

(2) 形态。纬壹科学城是一个 200 公顷的创新集群项目,位于新加坡 CBD 和南洋理工大学之间,在新加坡技术走廊上具有战略性地位。该地点是在已有基础设施(公共交通、道路、研发机构、国立大学医院、新加坡理工学院和科学园等)基础上精心挑选出的。哈迪德(Zaha Hadid)对纬壹科学城的总体规划目标是:有机而先进的建筑,展现当地自然特色,具备混合用途和灵活分区。它汇集了同一地区的办公室、居民、商店、学校、娱乐设施、绿地和文物古迹等。一个绿色公园作为战略要素,蜿蜒贯穿纬壹科学城,通过强大的步行网络和独特的景观将该地区的 7 个区连接在一起。

(3) 功能。1966 年,新加坡政府决定发展科学文化商业园,以此作为新加坡向知识经济转型的标志。2000 年,纬壹科学城的管理和协调工作被委派给一个公共机构,总规划其主要项目和设施。纬壹科学城 80% 以上是私营部门。为整合公私营发展,总体规划灵活而间断地被分为三个阶段。根据这一计划,纬壹科学城为生物医学、信息与通信技术、媒体、自然科学和工程领域提供了世界级的研究设施和商业园区。混合土地使用计划形成了一个理想的"工作—生活—学习"环境。纬壹科学城还拥有强大的技术能力和专业知识。

(4) 氛围。文化氛围产生于公共艺术,文化设施,以及罗切斯特公园、尼泊尔公园和威塞克斯遗产等现有文化遗产的保存和再生等。此外,新加坡拥有浓厚的文化多样性和混合型社区,为支持这种融合,纬壹科学城在该地区提供了不同的住宅选择,如荷兰村的波希米亚社区,这有助于营造开放的氛围,增进个人的自由和提供有表达力的生活。此外,Fusionopolis 数字中心,Biopolis 研发中心和 Metropolis 技术中心等,保证了艺术家、发明家的存在,并营造出具有创造性的氛围。除了无缝的网络基础设施外,社交和商业网络也通过密集且充满活力的城市设计得到了保证,从而有助于知识外溢和社交互动。

(5) 印象。纬壹科学城被打造为全球人才中心。通过毗邻历史遗迹,纬壹科学城也从当地遗产和文化资产中受益。例如,极具象征性的罗切斯特公园里,几座双层黑白殖民地洋房被改建为一个包含餐厅、画廊和 SPA 的综合中心。纬壹科学城的真实特征和印象由本地文化遗产、现代艺术与设计技术相结合而形成。作为纬壹科学城的直接用户,私营部门也参与了这种设计和开发,这给了他们更多的依恋感和认同感。此外,新加坡因犯罪率低而声誉良好,纬壹科学城以人为本的设计和中央绿色带作为街道活动的走廊,都有助于建立安全可靠的印象。

2. 阿拉比阿海滨(Arabianranta),赫尔辛基

(1) 区域背景。赫尔辛基拥有悠久的艺术和设计历史,丰富的设计相关专业,高水平的高素质劳动力和强大的国际关系,是一个发展良好的创新型经济体(图6-3)。为支持这一经济,赫尔辛基的教育基础设施与设计导向产业的需求紧密地协调发展,如家具、陶器、陶瓷、装饰和时尚。如今,赫尔辛基是设计和应用艺术方面的国际典范(2000年成为欧洲文化之都),同时也是欧洲在服务品种、质量和效率方面的典范。

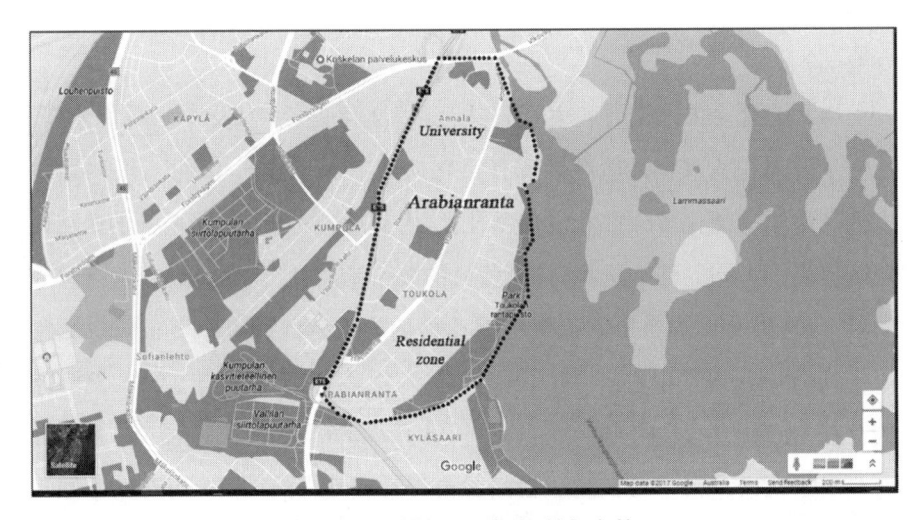

图6-3 阿拉比阿海滨,赫尔辛基

资料来源:N. Esmaeilpoorarabi等(2017)。

(2) 形态。阿拉比阿海滨位于一个古老的海滨工业区,早在1874年是一家阿拉伯陶瓷工厂。20世纪80年代,赫尔辛基艺术和设计大学(TiaK)搬迁至这里的弃置工业建筑区,同时尚未开发的海岸线也被用于建设住房。为城市和建筑设计带来灵感的元素基于:连接过去与现在,结合自然环境与有机城市网络,关联科技与艺术,以及提供独特的建筑风格。围绕这些元素,U型住宅区面朝海滨,两侧建筑朝向海岸公园,中间是花园、游乐场和公

共艺术。旧工业建筑进行了具有艺术性的装修,并配备了新技术和基础设施。阿拉比阿海滨还拥有便捷的公共交通,连接 CBD 和其他城市。

(3) 功能。赫尔辛基市和 TiaK 一直是主要参与者,其他私人和投资公司也参与了这个大型发展项目。阿拉比阿海滨是一个综合用途集群,结合了不同的住宅区,教育和学习设施、媒体、信息通信技术和设计业务、商业和服务,以及娱乐区。在人才方面,阿拉比阿海滨拥有 1 万名居民,8 000 份工作和 6 000 名学生,形成了一个由学生、工人、艺术家、研究人员和居民组成的大型社区。在先进技术方面,阿拉比阿海滨的赫尔辛基虚拟村在欧洲最先配备光纤网络,以支持居民、公司和教育机构的数字化连接。

(4) 氛围。文化设施和活动方面,在该地区发挥重要作用的有:图书馆和信息中心、设计和工业博物馆、由体育理工学院文化学院举办的戏剧演出,以及阿拉伯街头艺术节等。阿拉比阿海滨还拥有欧洲第一个由诺基亚、TiaK 和居民推动的生活实验室,为市场、研究者、用户和行业之间建立了桥梁。阿拉比阿海滨充满活力和创造性的氛围来源于:上述生活实验室,艺术家、艺术和设计机构,以及网站创意公司(赫尔辛基流行音乐和爵士音乐学院、Arabus 设计、媒体和艺术商业中心,诺基亚设计创新中心等)。此外,200 件以雕塑、装置、陶瓷和照片等形态展现的艺术作品为这里创造了别致的艺术氛围。

(5) 印象。阿拉比阿海滨最初被定义为生活和休闲的大型城市公园,随后逐渐转变为多功能艺术和设计城市。因此,艺术和设计仍然是城市发展核心,即使在生活和休闲区域,也仍然保持其作为创意集群的身份。为了使设计无处不在并塑造真实感,开发者被鼓励在公共场所使用别致的建筑设计和独特的艺术项目。考虑到潜在的创造性,阿拉比阿海滨将自己定位为"波罗的海地区最领先的设计中心"。

3. DUMBO,纽约

(1) 区域背景。作为美国人口最多的城市之一,纽约市是银行和金融、世界贸易、旅游、媒体、戏剧、时尚和艺术的重要中心(图 6-4)。纽约市除了拥有世界闻名的街区、桥梁、摩天大楼和公园之外,还被誉为世界文化、金融和媒体之都。继硅谷后,纽约市是美国第二大高科技枢纽城市,经济增长态势良好,是未来高科技发展的良好基地。依托越来越多的科技、媒体和创意公司,强大的社会文化多样性,独立的艺术场景和独特的建筑遗产等,布鲁克林地区发展十分兴旺。

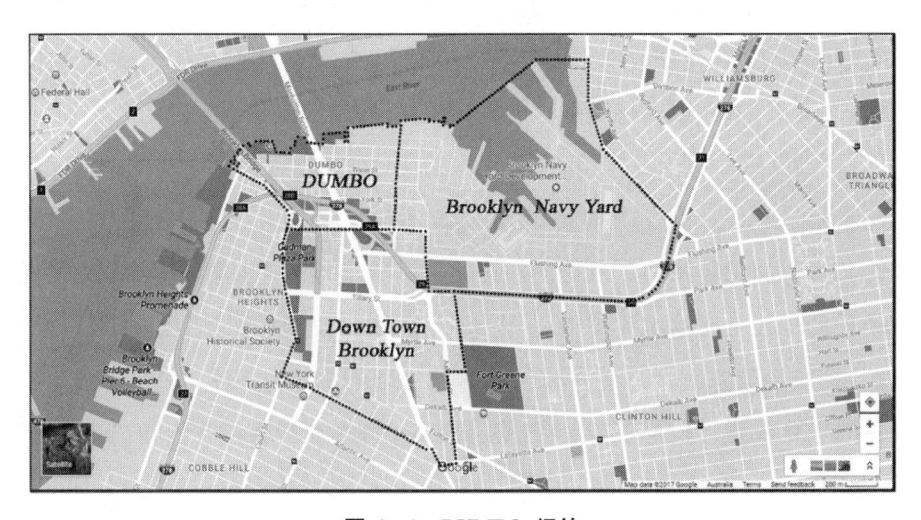

图 6-4 DUMBO,纽约

资料来源:Esmaeilpoorarabi 等(2017)。

(2)形态。DUMBO 位于著名的布鲁克林大桥和曼哈顿大桥之间,因其沿着布鲁克林的海岸线,故可通过陆路或水路轻松抵达。该地区最初是由大型钢筋混凝土工业和仓库建筑组成的渡口。DUMBO 在 20 世纪 90 年代后期被"两棵树管理"收购,并转变为一个密集、优雅的住宅和商业区。旧建筑翻新成为高级、灵活的空间,首先成为现有艺术社区的天堂,目前是媒体公司和科技创业公司的中心。DUMBO 也毗邻著名大学以及两个主要的高科技集群——布鲁克林海军码头和布鲁克林市中心,它们共同被称为"布鲁克林科技三角"(BTT)。由于土地的限制,DUMBO 与 BTT 共享基础设施,工作、学习和娱乐空间以及居住区。

(3) 功能。DUMBO 在仅仅 10 个街区范围内,就拥有数百家高科技创意公司和数字初创企业。培育此类创新企业产生的关键,是为他们提供合适的空间、设施和工作区域背景。DUMBO 改进区(DID)是一个致力于支持 DUMBO 长期发展,并将其推广为世界级集群的非营利组织。州和市政府也在投资新的基础设施、主要生活设施、公园和交通,以期为 DUMBO 的蓬勃发展提供工具。同时,在 BTT 的总体规划和 DID 监督下,私营部门正在开发新的住宅和商业建筑,以突破土地限制并为集群创造空间。此外,BTT 各类知识和创造性员工保证了 DUMBO 劳动力市场的数量和活力。

(4) 氛围。源自历史遗址区域先进的文化意识,DUMBO 拥有一些世界上最具创新性的公司、艺术家和记者。住在 DUMBO 的人往往具有高度创造性并且思维开放,他们受到 DUMBO 地区艺术氛围的启发,即丰富的社会文化设施和活动(如文化区的巴克莱中心、Klompching 画廊、DUMBO 艺术节、跳蚤食品等)。BTT 计划加强布鲁克林教育机构和高科技部门之间的联系,从而展开合适的培训,促进新创公司的发展,并创造就业机会。

(5) 印象。DUMBO 的物理特征是拥有跨越该区域的桥梁,但是不便于步行和骑行至此。它还创造了一系列独特而充满活力的公共空间,如卡德曼广场和世界级的布鲁克林大桥公园。这些公园和广场结合布鲁克林大桥和历史悠久的工业建筑,构筑了 DUMBO 的独特性。此外,DUMBO 经常有电影拍摄和其他娱乐活动,如节日庆典、充满活力的夜生活,以及大量的餐馆、商店和酒吧。然而,DUMBO 的高犯罪率降低了其吸引力,为提高其安全性,目前人们更加重视夜间照明,并在街道上开展相关活动。

4. **麦考瑞公园创新区,悉尼**

(1) 区域背景。作为澳大利亚最大、最具全球化和人口最多的城市,悉尼是全球经济中的重要贡献者(图 6-5)。尽管该市以旅游业,金融和保险业,商业和资产管理为主,但也有一些专门从事创意产业的集群,如健康和

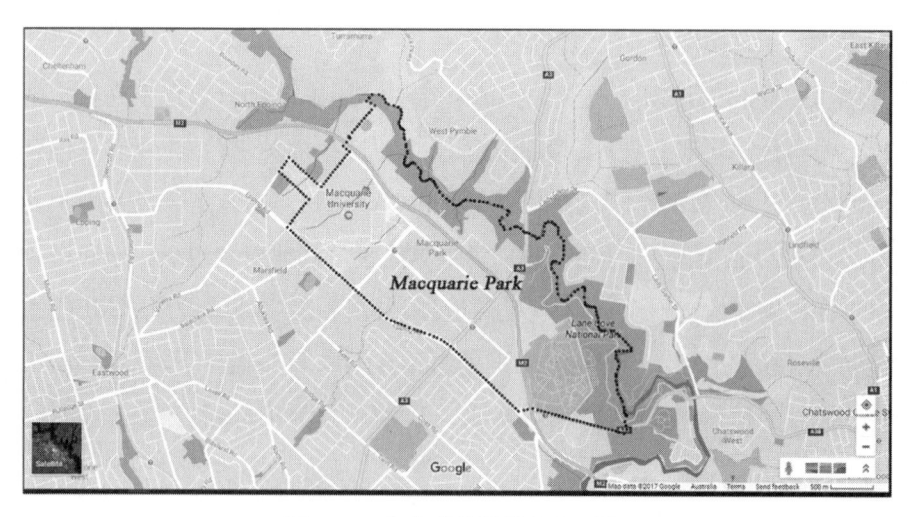

图 6-5　麦考瑞公园创新区,悉尼

资料来源:Esmaeilpoorarabi 等(2017)。

生物技术行业。这些集群产生自悉尼世界级的教育和研究机构,为该城市提供了一个拥有大量优秀劳动力的社区。悉尼的高质量生活也吸引了国际,尤其是亚太地区的知识员工。

(2) 形态。麦考瑞公园创新区是悉尼北部的一个郊区,建于 20 世纪 60 年代中期,旨在重新开辟绿带林地进行工业活动。最初的概念与斯坦福大学周围的高科技工业区类似,意图促进工业与大学之间的互动。麦考瑞大学和周边商业区由低矮的野兽派风格建筑组成,有大片树林。此后,麦考瑞公园创新区实施了一项长期发展计划,以期建设成为悉尼第二大商业区。为支持这种增长,城市形态变得更加密集,并配备了先进的基础设施、多样的建筑类型、高科技建筑、环保设计,以及一系列体育设施、公园和开放空间等休憩空间。麦考瑞公园创新区也正在从一个依赖汽车的集群,转变为充满活力、主打步行和公共交通的集群。但麦考瑞公园创新区的核心依旧是绿化。

(3) 功能。1970 年,一些国际知名的高科技公司落户麦考瑞公园创新区,使之成为澳大利亚领先的高科技工业区。这一声誉吸引了其他高科技企业,包括电子、科学、计算机、医疗、通信、制药和商业供应解决方案等,从而形成了一个大型商业区。虽然最初投资于麦考瑞公园创新区的是州政府,但目前的主要开发商是麦考瑞大学、赖德市地方组织和私营部门。园区总体规划和赖德市地方规划的麦考瑞公园走廊,都倡议混合土地使用,财产可负担,以及研究和技术间的合作。目标在2031年前提供5 800套家庭住房和4万个额外工作岗位以满足悉尼的增长需求。

(4) 氛围。除了麦考瑞大学的图书馆、博物馆、收藏馆和艺术画廊等各种文化设施外,繁华的麦考瑞公园创新区中总会有一些事情发生。加入充满活力的社交活动易于将工作与娱乐结合起来。此外,创造公共空间提高了员工之间娱乐和交流机会,从而有助于增强社区意识。为了改善商业网络系统,大学的学习中心和网络管理中心覆盖了人们的技术交流需求,并允许整个集群的团队紧密合作。集群的开放和创造性生态系统不仅依靠繁荣的商业系统和高水平的发明,还依靠于多元文化和多样种族以及公共场所艺术等。

(5) 印象。麦考瑞公园创新区提供了大量的生活方式和娱乐选择,从露营、烧烤和丛林漫步到更广泛的购物、餐饮,以及最先进的体育和其他休闲设施。在街道,尤其是运输节点和新的中央走廊周围,开放部分设施和基本服务,有助于创造地方的安全感和活力。麦考瑞公园创新区的吸引力来源于环境安全、公司声誉良好、设施便捷和独特宜人的环境。公共艺术也有助于体现当地特色、文化特征和自然环境,营造独特的地方感。

二、研究结果

对案例研究结果的描述性分析加强了Esmaeilpoorarabi等(2017)最初的理论结构——区域背景、形态、功能、氛围和印象对塑造创新集群中的场所营造具有重要作用。对于定量内容分析(或词汇分析),编码数据已上传到N-Vivo中以计算字数。编码数据的词频已经证明了每种类别(即形态、功能、氛围的印象)受到某些元素影响的程度。由于这项研究需要一套有限的指标来简化下一阶段的研究,因此每种类别均只选择了最常用的 4 个关键词或其同义词,如"形态"类别下仅选择了"位置""城市形态""设计"和"公共设施"等。表 3 显示了定量内容分析的结果并显示了所选关键字或指标。

定性解释分析是基于定量内容分析的结果和已确定的指标进行的。它阐明了指标如何影响创新集群中的场所营造。每个案例研究收集的数据都被重新编码,并根据新的指标进行分类,从而有助于比较和解释数据。分析结果表明,4 个案例有相似性(表 6-4)也有独特性(表 6-3)。

表 6-3　N-Vivo 定量分析结果

分类	最常使用的概念和关键词	频率
形态 Form	Location：Area(70), space(52), zoning(38), connectivity(49), environment(33)	242
	Urban form：Construction and establishment(84), plan(47), urban(18), boundaries(20)	269
	Design：Design(180), project(43), open spaces(47), landscape(5), sustainable(9)	284
	Amenity：Park(103), infrastructure(37), services(33), facilities(22), transport(20)	215
功能 Function	Management：Development(95), public(56), local(33), government(57), leading(39)	280
	Land use：Housing(63), mixed(37), office(52), available(38), resident(25), land(35)	250
	Talent：Work(90), companies(32), society(37), community(31), talent(11), worker(10)	211
	Technology：Business(69), university(71), tech(42), technology(40), industrial(35)	257
氛围 Ambiance	Cultural milieu：Cultural(39), present(30), event(18), scene(14), heritage(6), festival(6)	113
	Networking：Network(21), social(18), involve(25), support(36), coordinating(35)	135

续　表

分　类	最常使用的概念和关键词	频　率
氛围 Ambiance	Diversity：Diversity(23)，vibrant(10)，range(20)，tourism(5)，foreign(5)，variety(7)	70
	Creativity：Art(45)，create(45)，research(28)，innovation(64)，knowledge(19)，artist(10)	211
印象 Image	Lifestyle：Living(56)，street(18)，dynamic(26)，activities(21)，dinning(6)，leisure(18)	145
	Safety：Safe(14)，control(25)，lighting(7)，crime(3)，pedestrian(7)，Sense of place	56
	Home(35)，attached(5)，integrated(31)，historic(12)，view(13)	96
	Identity：Original(20)，distinctive(17)，unique(9)，making(53)，brand(6)，global(19)	124

资料来源：Esmaeilpoorarabi 等(2017)。

表 6-4　创新集群场所营造的共同属性

区域背景 Contents	
地区和城市品质 Regional and city quality	在知识经济和基于知识的城市发展方面享誉世界，符合创新集群的特征 有开发和促进区域内创新集群发展的详尽计划 拥有高水平的旅游者，著名大学，受过良好教育的劳动力以及种族和文化多样性

形态 Form	
地点 Location	与城市的重要部分良好连接——如 CBD、机场、其他集群、研究中心、大学 周围有独特的自然或建筑环境——如海滨地区、丛林地带、历史或旧工业用地
城市形态 Urban form	避免蔓延发展，以支持活跃的气氛和可持续的城市发展 考虑到该地区的自然特征，混合使用和灵活分区 专注于以行人、自行车和公共交通为导向的规划，而不是以汽车为导向 强调独特、多样、高质量和先进的城市和建筑设计——如在工作场所

续 表

设计 Design	设计底层更可达，以保持与街景的连接 提倡环保设计，并将自然环境置于中心位置
便利设施 Amenities	确保基本设施的可达性——如学校、医院、老年服务机构、育儿中心、商场 提供先进的设施——如骑自行车和慢跑区、设备齐全的运动场、咖啡厅、餐厅、酒吧、免费无线网络连接 提供高质量的智能交通系统和快速可靠的信息与通信技术基础设施
功能 Functions	
管理 Management	让公众和政府机构负责开发基础设施和锚定项目——如道路和公用事业 根据总体规划，让私营部门负责建立自己的街区
土地使用 Land use	在同一区域聚合不同的活动，塑造"生活—工作—学习—娱乐"四位一体的区域 控制住宅区、商业用地和工作区域的价值和可用性
人才 Talent	联合大学和研究中心，通过有针对性的教育系统扩大知识员工队伍 通过提供各种工作机会和高品质的生活方式，吸引国际国内知识员工
科技 Technology	通过提供各种先进基础设施，吸引和留住国际国内知识型公司和行业——如提供先进的通信技术和数字化设施 吸引著名的研究中心，以促进知识的产生和溢出 吸引著名的知识型公司，提升集群声誉
氛围 Ambiance	
文化氛围 Cultural milieu	开发人人可达的社会和文化空间——如会议场所、文化中心、博物馆、画廊、电影院、图书馆、剧院 策划大众参与的活动——如现场表演、文化节日 通过呈现公共艺术，保存和重建现有文化遗产和遗址来表征文化环境
网络 Networking	促进商业间的沟通和联系以促进知识溢出——如为对等网络开发共享工作区 促进居民互动以增强社区意识——如发展公共社区和公共空间 促进公众和公司间互动，以发展动态市场并将人才和企业联系起来

续 表

多样性 Diversity	吸引并接纳不同的人和生活方式——如来自不同民族和文化的人、LGBT、波希米亚人
创意性 Creativity	加强营造艺术、文化和科创氛围——如吸引大量艺术家和发明家 创造雕塑、绘画等形态的艺术品,营造创意氛围
印象 Image	
生活方式 Lifestyle	提供不同类型的娱乐和活动,促进生活方式的多样化 在街道上提供充满活力和活跃的日夜生活,以提高集群的人气
安全度 Safety	通过食物、娱乐选择和动态活动激活街道,确保24小时安全 在街道和公共场所提供高效的照明系统
地方感 Sense of place	发展独特的品质——如重视古迹、历史建筑、别致的建筑或独特的自然环境
同一性 Identity	为集群打造品牌,打造独特的身份并享誉全球

资料来源:Esmaeilpoorarabi等(2017)。

1. 区域背景

结果表明,创新集群的发展是城市发展潜力、政府知识型战略和集群发展本身之间的协同进化过程。创意集群更深植于其区域背景下的社会文化(Arabianranta),往往边界模糊并嵌入城市生活(DUMBO)。技术集群更可能出现在孤立的地区,完全来自优秀研究中心(麦考瑞公园创新区)的滋养。两者都发展自城市或国家战略,因其旨在创造全球成功的经济体、高品质的生活、支持创业的环境以及大量的劳动力队伍。

2. 形态

城市内部集群(DUMBO,纬壹科学城)从密度,多样性,城市内部的创新,现有基础设施和劳动力储备,以及与其他商业和创新集群相邻获益。郊区集群(阿拉比阿海滨,麦考瑞公园创新区)没有以上条件,需要花更多的钱和时间发展自己。为吸引知识员工,建立创新氛围和丰富社会生活,可以在中心规划一所大学。此外,技术集群(麦考瑞公园创新区,纬壹科学城)更有可能选址于空置地点；而创意集群（阿拉比阿海滨，DUMBO）更喜欢拥有独特背景和建筑的地点，例如旧工业用地。评估创新集群的开放式绿色空间，建筑和城市设计也很重要，因其有助于提高居民的幸福感、满意度、安全和保障，并有助于塑造地方的物理特征。

3. 功能

由于场所营造社会文化和经济特征的复杂性，集群演变需要时间和混合功能的高密度组合。在规划阶段，地方政府是构建长远目标，并确定城市总体结构和功能规划的主要协调者。然而在发展阶段，公私合作才是为用户提供确切需求并建立"依恋感"的有效机制。尽管城市内部集群从现有的功能和土地用途组合中受益，但不同于郊区集群，它们通常受到土地限制（DUMBO）的约束。地方大学也倡导功能混合、尖端研究和技术区域背景，以吸引更多公司、初创企业和人才。

4. 氛围

多数情况下，文化和艺术类软基础设施是塑造创意氛围的低成本手段，而非高成本的大型活动或高科技基础设施。中心城区创新街区（阿拉比阿海滨，DUMBO）和丰富文化遗产集群（纬壹科学城）都有许多艺术家、波希米亚人、旅游、文化活动和街头艺术。因此，与郊区高科技集群（麦考瑞公园创新区）相比，他们更可能通过花费更少的金钱和时间形成吸引人的氛围。尽管知识产品看起来是无地属性的，但是创新企业和知识员工仍然试图在创新集群中进行集聚；也许是由于基于地方、面对面交流、社交和商业互动的别样氛围。此外，靠近大学通过吸引不同民族、种族、国籍、年龄、社会阶层和性取向的人形成了开放的氛围。

5. 印象

新一代创新集群及其综合功能被认为是众多企业和人才的聚集地。因此，更有可能塑造受欢迎的形象和更强的地方感。同样，真实性有助于在创新集群中形成独特的印象和品质。真实性是物理外观、进行性活动和象征性价值形态的独特感觉。例如,DUMBO 拥有风景如画的布鲁克林大桥、独特的喧嚣街头和工业色彩;麦考瑞公园创新区具有独特的自然环境,这都会令人产生难忘的印象。此外,为了增强创新集群的竞争优势,塑造全球知名品牌,安全性也至关重要。

三、关键结论

从理论角度来看,本研究的发现支持现有主张,即场所营造对塑造和提升创新集群的竞争优势具有重要作用。调查结果显示,软硬因素在创造具有吸引力的创新集群方面都有重要贡献。虽然传统的硬性因素不再是创新集群的唯一推动力,但佛罗里达(2005)的软性指标并没有普遍代表性。为解决上述问题,Esmaeilpoorarabi 等(2017)在现有文献和实践的基础上发展出了场所营造概念框架,其通过 5 个关键方面,即背景、形态、功能、氛围和印象,以及 17 个指标(表 6-5),为创新集群中的场所营造问题奠定了基础。此外,该框架已应用于 4 个全球典型案例,以揭示场所营造如何提升创新集群的吸引力。

表 6-5 创新集群场所营造的不同属性

	新加坡 Singapore	赫尔辛基 Helsinki	纽约市 New York	悉尼 Sydney
	纬壹科学城	阿拉比阿海滨	DUMBO	麦考瑞公园创新区
区域背景 Contents				
地区和城市品质 Regional and city quality	世界上最好的初创企业生态系统 蓬勃发展的旅游业 国际国内优质员工人口数量不断增加	欧洲文化之都(2000) 著名的设计背景 国内优质员工人口数量不断增加	美国第二大技术中心 著名的商业区 美国高素质人群最心仪的城市	澳大利亚第一个先进技术中心 著名的大学和研究中心 海外出生和受过海外教育的人口比例很高

续 表

	新加坡 Singapore	赫尔辛基 Helsinki	纽约市 New York	悉尼 Sydney
	纬壹科学城	阿拉比阿海滨	DUMBO	麦考瑞公园创新区

形态 Form

地点 Location	内城 灌木丛 靠近其他集群 由空地发展而来	郊区 滨水区 靠近大学 老工业基地	内城 滨水区 靠近其他集群 老工业基地	郊区 灌木丛 靠近大学 由空地发展而来
城市形态 Urban form	有机网格，遵循自然形态 形成于连接七个节点的中央绿色脊柱 高密度	独特和有机的城市网格 沿海岸线蔓延 中等密度	统一的和历史悠久的城市网络 位于两座桥梁之间 高密度	独特的城市网络 沿绿化带蔓延 中等密度
设计 Design	未来主义，有机风格和东南亚风格 有机绿色空间，如保持丛林	现代与历史相结合的风格 设计绿色空间，如海岸公园	豪华装修工业建筑 设计绿色空间，如海岸线公园	野兽派和高科技风格 有机绿色空间，如保持丛林
便利设施 Amenities	娱乐村庄，如罗切斯特公园和荷兰村	自然环境，如丰富的鸟类保护区	优雅的休闲设施，如公园，高科技露台	自然环境，如国家公园

功能 Functions

管理 Management	公私合作（有计划） 公共机构领导	公—学—私合作（有计划）大学领导	公私合作（无计划） 公共机构领导	公—学—私合作（有计划） 公共机构领导
土地使用 Land use	科技、文化企业 高科技集群	艺术、设计企业 创意集群	媒体、信息与通信技术产业 创意集群	科学、技术产业 高科技集群
人才 Talent	4万居民，7万员工 国际优质员工和研究者	1万居民，8 000个岗位，6 000名学生 综合学术社区	1万员工，57 000名学生 足量的岗位和员工	32 000个岗位，4万名学生 足量的国际国内学生和员工

续表

	新加坡 Singapore	赫尔辛基 Helsinki	纽约市 New York	悉尼 Sydney
	纬壹科学城	阿拉比阿海滨	DUMBO	麦考瑞公园创新区
科技 Technology	密集的技术环境（大都市）	先进的赫尔辛基虚拟村	先进的数字和信息与通信技术设施	蓬勃发展的研究环境

氛围 Ambiance

文化氛围 Cultural milieu	本地文化 历史遗迹和艺术	本地文化 历史遗迹和艺术	开放文化 BTT的文化区	多元文化 多文化中心
网络 Networking	凝聚效应（企业网络）	生活实验室（用户和公司网络）	科技生态系统（企业和人才网络）	公共空间（人才网络）
多样性 Diversity	波西米亚荷兰村 高国际旅游	低种族多样性 低国际旅游	波西米亚风格的街区 高国际旅游	高种族多样性 高国际旅游
创意性 Creativity	高水平媒体和设计行业（文化之都） 较多艺术作品和发明	高水平艺术设计公司和学校 众多艺术家	高水平媒体产业和电影产业 众多艺术家和波西米亚人	低水平创意产业 众多发明

印象 Image

生活方式 Lifestyle	罗切斯特餐饮和生活中心（青年风格）	城市公园内的生活和休闲（家庭式）	开放，艺术和波西米亚风格（艺术风格）	城市公园内的生活和休闲（家庭式）
安全度 Safety	低犯罪率 大量可渗透步行区	低犯罪率 通过U形设计促进社会控制	高犯罪率 重新发展照明和高风险地区	低犯罪率 通过富有活力的商业走廊来发展夜生活
地方感 Sense of place	独特的历史、文化环境以及旅游性质	独特的历史、艺术和自然环境	独特的工业和桥梁景观	独特的自然环境
同一性 Identity	人才中心	波罗的海地区领先的设计中心	布鲁克林科技三角中心	澳大利亚最大的创新区

资料来源：Esmaeilpoorarabi等（2017）。

从实践角度来看，调查结果解释了其他创新集群可实施的一般特征（表6-4），但需要始终基于本地实际环境。这些特点包括：毗邻CBD和大学，尊重自然和人造环境，以人为本的城市结构，独特、别致和高质量的城市和建筑设计，公私合作，提供大量知识员工和工作岗位，提供最先进的基础设施，重视进行性文化和象征潜力，通过第三空间促进社交和面对面的商业互动，支持多样化的人群、创意和生活方式，使街道充满活力，提供安全、可靠的环境，并通过突出真实性来促进地方感。

研究结果还描述了形成创新集群独特品质的别致特征（表6-5）。这些特征主要涉及当地的创新集群条件，这些条件需要单独调查，例如现有的商业潜力和基础设施。例如，研究发现，城市内部和郊区之间的特征存在显著差异，创意集群和高科技集群的特征也有所不同。有研究者指出，创意产业与高科技产业在地理连接性上有显著不同。创意集群以文化内容和技术元素的独特混合为特征，严重依赖其位置的现有潜力。与高科技产业相比，创意产业更深入地融入当地的城市区域背景。作为回报，他们的生产创造了可以提高场所营造和促进城市品牌的象征性价值。因此，创意集群更有可能在城市中心形成，这对创意产业和城市都非常有利。

另一个发现表明，需要花费时间并采取灵活的方法以维持场所营造的动态性和持续性。由于场所营造与创新企业和知识员工的不确定期望之间存在紧密的联系，因此将无法预测确切的场所营造并制定详细的可执行计划。一个有吸引力的场所营造是动态的，可以在群集存在期间经常重新调整和修改。为实现创新集群场所营造的动态性，Esmaeilpoorarabi等（2017）研究建议，应当制定较少的固定发展战略，制定更多创新企业和知识员工间的合作计划以及不断修订的会议。随着企业和科学组织之间的创新过程已从线性转向互动，促进创新的策略也从分级转向更加网络化。因此，互动模式是培育和提升创新集群的唯一长期解决方案。

如前所述，场所营造是一个复杂的现象；因此，Esmaeilpoorarabi等（2017）

是创新集群背景下场所营造动态的开拓性探索之一。Esmaeilpoorarabi 等（2017）选择了一组有限的场所营造指标以简化解释过程，并测试它们在解释场所营造如何影响创新集群吸引力方面的潜力。然而，对具体研究的解释发现，有以下限制：（1）最大的局限是，Esmaeilpoorarabi 等（2017）仅基于相当有限的案例（4 个）得出结论。尽管它们都是世界各地创新集群的成功典范，但创新集群的具有高度地方性，因此很难一概而论；（2）研究结果为规划、设计、开发和管理创新集群提供了总体视角和一些指导原则，但这些指导方针需要适应各个集群的特定条件；（3）研究采用 N-Vivo 软件进行客观编码和内容分析，但仍可能存在解释偏差；（4）本研究试图尽可能使用最可靠和最新的数据，但某些并不是最新或有效的数据可能会影响调查结果；（5）该研究报告只考虑了最显著的通用指标，然而，某些重要程度较低或对当地情况更具针对性的指标可能需要重新考虑；（6）研究没有考虑指标对塑造场所营造的影响或权重，需要进一步研究。

  Esmaeilpoorarabi 等（2017）探讨了一种可能的方法，通过定义一些初步指标，来了解场所营造如何提升创新集群的吸引力。Esmaeilpoorarabi 等（2017）所提出的框架仅仅是未来研究的一个起点，可以找到更精细的方法或指标来准确评估创新集群中的场所营造，从而采取行动以提高绩效。Esmaeilpoorarabi 等（2017）的研究可以扩展并应用到现实实践，特别是不太成功并希望改善其竞争优势的创新集群中。评估现实世界创新集群实践中的场所营造将详细揭示其优势、劣势和潜力。此外，Esmaeilpoorarabi 等（2017）着重于确定场所营造的通用指标，以便为集群规模的政策、设计、规划制定和管理流程提供信息。然而，由于创新集群的场所营造与更广泛的背景相关，因此未来的研究还需要在城市和区域范围探索场所营造问题，以提高创新集群的吸引力。

第七章
创新街区的建设路径

创新街区的建立发展都有独特的历史和发展模式。但他们有共同的目标，促进创新经济、促进增长和塑造公共领域。本章将对西雅图的南湖联盟区、伦敦的硅环/科技城、剑桥的肯戴尔广场和波士顿海滨创新街区进行综合比较分析。

第一节 街区新公共利益

一、重新定义街区公共利益

在美国，许多城市正在经历城市人口密度的增加，并且寻找大片的以前工业或其他欠发达土地，这些土地提供了宝贵的发展机会。在大多情况下，公共部门有一个总体规划愿景或经济发展战略，希望通过适当的私营部门伙伴关系来实施。这方面的一个例子是2010年波士顿创新街区倡议，确定了1000英亩（4.04平方千米）主要用作地面停车场的土地，并宣布新的发展将促进创新。通过这一正式规划，该城市能够带来发展，并能够测试针对创新生态系统的分区规定和住房、公共基础设施的新模式。新发展的公共奖励措施包括房地产税和工作吸引振兴的地区。如果面积较大，也有可能创造一个新的工业中心。在波士顿，城市大力支持创新生态系统，并寻求促进创业，设立了一个新任命的经济发展部门，负责人Marty Walsh的头衔被称为"创业沙皇"(Startup Czar)(Harris, 2015)。

大多数创新街区,主要由私营部门开发商与公共机构或机构合作启动开发。在这些情况下,开发商承担获得整个开发/总体规划批准的作用。肯戴尔广场在剑桥经历了更多的增量发展,但主要参与者是麻省理工学院投资管理公司和波士顿地产。西雅图的南湖联盟区计划由 Vulcan 房地产主力推动。对于房地产开发商,大面积的可用城市土地提供了难得的机会和巨大的潜力。然而,典型的是,创新发展不符合传统的工业用地条例和许可。通过结合资源,开发商可以执行公共部门的长期愿景,将建筑环境拼接在一起,并与城市一起采用新法规。

创新街区的重要组成部分是多样化的用途和新的研究和开发活动。这些地区创造的就业机会从风险资本白领到零售员工和 21 世纪智能轻型制造。这是了解这些地区作为更广泛经济组成部分和经济发展工具的弹性的关键。重要的是,工业不再必须与混合开发分开。智能轻型制造和生产需要更少的空间,通常是环境友好的,并且可能不再需要与办公室或住宅邻里的显著距离。制造空间、实验室和研发空间,大多是行业免费使用的例子,但仍然为开发者带来利润,且在创新生态系统中发挥重要作用。

图左　新产业:3D 打印机制造商 Airwolf 3D 打印 200 个假肢手
图右　马萨诸塞州 Somerville 的制作者空间

图 7-1　创新街区中新产业的工作空间

资料来源:Davis(2015)。

一旦开发商参与的大规模的、变革性的项目获得批准,必须证明开发过程中能增进公共利益。过去,这种公共利益的改善通常包括开放空间(公园和广场)、基础设施改善(街道、路灯、供水/下水道升级、停车和路灯)以及经济适用住房补贴等。在创新街区的开发建设过程中,出现了与公司创业、创新文化和就业相关的公共利益改善的新类型和选择。

二、塑造公共创新中心和连通公共领域

为了保持创新生态系统,知识溢出和交换至关重要。公共领域和特定类型的设施可以作为一种媒介,吸引人们参与并鼓励这种互动和交流,进入"创新中心"。创新中心是邻里创新工人(知识员工)可以工作、上网、学习新技能、主办活动、会面和交流思想的空间。

公共空间建设的目的是,给创新者一个可以聚集、集思广益、开发新产品和温馨如家地来创办公司,从而增加就业和经济影响的地方(Chatterji, Glaeser 和 Kerr,2013)。像阿姆斯特丹的老会议厅、巴黎的咖啡馆、伦敦的俱乐部或波士顿的 Faneuil 厅,有一个交流中心的地方对经济和技术进步至关重要。由于新形式的办公空间和创新经济的集聚,正在出现许多不同类型的空间:共享办公、孵化器、加速器和创新中心。

一是,共享办公。根据原始定义,共享办公空间是一个有公共办公桌的空间。那些通常在家工作、旅行中或恰好在该地区工作的人,可以支付一天通行证或购买每月会员资格进入共享办公空间,在提供有 Wi-Fi 和其他丰富办公设施的商业环境中开展工作。

二是,孵化器。它是一个公司或非营利组织,其使命是帮助创业公司成长为一个企业,通常包括与风险资本家和培训辅导活动的合作。大多数孵化器都有孵化器空间,这些孵化空间通常是参与孵化器的初创公司的配合空间或办公空间。它们可以是从高科技实验室空间(如 LabCentral)、原型制造商空间(如绿城实验室)到运行办公空间,取决于孵化器的行业重点。

图上左　共享办公空间(WeWork Boston) 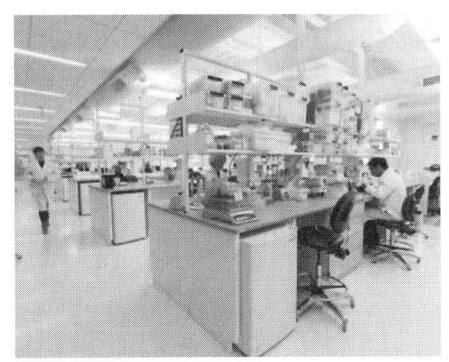　　图上右　孵化器(LabCentral, Cambridge)

图下左　街区会客厅(District Hall) 　　图下右　MassChallenge 位于波士顿的加速器

图 7-2　新型公共空间

资料来源：Davis(2015)。

三是，加速器。它是一种特定类型的孵化器，与早期阶段的孵化器相匹配，在短期内（通常为 90 天到几个月），以加速企业发展为目标。加速器也是一个投资者：它为初创公司提供了一定数量的资本，为了交换资本和指导，加速器通常需要每个公司大约 5% 的所有权。TechStars 和 MassChallege 都是主要的创业加速器。MassChallenge 是当前世界上最大的创业加速器，是总部位于波士顿的非营利组织。MassChallenge 于 2009 年开始作为促进创业公司和创新者与资本联系起来的手段。因为 MassChallenge 出现于 2008 年世界金融危机之时，所以其愿景中说："当前的经济危机是伪装的一个巨

大的机会。通过投资现在的创新和创业,我们可以转变整个行业和定义下一代经济增长引擎。"MassChallege 主要发起全球创业竞争,提供指导、合作伙伴关系和网络以及资本等。虽然公司是一个加速器,却为所有的初创公司提供共享办公空间,通过想法交流和连接促进创新。自 2010 年以来,它加速了 617 家公司,并在全球创造了约 4 802 个工作岗位(MassChallenge, 2014)。

四是,创新中心。它是一个聚集和思想交流的场所。虽然许多创新中心有可能包括可租赁的共享空间或一个常驻孵化器,但创新中心的主要功能是为创新经济体内的人提供物理空间,可以主办会议、活动或教育计划,将创新生态系统的成员和当地社区聚集在一起。

公共创新中心以与共享办公空间不同的方式与周围社区联系。例如,剑桥创新中心是一个办公楼内的私人共享办公空间,通常举办公共活动。然而,剑桥创新中心这种半私营的"创新中心"与公共创新中心不同,后者往往向更广大的公众提供更广泛的活动和计划。剑桥创新中心设法避免成为纯粹的舒适空间,通过持续的网络活动为租户服务。

创新街区和创新中心[1]不仅对当地非常重要,而且对塑造城市及其地区的经济增长和竞争力的形象也很重要。在技能人才和知识员工高度流动的时代,品牌是至关重要的。城市竞争吸引能够带来数千个直接和间接就业机会和经济影响的大公司及创业公司。

越来越多的"冷门因素",开始成为公司定位、市场化和品牌化的重要考虑内容。除了纯粹吸引人才,把人才留住也是一个挑战。例如,波士顿是世界上最好大学的所在地。当地的智力资本是非凡的。然而,这些年轻创新者中的大多数选择在毕业后离开波士顿地区,造成"人才流失"(Lima 2014,

---

[1] 两者间最大的差别是,从形态来看,前者是一个街区,后者只是一个建筑物;从功能来看,前者功能多元,包括居住、空间、娱乐休闲等,而后者主要是创新者办公或非正式交流的工作或休闲场所。

Modestino 2013)。通过创建创新街区，利用技术集群和创新的理念，波士顿希望保留一些本来会留下的本地人才。

开放办公空间已成为传统公司和年轻初创公司更好地利用工人生产力和最大化潜力的标准。需要这些类型的办公空间背后的原因，类似于关于人或公司区域集聚研究所揭示的，地理邻近可以实现协作、提升创造力、知识交流和溢出效应。在这个意义上，在区域宏观层面的社区空间，就可以看作是不同微观尺度上独立运作的办公空间聚合。

第二节 区域联动更新

一、南湖联盟区的发展

南湖联盟区（South Lake Union，SLU）是一个在华盛顿州西雅图的街区，以前是南湖联盟区南部的工业区。西雅图市中心的官方边界是南边的 Denny Way，东边的 5 号州际公路，西部的 Aurora Avenue N（99 号州际公路）和北部的 E. Newton 地方。历史上，它刚开始是拥有大型工厂的制造区，如波音公司。由于最近微软联合创始人 Paul Allen 的 Vulcan 公司以及其他著名开发商的发展计划，南湖联盟区正在成为创新经济的枢纽。该地区的一些公司包括亚马逊等科技公司，以及 Fred Hutchinson 癌症研究中心、Zymogenetics、Battelle、西雅图生物医学研究所、西雅图儿童医院、PATH、Rosetta（现为默克公司的一部分）等生命科学组织、Bio-Rad 和华盛顿大学医学院。在 20 世纪 90 年代后期，Vulcan 房地产开始购买汽车企业和仓库占用的土地。在 1996 年，由于创建一个大型公园（西雅图公园）的投票失败，Vulcan 的所有者和微软的联合创始人保罗·艾伦，开始着手重建计划（King Staff，2012）。拥有 60 英亩（0.24 平方千米）的土地组合，Vulcan 计划能够创建一个生命科学和技术中心，包括混合使用的办公室和住宅建筑物。开发商 Vulcan 公司的目标是开发一个城市社区,知识员工在该地区不仅工作,而且生活和娱乐,这与创新地区的概念非常一致。新的复合空间和复古砖公寓已经发展多年,私人开发商努力建立多样化的城市混合功能区。西雅图路面有轨电车是一条连接南湖联盟区与西雅图市中心的 2.6 英里(4.2 公里)的新路线,已经投入运营,以帮助居民和上班族通勤。

为什么选择西雅图?自 20 世纪 90 年代以来,西雅图已经是科技巨头微软的总部所在地,但它缺乏中小型技术公司(SME)来成就一个强大的创新经济。根据 Code.org 首席执行官 Hadi Partovi 的介绍,中型企业(Expedia,Zillow,Tableau,Big Fish Games,Bluekai)的增长与硅谷公司分支机构(Google,Facebook,Twitter,Dropbox,Uber)大大提升了当地的科技产业(Partovi,2015)。硅谷公司的分支机构,虽然其中一些只是刚刚移居到西雅图地区,但却提供了成千上万的就业岗位。这也是很多科技型企业选择西雅图背后的部分原因。事实上,华盛顿州最常见的职业是软件开发商(Bui,2015;美国人口普查数据)。这主要是由于微软的长期存在和强大的学术和研究机构,如华盛顿大学(UW),丰富多样的人才成为吸引全球公司的关键原因。通过建立强大的创新生态系统,西雅图的初创公司现在拥有超越上市(IPO)或被微软或被亚马逊收购的增长选择(Partovi,2015)。最后,地方政府还采取了具体措施,通过企业保留和扩张计划(BREP)支持小企业的发展,帮助他们获得资本,扩展新市场和管理政府流程(2014 年国家城市联盟报告)。

在南湖联盟区的发展过程中,Vulcan 聘请许多当地社区团体参与关于"住房、基础设施和设施的设计和区位"的讨论(Katz 和 Wagner,2014)。虽然该项目主要由私营实体开发,但该市在支持该地区方面也发挥了重要作用。到 2004 年,南湖联盟区被命名为西雅图的第六个城市中心,符合城市 1993 年的规划计划,在原规划中将城市增长的 75% 集中在 5 个指定的城市地区。前任市长格雷格·尼克斯是该地区的坚定支持者,认为这种发展"将作为城市和地区的经济驱动力"(经济发展办公室,2012年)。该城市通过实施分区变化来支持开发,以支持生命科学和技术的土地利用,投资于诸如新的有轨电车线路等基础设施,并投资于公共设施,例如 Cascade Park 和 Lake Union Park 以及 Mercer Corridor(西雅图市,2012)。该区以亚马逊总部为锚,背后的理由是,企业喜欢在亚马逊等大公司周围集聚,从而吸引人

图 7-3　到 2019 年亚马逊公司新开发项目达到 93 万平方米
资料来源:Davis(2015)。

图 7-4　南湖联盟区发现中心和电车
资料来源:Davis(2015)。

才(Katz和Wagner，2014)。其他机构也位于南湖联盟区，如华盛顿大学医学院先进研究园区、西雅图生物医学研究所、弗雷德哈钦森癌症研究中心、比尔和梅林达盖茨基金会、艾伦脑科学研究所和美国肺协会。南湖联盟区还拥有许多文化空间和设施，如历史工业博物馆、Puget Sound海事博物馆、演出厅和多个艺术画廊。在开发的早期，许多初创公司居住在社区，但今天他们主要在共享办公空间工作，如 WeWork。

当前，Vulcan拥有该区域1/3的土地。2012年，有一个提议建议重新分划南湖联盟区，随着该地区的持续增长，这一举措将增加大约2.2万个就业机会。南湖联盟区在2003年至2012年期间拥有超过20亿美元的私人投资。自1995年以来，南湖联盟区已开发了1 161万平方米的住房、办公室、生物科技和零售空间，另有18万平方米正在建设中(西雅图市，2012年)。2005年，Vulcan开设了南湖联盟区发现中心，该区域原本是售楼处，现在除了继续承担营销功能外，还被用作活动空间和会议场所。

二、西雅图南湖联盟区的转型与大学区的诞生

当前，西雅图南湖联盟区已经建成了一半，新的基础设施改善，如专用的有轨电车线路已经完成，餐馆、咖啡店和文化设施，已经帮助西雅图南湖联盟区成为一个颇受欢迎的城市中心。但市场租金持续上涨，目前对该地区的小企业来说已经达到无法承担的水平。由于这种可负担性的转变，许多创业公司已经迁移，特别是迁移到一个正在计划作为西雅图的下一个创新街区的地区——大学区(U区)。大学区，是一个毗邻华盛顿大学(大学区视觉计划，2013)的面积为405英亩(1.64平方千米)的区域。这个新区域不同于南湖联盟区，因为它主要不是由私人开发商计划或开发，关注与非生命科学机构建立关系，以及创建促进创新的公共经济。除了大学提供的机构和人才方面，使这个新技术中心得以成功建设的另一关键举措是轻轨扩张，并在2016年开放新车站。

TechStars创业孵化器、非营利性公司UP Global和种子基金Founders

Coop 都已经从南湖联盟区迁往大学区。位于西雅图南湖联盟区的公司亚马逊,也开始扩展到已重建或拟重建旧仓库建筑;TechStars 总裁和经济发展委员会主席 Chris DeVore 解释说,那时的社区"对于创业公司来说是一个更有趣、多样化的物理空间组合"(Romano,2014),而创业公司需要廉价、占地面积小、灵活的空间,而且相对比较新的办公楼。这就是为什么旧的仓库往往是这些企业的所在地,以及公司可以逐月扩大办公空间的共享办公空间。

10分钟步行范围　　　　　　创业厅(Startup Hall)

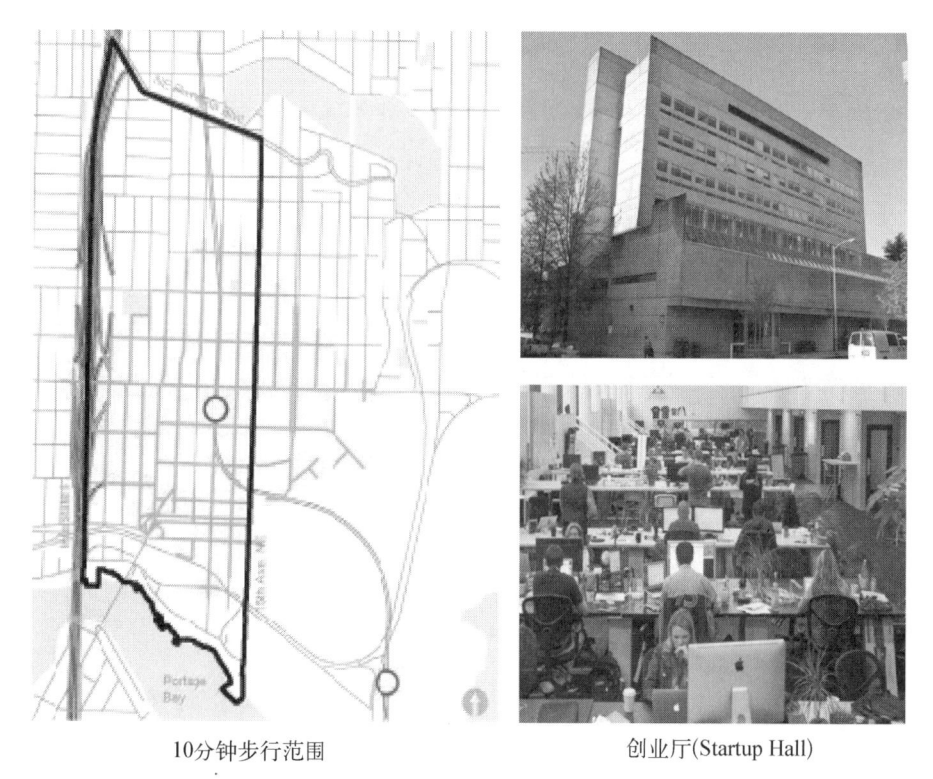

图 7-5　西雅图大学区 10 分钟步行范围与创业厅

资料来源:Davis(2015)。

因为创新街区的概念是在这轮新开发之前出现的,所以科技界的领导者知道,他们需要一个"重心"才能真正定义该区。大学区在场所营造方面的第一步,是将半空置的华盛顿大学法学院大楼 Condon Hall,改造为创业大厅（Startup Hall），这是一个"有前途的创业公司的发展基地"，预计将成为西雅图下一个创新街区的中心（Pepin，2014）。创业大厅类似波士顿街区会客厅，也是创业社区推动的结果，包括 Chris DeVore（Pepin，2014）。该建筑由两个关键租户组成：TechStars 和 UP Global，还有共享办公空间、公共会议空间以及带休息室和乒乓球桌的社交聚会空间。它为华盛顿大学创业计划提供办公室，如 Buerk 创业中心，希望能容纳 20 个小型初创公司。

西雅图南湖联盟区背后的部分愿景主要基于以下认识：虽然像亚马逊这样的大型公司吸引了人才，推动了创新经济，但它也会对信息交换和网络流动造成障碍。DeVore 描述了亚马逊在西雅图湖区的存在："所有的建筑都有标识和门禁，除非你在亚马逊有朋友，这些建筑并不是一个容易进入的社区"（Romano，2014）。华盛顿大学和城市有一个共同的目标，增加"有机交流"作为发展创新经济的手段。华盛顿大学拥有华盛顿大学房地产的租赁权，管理共享办公空间，并提供咨询委员会的意见，以确保其在经济上可行并符合愿景。自开放以来，人们对活动和工作空间充满兴趣，一些团体已经举行了定期会议和办公时间。

目前在大学区扎根的创业公司关注的市政规划，正在等待市议会批准（截至 2015 年 5 月），如增加高度限制，鼓励住宅建筑和商业空间，特别是面向跨边界的发展。从 2012 年起，城市制定了大学区城市设计框架，一个短期和长期行动的战略计划，以及 2015 年 1 月发布的最终环境影响声明（西雅图市，2015 年）。大学区伙伴，一个地方企业和利益相关者组织，帮助社区在 2013 年制定了战略计划中创新街区的愿景。随着发展计划朝着创新街区的方向前进，组织者正在寻找方法来确保创新经济植根于社区。一个关键的问题是，随着该地区的发展，大学区有可能导致比一般软件开发商需要更低生活成本的华盛顿大学学生租房房价上涨的危险（Romano，2014）。

第三节 公共空间转型

一、公共空间的转型

剑桥创新中心有 VentureCafé 和微软 NERD 中心。剑桥创新中心位于剑桥中心的百老汇街 1 号,建筑面积有 1.9 万平方米,是一个麻省理工学院拥有的办公楼。剑桥创新中心是肯戴尔广场创新生态系统的早期成员之一,最初被认为是一个创业孵化器。其创始人麻省理工学院毕业生 Tim Rowe 和 Andrew Olmstead 后来发现,肯戴尔广场需要价格实惠、灵活的办公空间,并改变了剑桥创新中心的商业模式,以提供这种类型的空间。如今,剑桥创新中心为各种公司提供全方位服务的短期办公空间,从个人到整个团队等。截至 2015 年,它服务对象有大约 600 家公司(从自由职业者到 50 人公司)以及 C3(剑桥高中中心)(《波士顿环球报》,2015)。

在其发展过程中,剑桥创新中心团队在迅速发展的肯戴尔广场创新经济领域非常活跃,并认识到理念交流和网络的物理场所,可以更好地促进创新生态系统。因此,该公司决定开始为科技界举办公共活动。VentureCafe 的创始人 Tim Rowe 解释道:"需要一个中立、开放的会议场地……它需要是一个非盈利活动。"(VentureCafe Podcast,2014)。开始每周星期四晚上聚会发展成为创建一个非营利组织剑桥创新中心命名的每周聚会:风险咖啡基金会。在建立第一个活动之后的几年里,非营利组织已经飞速发展,现在是波士顿街区会客厅的非营利运营商,很快就开放了达德利创新中心,并建议其他城市都建立创新中心。剑桥创新中心的私营部门还将业务扩展到波士顿、圣路易斯和巴尔的摩。

剑桥创新中心的 VentureCafe 周四活动　　　　　NERD 中心

图 7-6　肯戴尔广场的公共创新空间

资料来源：Davis(2015)。

按照剑桥创新中心的说法，剑桥创新中心帮助肯戴尔广场许多私营企业敞开了大门，举办公共活动或提供合作空间，以帮助促进网络和想法交流。微软的新英格兰研究和开发中心（NERD）是肯戴尔广场举办关于技术和创业经济的活动最受欢迎的地方。自从在肯戴尔广场建立业务以来，微软一直致力于连接创新工作者和技术社区。在微软撰写的博客文章中，微软的新英格兰研究和开发中心是创业加速器 MassChallenge 的赞助商，微软解释了其在本地创业经济中的投资：

自微软的新英格兰研究和开发中心启用以来，我们与当地社区就最大的需求领域进行了持续的对话，微软可以在其中提供最大的价值。这些对话主要围绕着当地创新经济的建设和缺乏持续进步。我们已经回应了这个需求，开放微软的新英格兰研究和开发中心作为技术专家的集聚点，并投资于人们和计划，如社区认为重要的 MassChallenge。我们秉持"水涨船高"的理念，我们相信，每个人的成功，至关重要的在其背后拥有一个蓬勃发展的创新生态系统。(Microsoft New England, 2010)

微软的新英格兰研究和开发中心位于纪念大道 1 号（One Memorial Drive)，享有查理斯河和波士顿天际线的景色，中心为其主要活动空间提供各种费用,并提供免费的一些空间。本地组织和非营利组织可以免费租用空间,因为他们的活动符合微软的新英格兰研究和开发中心"吸引本地技术生态系统"的使命(微软新英格兰,2015年)。对于希望举办"公开"活动的团体,还是有一些障碍,例如责任保险的要求和所有访客需使用政府身份证件进行注册等。当然,所有Microsoft员工都免费被邀请参加在中心举行的任何活动。

2011年,微软与业主波士顿地产合作,将Dogpatch Labs和TechStars(两家创业孵化器)搬到了剑桥中心的6楼,免费租借并使用Microsoft软件和活动。波士顿地产高级副总裁David Provost在新闻稿中表示,为什么从私人发展的角度来看,这种合作伙伴关系是一个好的商业活动:"肯戴尔广场和剑桥中心是全国最好的和最聪明的创新者的家。我们期待看到剑桥中心支持的Dogpatch实验室和TechStars的蓬勃发展成为高性能工作空间,微软的新英格兰研究和开发中心和他们带给社区的积极发展势头。"(微软新英格兰,2011年)Dogpatch在一个剑桥中心为创业公司提供了免费的办公空间,在全国各地使用其办公空间的创业公司,包括Instagram,Bark Box和Spindle等公司。Dogpatch Labs已经关闭了除在都柏林分公司以外的所有孵化器办公室,转变为通过机构进行投资和指导。Dogpatch的合作伙伴Polaris Partners的David Barrett解释了这一转变,"3年多的时间里,Dogpatch Labs的生态系统已经不再是整个社区所需要的,也不再像现在这样独一无二。BOS/剑桥生态系统现在显然服务更好"(Longo,2014)。2014年TechStars也移出了剑桥中心,在波士顿市中心设立了新的办公室。

肯戴尔广场快速变化的环境的另一个信号,可以通过过去几年发生的私人房地产交易看到。值得注意的是,2014年,一家加拿大公司Oxford Properties收购了One Memorial Drive(成立于1987年,2008年翻新),作为21亿美元办公室组合销售的一部分。这是波士顿历史上最大的房地产交易之一(Kirsner,2014)。房地产金融分析师将这种水平的外国投资视为市场实力的标志。非常低的办公空置率和增加的竞争,也表明波士顿是一个理想的生活和投资的地方。

二、剑桥分区修正案

为了帮助应对不断上升的办公室租金,推动小公司和打破创新生态系统,剑桥市制定了一个新的分区条例,目的类似于包容性分区的经济适用房。新的区划在 2014 年颁布(PUD-5;K2 区)。它要求对于包含至少 1.86 万平方米的新办公空间的开发建议,开发商必须提供相当于新建筑面积 5% 的创新办公空间。如果分割为较小的空间,还要求该空间必须保持在 2 万 SF 单位。创新办公空间被定义为具有租赁协议的空间,每个企业持续约 1 个月,每个公司最多 2 000 个 SF(或总空间的 10%)。共享资源必须占用至少 50% 的空间,包括共享办公区域、会议空间、办公设备、用品和厨房的形式。最后,剑桥定义了空间的预计用户:

拥有创新办公室空间的个人实体可能包括小型企业孵化器、小型研究实验室、投资者和企业家的办公空间、教学设施、理论、基础和应用研究,产品开发和测试以及原型制作或实验产品生产。(13.89.3.2,PUD-5 District Zoning 2014,Cambridge of Cambridge)。

虽然剑桥要求更大的办公室开发项目,为需要灵活扩展的小型创业公司提供这种类型的空间,这是一个巨大的进步,不像经济适用的住房规定,新的分区没有这个新的创新办公空间的价格上限。在一份关于新区划的采访中,剑桥规划总监说:"我们试图给市场以灵活性来提供办公空间。" (boston.com)房东必须决定是否按照市场租金或者其他建筑租户可以补贴空间。肯戴尔广场创新生态系统的另一个潜在问题是拥有 10 多名员工的公司的命运,即那些对于创新空间太大,但又不足以支付整个办公楼的市场租金的公司,只有需要经历更多时间才能知道这些步骤是否足以维护肯戴尔广场的创新生态系统,或者它将转变成围绕剑桥创新中心和麻省理工学院大型枢纽公司的附属公司。

第四节 拓展的办公空间

一、拓展办公空间

为了探究数字行业日常工作实践的空间性,数字工作被定义成了6个不同的工作集合(见图7-7)。该部分我们专注于探讨其中重要的两个活动:生产和会议。对于数字工作人员来说,生产包括的活动诸如书写代码或是开发新创意,会议包括遇见不同类型的人如客户和同事,也涵盖了不同类型的团队协作。空间主要包括5种类别:居住类、办公类、半公共空间、活动场所以及公共空间。

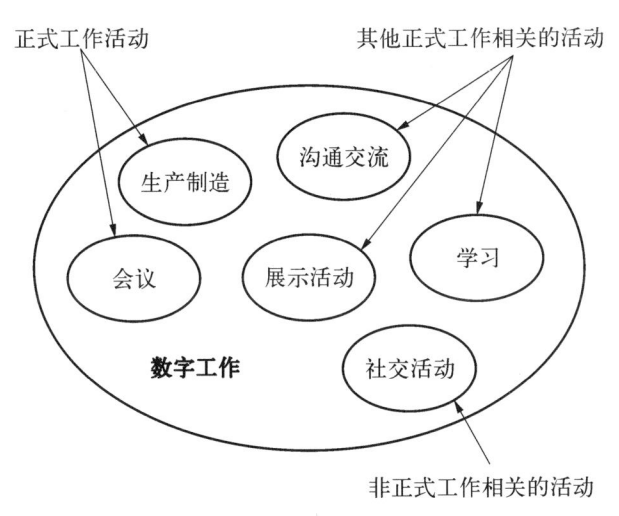

图7-7 工作活动分类

资料来源:Martins(2015)。

伦敦硅环有超过1500家数字商业企业,活跃在克勒肯维尔、霍斯顿以及哈格斯顿,老街路口(Old Street Roundabout)区域是绝大多数企业所在的地方(见图7-8)。位于伦敦城的北部,这个区域是伦敦创新活动的热点区域，同时也是夜生活活动的中心。城市肌理显示了在规模上的显著对比性，大而繁忙的道路所定义的地带与具有亲密感的小街形成了对比。这里也有混合的多种建筑类型，其中留有过去工业所留存的传统结构。这里也是一个转型中的区域，空置的地点孕育着新的发展，为不断增长的数字公司提供了挖掘机会的平台。

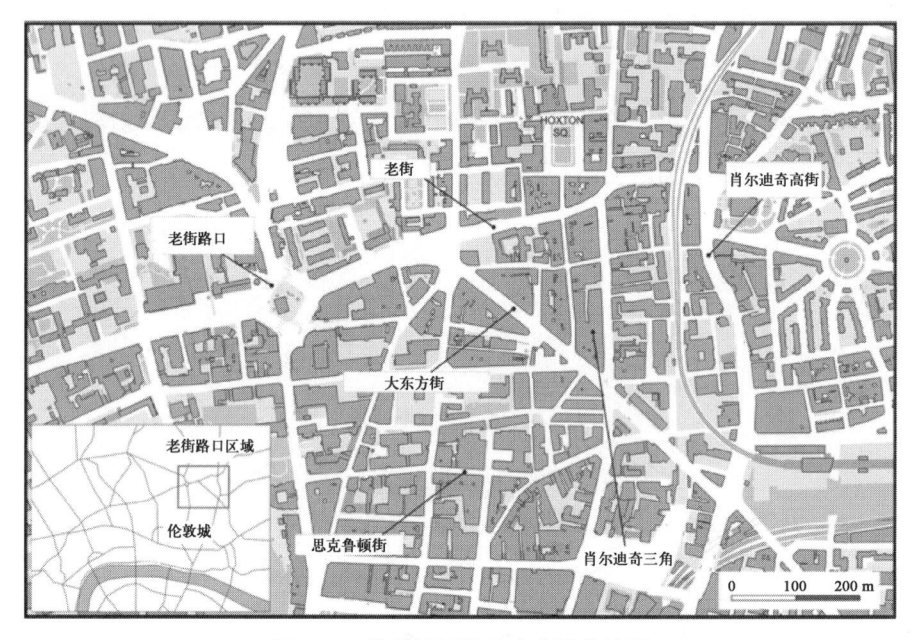

图 7-8　伦敦硅环数字企业聚集地图

资料来源：Martins(2015)。

扩展的工作空间包括两类：基本空间与辅助空间(Juliana Martins，2015)。对于6种不同的工作活动的空间使用程度，显示在数字产业中工作空间的扩展超过了主流定义的工作空间。不论是一个办公室还是一个居住的地方也好，都可以作为生产制造和学习的主要场所。Martins(2015)研究中访谈的企业，使用多种空间类型进行工作，包括住房、办公室、半公共空间、活动场所以及公共空间(见图7-9)。工作活动空间使用类型的拓展并不是意味着与某一种场所和空间类型分离，相反这些多样的办公空间模式显示这种程度的扩展是由数字工作和工作人员个人特点所掌控决定的。这种扩展的工作空间,可能会被理解为是不同工作方式和背景中的空间的连接。生产制造活动和会议,是这些公司关键的工作活动,透露了工作空间的关键结构。进而工作空间又可以分为基本的和其他辅助的空间,这些空间之间的互补性和关键性都在支持工作模式和工作需求的多元化中扮演了重要的角色。

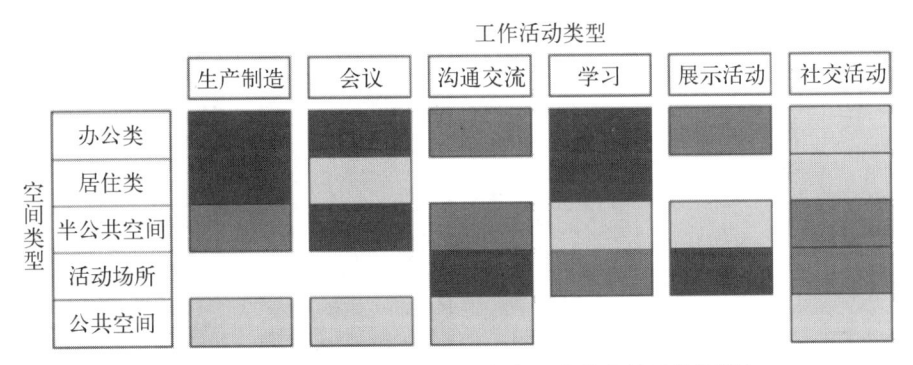

图 7-9 工作活动的空间使用(灰色渐变代表使用的强弱)

资料来源:Martins(2015)。

基本空间的重要性体现在生产制造商,而 Martins(2015)研究中访谈的很大一部分企业,利用多种空间场所进行生产,主要是办公室和家。而辅助型的空间(半公共和公共空间)则在补充基本空间上发挥了关键作用。在生产中,辅助空间的使用是偶然的,并与具体的工作任务和背景相关。这些工作模式也预示了对于多种空间的使用,是与日常工作实践的多样化和对具体空间的要求相关的。3个主要要素是:工作的类别和目标、相互交流沟通的层次/类别以及时间/背景。在数字行业的生产制造中,每种空间类型的优势与限制都与工作任务的需求相关。

辅助办公空间因其自身不同的空间特点而支持不同工作活动。如用类型学的观点来理解和描述他们,那么则主要可以归类为3种:模拟办公空间类、"挣脱"办公室类、会议地点类(见表7-1)。这样的分类是依据所表现的工作活动及其对于空间的主要要求的差异。Martins(2015)总结了3个分类及辅助类型、工作活动、需求与空间类型之间的关系。

表7-1 辅助空间的类型

工作活动	主要空间需求—空间类别	例	子
模拟办公空间类	会议中生产/会议中协作	功能性：类似于办公室	Fix 咖啡店 / 谷歌园区
	主要被在家办公者使用	咖啡店以及共享办公空间	
"挣脱"办公室类	思考、头脑风暴，从办公室"挣脱"，内部会议	享受非正式性：不同于办公室与住处	泰勒街咖啡厅 / 霍斯顿广场
	主要被肖尔迪奇地区在办公室与家办公者使用	酒吧、公共空间及咖啡厅	
会议地点类	与客户见面，正式与非正式的会议，内部会议	象征性美学：区别于办公室与住处；一些正式性	Strongroom / Ozone 咖啡厅
	主要被肖尔迪奇地区在办公室与家办公者使用	酒吧、咖啡厅、酒店、饭店、会员俱乐部	

资料来源：Martins(2015)。

  第一类的模拟办公空间类，涵盖了那些被用作自足或是合作工作的地方。这些大部分都是咖啡店，它们的显著特征是为那些单独工作或是团队工作的人们，提供好的环境以便工作活动的进行。这样的地方基本上模仿了办公室的环境。空间配置、设施和适宜工作的氛围，往往是创造类似办公室环境的关键元素。第二类的"挣脱"办公室类，则囊括了用于略少工作强度的空间，例如非正式的内部会议和工作例行程序的异议，经常可在工作时间或是下班后来到这里。这些类型的任务在功能上说有着很少的空间要求；毕竟该类型的空间提供了一个异于办公室的环境，一个可以在物理上与精神上挣脱办公室的地方。受访者说这种类型空间的质量，是与周边地区是否安静以及能否混合休闲与工作的功能相关的（见7-10）。去到这种"挣脱"办公室的地方，一个主要原因是能够在户外享受好天气。一位管理人员谈到泰勒街咖啡厅时说："这家咖啡厅刚好坐落在角落里，用了很好的木质材料装修，并能分享外部的空间。"最后一类是会议地点类，把那些与工作会议相关的空间类型进行了归类，主要是与客户见面及一些公司内部会议。该类型包括了多种多样的空间：如咖啡厅、酒吧、酒店或是会员俱乐部。这些地方为在办公室开会提供了一个备选项，毕竟它们很多就是具有会议的环境与氛围。其中，该类型中的空间的外观和感觉（建筑结构、灯光、与装饰）是非常关键的，但同时，安静、私密性与良好的设施也是需要要求的。而该类中的空间的多样性是很重要的，因为多样性可以提供不同的选择并支持不同的需求。

图 7-10　伦敦硅环夜景

资料来源：Quinn(2017)。

二、公共创新空间

在首相批准支持之后,2011年英国政府拨出5 000万英镑的基金,帮助振兴肖迪奇区域(旧街环路处)。该建议包括创建一个宏伟的公共空间,将作为一个地标和通往电子标牌和显示屏的门户。建筑将容纳一个礼堂、教室、车间和3D打印机,将被设计为一个适应性的市民基础设施。设计公司(Architecture 00)将该项目描述为,代表高科技的开放的公共领域。Architecture 00认为这个空间,是一种测试市民空间如何用于生产的方法(Wainwright,2012),建议市民空间由代表社区利益的公司经营。首席设计师Alastair Parvin解释了项目提出的挑战:"我们如何能够使组织结构保持开放而不是独占?"(Wainwright,2012)。

图7-11 伦敦硅环规划中的市民中心(Civic Space)
资料来源:Wainwright(2012)。

该市民中心建设基金最终在2014年夏季取消,一直没有恢复。然而,伦敦的Transit正在考虑一个新的旧街道(Old Street)地铁站的建议,也将重新配置中央交通圈。这将创造一个更大的步行半岛和专用自行车道,以创造更多的公共空间,并定义为一个进入该区域的新入口。

扩展科技城的规划过程中，特别是在哈克尼部分需要拆除大量的小型建筑，以便为新办公建筑腾出空间。这导致剩余的本地小型公司的办公空间租金快速上涨。随着租金持续上涨，创业公司已经开始向共享办公空间转移，而且共享办公空间并不需要签署长期租赁，成本相对稳定和较低。据TechCrunch估计，在城市中有70个共享办公空间。以下是科技城共享空间生态系统中最活跃的一些成员，谷歌园区（Google Campus），他们在公共领域发挥着重要作用（见图7-12）。

图 7-12　伦敦谷歌园区的共享空间
资料来源：Davis(2015)。

2012年3月，称为谷歌园区的"创业中心"在伦敦开业。谷歌建造了一幢十年租赁的建筑物，为加速发展中的项目和创业公司提供共享办公空间。它的一个独特的功能是园区设备实验室，提供新的智能手机和平板电脑，帮助公司测试他们跨操作系统和设备的应用程序，还提供编程，如园区教育、园区交流和园区妈妈。虽然很多企业选择在谷歌拥有的大楼内办公，但谷歌并没有这些公司的财务权益。TechHub是一家这类企业，在谷歌大楼内有空间，Seedcamp加速器也是如此。通过网上注册，可以自由成为谷歌园区的会员，办公桌租用的价格从免费到谷歌补贴部分都有。谷歌员工占据顶层。这是谷歌公司的一个实验模型，与肯戴尔广场的微软的新英格兰研究和开发中心非常类似。据谷歌报道,仅2014年,伦敦谷歌园区里的创业公司创造了超过1 200个就业机会,并筹集了超过4 100万英镑的资金,增长率比2013年翻了一番(Drinkwater,2015)。

TechHub是东伦敦第一个也是最大的分享办公空间,2010年在原来的空间被拆除之后,它迁移到谷歌园区。2014年,在旧街开了第二个分支,占据了科技城最高办公楼的整个楼层(1万平方英尺,约929平方米)。新的空间瞄准更成熟的初创公司(最多达30人的团队),而不是新的经常仅1—5人的初创公司。

TechSpace创业加速器,在巴斯街、安德伍德街和大东街有超过1万平方英尺(约929平方米)的空间,现在可以容纳大约50个创业公司。TechSpace专注于技术相关服务业务和技术创业公司,其中大多数入驻初创企业都已有第一轮资金,并处于中期增长(6—8名员工)阶段。

IDEA London加速器和孵化器空间是伦敦大学学院的创业中心,思科和苏格兰媒体公司DC Thomson是合作伙伴。IDEA代表创新和数字企业联盟,一个支持数字媒体和科技企业家创业的合作伙伴,目的是为初创公司提供6—12个月的指导、培训和业务支持。2013年10月,时任英国首相启动了这个空间,约有100名员工。IDEA London是思科英国创新网关(BIG)计划的中心,该计划为数字创业公司投入了数百万美元。另一个思科项目是CREATE计划,旨在将创新者和研究人员聚集在一起开发未来技术。哈克尼社区学院的CREATE创新中心位于Roundabout的道路上,专注于物联网(IoT)和一切互联网(IoE)。

创新仓库(innovation Warehouse)是一个1万平方英尺(约929平方米)的加速器,容纳大约50家数字化初创公司,并提供办公空间("Hive"中的热台或固定办公桌)以及潜在的投资机会,由一组企业家与伦敦市公司(the corporation of London)和天使投资者合作创办。该

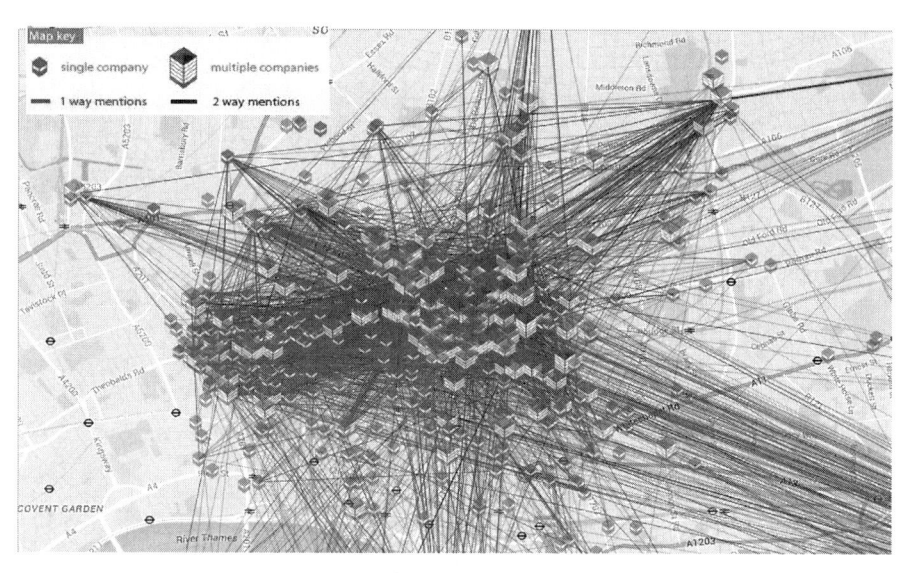

图 7-13　伦敦硅环创新生态系统(2015)
资料来源：Davis(2015)。

公司有一个 150 万英镑的种子基金为特定的创业公司提供融资。与伦敦谷歌园区相比，这个空间更侧重于通过选择过程建立公司，专注于更成熟的创业公司，帮助他们"实现可持续发展和高增长"(innovation Warehouse,2015)。

城市创新中心于 2015 年 3 月开幕，是城市加速器的所在地。这个有趣的新玩家在科技创业场景位于硅环的西部。该中心的任务是成为一个城市创新者可以使用最先进设施的加速器，推动当地工程师、设计师、企业、大学和城市领导者，在这里能将原始想法转化为世界各地城市使用的产品和服务(未来城市加速器,2015)。该中心作为一个活动空间，主办居民"创新者和合作者"，并设有城市实验室，提供建模和数据可视化设施，专注于许多其他科技孵化器尚未应对的城市结构和开拓未来的城市市场，但可以直接影响周围社区的基本利益(见图 7-14)。

创新街区的核心任务侧重于培育本地人才。然而，本地创业生态系统越来越频繁吸引了国际风险投资和国际公司。这不仅为本地创业提供了更

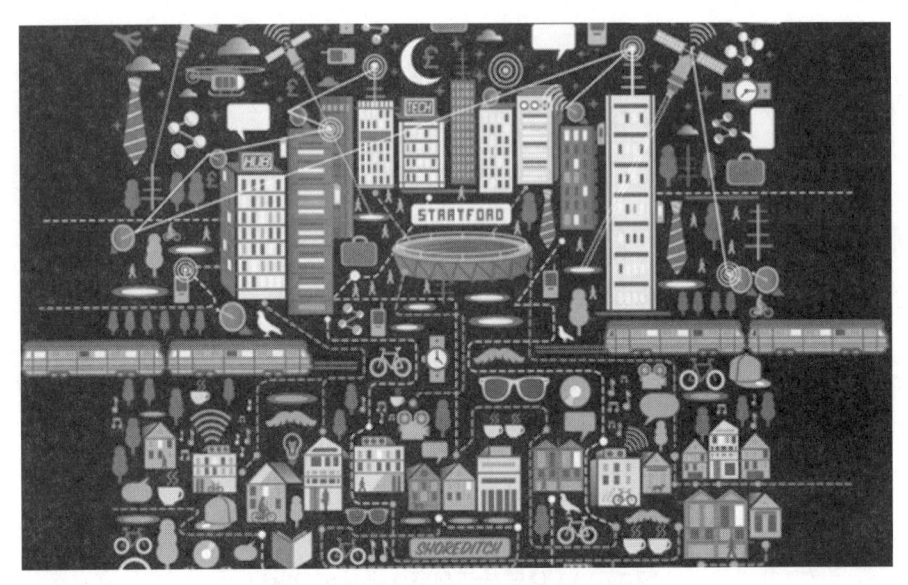

图 7-14　伦敦硅环区域环境示意图

资料来源：Wired UK(2010)。

具竞争力的环境,而且意味着创业公司最有可能被一家科技巨头(如 Google 或 Microsoft)收购,而不是与中型公司发展壮大或合作。虽然这可能对更广泛的经济有好处,但它不利于创业经济作为就业增长和经济多样化的手段。最后,与其他地方一样,全球公司的到来通常同时伴随租金的急剧上升。

最新发布的关于欧洲科技产业强势增长的 Tech.eu 报告指出,2015 年欧洲有 358 个技术出口(主要是收购),总计 80.14 亿欧元(Wauters 和 Murray,2015),英国最高出口数量对象主要是 Facebook、谷歌和微软收购公司。有趣的是,同一份报告发现,只有 1/3 的退出公司是风险投资基金(358 个中的 130 个)帮助完成的。来自 2015 年第一季度的数据显示,这是自 2001 年网络泡沫以来,欧洲公司风险投资的最高水平(道琼斯风险投资报告,2015 年 4 月)。因此,虽然越来越多的投资者被技术行业吸引,但增加的投资不一定有助于创新生态系统。

第五节　打造公共创新中心

一、美国麻省波士顿创新街区

波士顿创新街区位于波士顿市中心南部，由波士顿港、堡垒海峡和保护区海峡（也被称为南波士顿海滨或海港区）围绕，土地面积大约有404公顷，主要包括风扇码头、海港广场、堡垒和波士顿海洋工业园区。靠近市中心、南站和波士顿洛根机场，直接获得货物和服务仍然是南波士顿海滨的核心优势。20世纪初，这里除了码头和铁路终端，沿海滨建造了大量仓库以支持商业。到了20世纪30年代，码头迅速恶化，港口被严重污染。从大萧条到20世纪60年代，随着波士顿经济的下滑，港口活动不多，空置率显著增

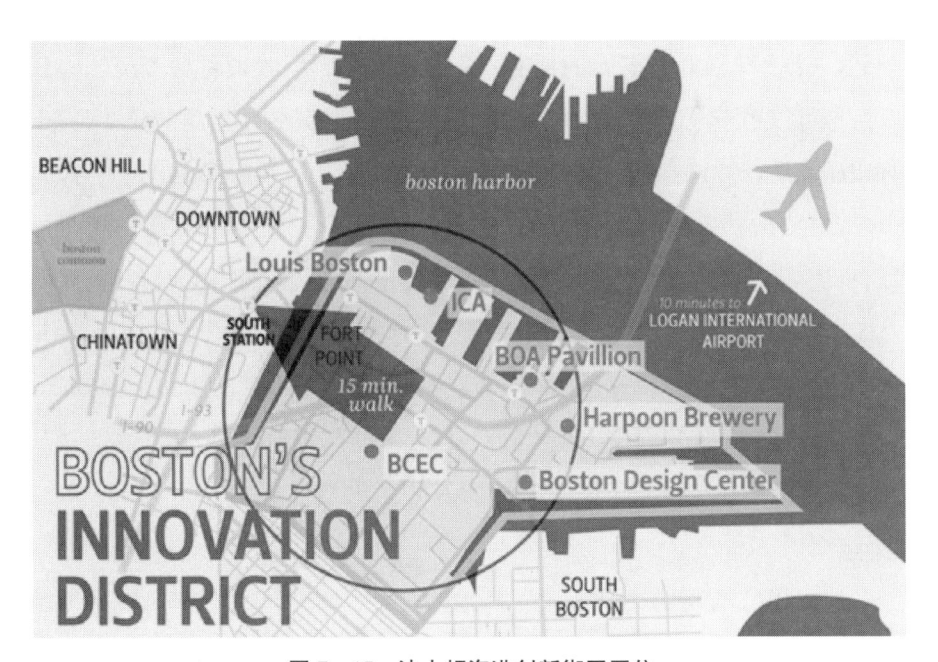

图 7-15　波士顿海港创新街区区位

资料来源：City of Boston(2017)。

加。20世纪60年代,城市更新项目通过新成立的波士顿重建发展局(Boston Redevelopment Authority,BRA)清理了海滨沿线的土地。虽然大部分土地被清理,但工业区划从1870年保持到位,一直保持未变,严重制约了该区的转型升级,直到20世纪80年代,海港的部分被并入一个新的计划开发区(Planed Development Area,PDA)。

20世纪80年代,该区域经历了多轮规划研究和社区参与,但是发展伙伴之间的持续诉讼阻碍了进展。最后,1998年,Moakley联邦法院在该地区开辟了第一个新的发展,在风扇码头(Fan Pier)边缘,1999年艺术学院(ICA)被选定作为文化锚点在海滨落地,并刺激投资。在2006年,这个标志性的Diller Scofidio+Renfro建筑是100多年来在波士顿建立的第一家博物馆,每年吸引成千上万的游客(ICA波士顿,2015年)。20.5英亩(8.3公顷)的风扇码头的剩余部分,最终由约瑟夫法伦和马萨诸塞共同人寿保险公司,在2006年以约1.15亿美元买下,新的业主立即制定了一个新的总体规划,获得了5 000万美元的债券——资金和波士顿税收增量融资。这些公共资金可以用于激活区域发展、抵消基础设施和社区效益空间的成本(波士顿市研究局,2011年)。

2011年,Vertex制药公司在风扇码头签署了一项为期15年的租赁协议,价值11亿美元,将其总部从剑桥迁往波士顿,是当前被称为创新街区的技术和生物技术公司的开始。根据Vertex租约,在2012年Goodwin Procter宣布决定在现场租赁一个17层的办公楼。在2013年10月,Polaris合作伙伴成为该地区众多风险投资公司之一,签署租赁协议,将其总部从马萨诸塞州沃尔瑟姆,搬迁到海滨的滨海公园大道1号(One Marina Park Drive)。

波士顿市和BRA大大促进了海港的发展。通过分区措施、公共融资结构和发展激励措施,波士顿市能够利用开发商扩大公共海滨步道,建设新的基础设施,建设一个新的文化机构,并提供公共空间,同时接受大量增加房

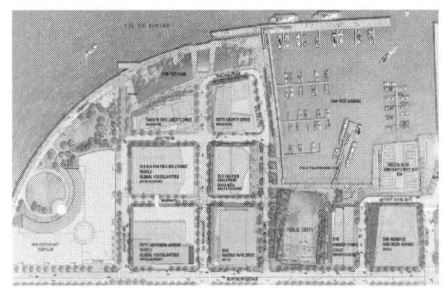

图 7-16　波士顿海港广场的开发历程：工业 1925 和风扇码头
资料来源：Davis(2015)。

地产税。在整个地区的规划过程中，城市必须平衡增长的愿望，获得最重视的发展类型和公共利益。

二、建设公共创新空间的总体规划设想

2010 年，Menino 市长宣布了一个城市计划，在南波士顿海滨创建一个创新街区。这包括旨在促进房地产开发和创造就业的具体政策。与大多数美国城市一样，波士顿遭遇了经济衰退后的高失业率，并且正在寻找能够创造就业、刺激增长和振兴市中心核心区域的经济发展机会。如前所述，波士顿也受到"人才外流"的极大影响，大都市区大学毕业生的大部分去了其他州工作。确定生物技术和生命科学作为一个优势，实现了创建指定创新街区的想法。时任 Menino 市长建立创新街区的愿景：

核心原则：

一是，城市实验室：测试开创性技术和实验清洁能源，市民参与，交通和社会基础设施的机会。该区将成为城市与其合作伙伴之间合作努力的关键基地；成功将被扩大和复制，以惠及所有的社区。

二是，可持续领导：最大限度地重新开发1000英亩（约4平方公里）的海滨土地，确保为子孙后代提供足够的资源。

三是，共享创新：所有波士顿人都应该从共同的点子经济中受益；建立新的创造性政策措施可以将波士顿置于城市经济发展的前列。

主要策略：

一是，促进合作：创建紧密的生态系统和集群，以促进创造性增长，将小公司与提供资本获取的大公司相互交织。

二是，提供公共空间＋规划：建立丰富的合作开放空间和场地；创建街区会客厅，打造世界上第一个独立的公共创新中心。

三是，发展24小时的社区：建设创新住房，提供居住工作空间；吸引世界一流的餐厅，活跃的夜生活和文化机构。

根据波士顿政府数据，虽然科技公司贡献了30％的新的就业增长，但11％的新公司是教育和非营利组织（波士顿市：创新街区，2015）。此外，21％的新工作在创意产业，16％在生命科学或绿色技术领域。因此，虽然科技公司占据主导地位，但该地区旨在促进所有部门和行业积极建立协作和网络。

土地利用也是形成创新街区的关键因素。与波士顿的其他社区不同，完全扩建后，海港预计为70％的住宅，相比之下，金融区为5％，而后湾为50％。2006年，波士顿南部海滨附近的23英亩（9.3公顷）土地开始整理，开发商2010年获得波士顿重建发展局的最终批准，前提是需要与创新街区规划相符。然后花了两年时间实施所需的第一阶段：一个价值1000万美元的公园和公共创新中心（街区会客厅）。只有在完成这一阶段后，开发团队才能在总体规划中继续建造和销售其他内容。海港广场是一个 23 英亩（9.3 公顷），630 万平方英尺（58.5 万平方米）的混合发展区域，包括住宅、商业、酒店、零售和市民空间。海港广场位于计划开发区（PDA）内，BGI 和 BRA 工作人员密切合作，为整个开发项目制定适当的分区、土地利用、基础设施、公共利益和建筑（LaraMéridaInterview，BRA，2015）。

一是，非住宅用途的总建筑面积的 20% 用于创新空间。作为新创建的创新街区的一部分，波士顿市在规划要求中纳入了一些规定，包括指定的创新空间：为了支持创新街区和波士顿的创新经济，该项目将把非住宅用途的总建筑面积的 20% 用于创新空间。创新应用包括实验室、小企业孵化器、研究设施、设计和开发用途，汽车共享或自行车共享服务，创新的公共或共同住房空间，为城市带来新增工作的用途，以及其他用途原始发展计划（Seaport Square PDA，2012）。

二是，推动包括在其他领域被称为微型单位的创新单位。该项目的一些亮点包括一个海港广场的 VIA 和本杰明两个住宅塔，将包含围绕中央公共绿地共 832 个单位，其中 96 个单位是"创新单位"（微单位）。虽然开发商怀疑这些单位缺乏需求，但最后证明是非常成功的，并且在整个创新街区内正在建设的许多住宅项目中预租或预售。波士顿市认为这些单位是年轻的中等收入工人，在创新街区获得新的市场住房的一种方式。为了缓和人们过分拥挤和生活质量低下的担忧，需要一定水平的设施与微单位的物业。值得注意的是，这些单位没有租金上限，允许他们以市场价格出售或租赁，因为它们本来就较小，因此每单位成本更便宜。除了包括微型单位外，该项目还需要遵守标准的经济适用住房分配和补贴。

三是，强调开放空间：海港绿地、法院广场、海港山和 Q 公园。海港广场绿地是一个 1 英亩（0.4 公顷）的公园，将开放毗邻街区会客厅作为"大市民草坪"，以支持娱乐和公共活动。估计 1 000 万美元的项目将连接到风扇码头公园和波士顿港湾步道，在该区创造一个连续的公共空间。它还包括

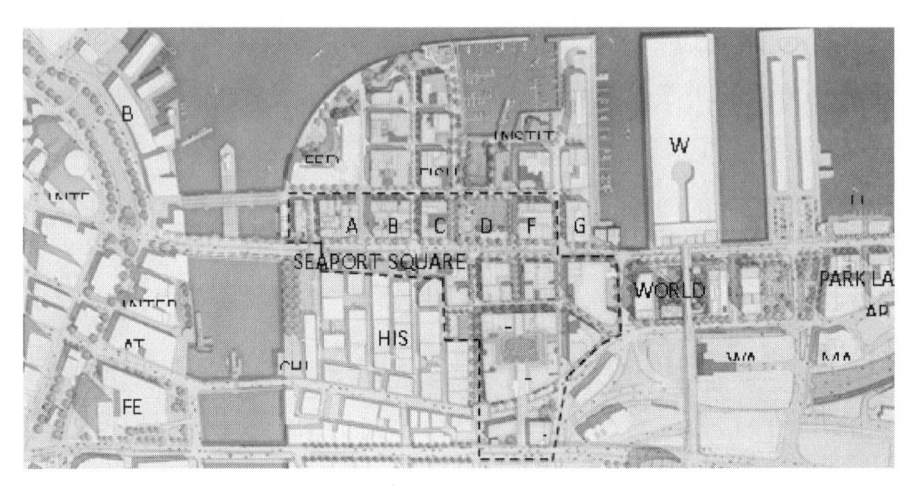

图 7-17　海港广场总规(2012)

资料来源：Seaport Square PDA(2012)。

为伊拉克和阿富汗的退伍军人英雄纪念碑和食品馆。法院广场(Courthouse Square)是一个 1.7 万平方英尺(1 579.4 万平方米)的开放空间,周围拥有活跃的一楼零售,并连接海港广场的住宅楼。

四是,建立街区会客厅(District Hall)作为街区中心,以吸引人才和商业。波士顿市认为这最好以公共创新中心的形式提供,并将中心作为海港广场 PDA 的必要公共利益。重要的是,由于海港广场通过 PDA(而不是计划单位发展或总体规划)批准,BRA 有能力在项目阶段包括所需的公共利益的时间安排。最终波士顿创新中心,被命名为街区会客厅,在项目批准(2012)12 个月后开始建设。

三、街区会客厅打造海港广场的公共创新空间

街区会客厅由 Hacin+Associates 设计为一个单层建筑,将对社区完全开放。街区会客厅的经理 Nicole Fichera 解释了创建公共创新中心的过程：街区会客厅的最初想法来自波士顿市长 Menino 和他的工作人员,作为概念化创新街区的一部分,想要一个创新者聚会的地方。在整个谈判过程中,街

区会客厅的功能是从原先付费共享办公和办公室转变而来,成为一个完全向公众开放的单层建筑。它在整个规划过程中改变了位置,邻近公园,以强调连接的公共领域,整个区域被称为"街区会客厅"。

图 7-18 波士顿创新街区的街区会客厅外观

资料来源:Davis(2015)。

图 7-19 波士顿创新街区的街区会客厅内景

资料来源:Davis(2015)。

街区会客厅是海港广场的正确选择。它成为这个地区的公共会客厅，越来越多的新建筑和大型公司选择来到这里，尽管在福特堡有很多创业公司(Brian Dacey, CIC, Interview 2015)。为了资助该项目，BRA 在租赁结构中使用了税收支付(PILOT)。它还颁布了马萨诸塞州 121B，它给予了租赁期的明显优惠，以允许减税。然后，BGI 与波士顿市/运营商建立了可续租的 5 年 1 美元租赁价格。因此，当前的租赁人是非营利运营商 VentureCafé。BGI 为建筑的设计和建造支付了费用，BRA 为内部装修和维护储备提供了额外的 50 万美元，作为与 BGI(海港城市 PDA，2010 年波士顿市)匹配的贷款。

BGI 和波士顿市与剑桥创新中心的 Tim Rowe 和微软的新英格兰研究和开发中心的 Gus Weber 广泛合作，了解公共创新空间该如何运营，以及如何接触创新社区并了解他们的需求。从早期阶段开始，确定街区会客厅将与剑桥创新中心租用的共享办公空间(coworking space)或 Microsoft 的免费会议空间(因为 Microsoft 能够补贴使用费)不同。开发团队最终决定与剑桥创新中心的非营利部门 VentureCafé 合作，作为建筑运营商，以确保私营部门的专业水平，同时保持建筑使命的公共精神。为了满足公用事业和员工成本，中心需要创造一个收入来源，而不改变利润，所以团队建立了一个新的融资模式。较大的会议室租用由公司类型确定灵活费用，附加的餐厅承担其余的费用；30％的空间覆盖其他 70％的费用。2014 年是街区会客厅的第一个全年运营，根据 Nicole Fichera：在那里举行了 562 次活动和会议，他们捐出了 100 万美元的空间，但仍然能够支付过高的租金收入成本。

四、街区会客厅与社区中心的区别

在自 2010 年创新街区作为一个整体开放以来，波士顿市估计超过 200 家公司来此办公，新增了约 6 000 个工作岗位(波士顿市)。街区会客厅在公共和私人领域的灰色区域内运行。该建筑物旨在对公众开放,但它不是法律上的公共空间,因为它是由一个非营利公司经营。因此,尽管该建筑是为了公共利益,但它也为支持创新生态系统提供了一个非常具体的目的,这就是它与社区中心的区别。在这种情况下,"公共"是创新生态系统的参与者。它可以做更好的工作,通过外联和增加教育活动与当地创新社区联系。波士顿的创业社区是紧密的,并且倾向于吸引非常特定的人参加公共活动和会议。虽然这给了网络内的人们提供了强有力的支持,但是在受过高等教育的上层中产阶级圈子之外,确实有未开发的人才,这些圈子构成了大多数创业社区。

街区会客厅是公共利益协议的一部分,允许私人开发商获得开发批准。公共利益如开放空间通常伴随着与土地有关的不确定的公共可进入性。如果涉及公共资金,这可能采取公共地役权的形式,例如 BRA 的公众访问海港步行道的地役权和与风扇码头的 I-Cubed 资金相关的基础设施。无论如何,公共空间的精神是对社会的长期利益。海港广场将可能在南波士顿海滨地区保留数十年,街区会客厅虽只有 10 年的租约,但这 10 年至少要求它作为一个公共创新中心。那街区会客厅(公共创新中心)的未来如何?

一是,创新街区的定位:一个城市实验室。10 年后,创新街区可能不再是创新和共享空间,可能成为豪华公寓业主,外国投资者和全球公司的避风港,这可能也是创新街区性质的一部分。对这一相对短期的协议,Nicole Fichera(2015)认为,从一开始就应回到创新街区的定位:一个城市实验室。这是一个测试的东西,需要看看它的发展,再来看看后续如何进一步推动。街区会客厅确定帮助创新街区,并继续满足将创新社区聚集在一起的空间需求。然而,随着周围社区的不断增长和发展,其在社区中的作用也可能发生变化。二是,年轻居民的到来也伴随有孩家庭的外迁。邻里景观的一个重要转变是新居民的到来。创新街区概念促进了一个混合使用环境,以促进一个充满活力的生活工作社区。虽然规划者和开发商预计年轻的创新工人被吸引到该地区，但有点出乎意料是有孩家庭却开始搬迁。随着常住人口持续增加，开发中缺乏学校和杂货店的问题，变得更加明显（BizNow，2014）。这也可能影响像街区会客厅这样的空间的未来，如果人口趋向于成熟企业的中年员工，是否仍然需要这里的住宅。三是，大企业的到来推高了创新街区的租金水平。随着最近大型公司（如 Goodwin Proctor 和普华永道）的到来，租金上涨到初创公司不能承担的水平。再加上 MassChallenge 从创新街区的中心迁移到海洋工业园的设计中心，人们不禁想知道私人开发商是否真的能够创造一个对创业友好的氛围。初创公司、设计公司和小型科技公司被 Fort Point 的历史悠久的砖仓库吸引，提供便宜的租金和开放办公空间，但在过去两年中，Fort Point 的租金增长了至少 40%（Acitelli，2013）。虽然创新街区的某些 PDA 需要"创新空间"，但是波士顿没有为创业公司或创新公司提供稳定的租金系统，最终迫使让他们转向诸如 WeWork 的合作空间或城市的其他地区，如 Downtown Cross 或阿尔斯通。

第六节　文化与创新融合

国王十字车站，位于伦敦市中心，在查令十字（Charing Cross）车站北面 4 千米，位于伦敦城利物浦街车站（Liverpool Street）西北 4.5 千米。这里 3 个火车站相连，两个主要国家级尤斯顿火车站（Euston）和国王十字（King's Cross）车站以及一个能在 2 个小时内抵达巴黎的圣潘克勒斯国际火车站（St. Pancras International），6 条地铁线经过该区域。在开发之前，这些区域只是一些废弃的建筑、铁路配套房子、仓库以及一些被污染了的空地，预计运行后到 2022 年每年运送超过 6 300 万人次。1996 年国王十字车站及周边区域联动开发规划开始启动，2001 年组建开发公司，2004 年先期规划申请得到批准，2006 年总体规划得到批准，2007 年破土动工，2011 年

Granary 大楼建成，中央圣马丁艺术与设计学院入驻，2013 年 Google 宣布英国总部迁入，并计划在 2020 年所有建设完成。目前，经过几年的建设，在仅 1/4 的规划完成的情况下，这些区域已发生了根本性的变化，获得了不少的好评，甚至成为英国以文化与创新融合来推动城市更新的经典案例。

一、区域联动更新背景

国王十字车站位于伦敦市中心偏北，19 世纪初期，随着摄政运河（Regent's Canal）的完工，本区和北方其他工业大城连接起来，成为货物商品川流不息的重要集散/转运站，19 世纪中期火车站落成，此地成为重要的工业区域。到了 20 世纪，战后的英国经济开始去工业化，伦敦的工业也迅速没落，20 世纪中期开始，英国各地出现越来越多的废弃工业用地，特别是首都伦敦，包括以交通物流和工业为主的国王十字车站及周边区域，20 世纪 70 年代夜店和艺术家开始迁入该区域，但品质较低。到 20 世纪 80 年代，这里成为伦敦市中心中商业办公用房租金最低的区域，被高密度居住的低收入人群、公房和本地小企业占据。

事实上，在 20 世纪 70 年代末，撒切尔政府上台后，通过以减免税收的企业园区（Enterprise Zones）吸引企业进驻，来大力推动城市中心区更新改造，如工业重地金丝雀码头（Canary Whalf）更新成为伦敦新的金融集聚区。到了 20 世纪 80 年代后期，英国国铁（British Rail）推动了伦敦市中心数个车站及周边地块更新开发（例如 Charing Cross，Canon Street，和 Liverpool Street），而后在 1987 年，英国国铁和开发商罗森斯坦普（Rosehaugh Stanhope）进行合作对国王十字车站区域进行了总体规划准备开发。

但受到了国王十字车站生活和工作的居民与团体 KXRLG（King's Cross Railway Lands Group）的强烈反对，他们并不想看到这里变成又一个被企业占据的金丝雀码头。此后，在 KXRLG 的抗争及其他原因影响下，1992 年当地肯顿（Camden）地方政府否决了英国国铁的总体规划。到 1996

年,英国铁路正式私有化,海峡隧道铁路计划(Channel Tunnel Rail Link)获批,英法海底隧道通车之后,紧邻国王十字车站的圣潘克勒斯国际火车站确定成为欧洲之星列车的终点站。新成立的伦敦与欧陆铁路公司(LCR公司,London and Continental Railways)重启圣潘克勒斯国际火车站,负责建设铁路联机以及欧洲之星列车在英国的运营。然而,LCR公司日后销售火车票的利润根本不及建设的费用,必须借助政府补助。如何补贴？答案是土地。英国政府决定给予LCR公司在欧洲之星沿线的地块开发权。于是国王十字车站及周边区域的联动开发被重启。

二、区域联动更新经验

国王十字中央有限责任事务所(KCCLP,The King's Cross Central Limited Partnership)主要负责混合用地的开发,由3家企业机构组成：英国地产开发商阿根特(Argent),其通过专门设立的子公司占50%股份;伦敦和欧陆铁路公司(London and Continental Railways Limited,LCR)占36.5%股份;敦豪供应链公司(DHL Supply Chain,以前是Exel)大概13.5%的股份。

因为在规划者提出的框架里,周边区域需要高密度开发,当然开发者明白,高密度并不意味着是大量高层建筑。为此,开发者采取了通过提供高质量的城市环境、历史建筑和战略景观的方法来解决高密度的问题,即混合开发方式,不同于传统划定特殊用途的街区式"block zoning"开发方式。因此,开发者试图建立一个个的单个区域,每个区域都有自身不同的特质,不管白天还是晚上都能成为充满活力的区域。功能多元化,特别是文化功能的导入,成为国王十字车站与周边区域联动开发的最显著的特征。其主要经验包括：文化主导混合多元的空间利用、引入大型文化机构、注重历史建筑的保护、丰富多元的文化娱乐事件和公众参与推动落实社区化的城市设计理念等。

注:
1 供热中心(Energy Centre)
2 建筑技术中心
 (Construction Skills Centre)
3 KX 职业服务中心(KX Recruit)
4 格兰拉瑞广场(Granary Square)
5 肯顿总部(Camden Headquarters)
6 潘克拉斯广场1号、2号
 (One and Two Pancras Square)
7 绿色屋顶建筑(green/brown roofs)
8 绿色墙面和运河岸绿化区
 (Green wall and canal side planting)
9 屋外运动区域(Outdoor sports area)
10 全球更新体验花园
 (The Global Generation Skip Garden)
11 历史保护建筑(Heritage Building)
12 便利花园(Handyside Gardens)
13 丘比特公园(Cubitt Park)

图 7‑20 伦敦国王十字车站的规划示意图

资料来源：邓智团(2016)。

1. 文化主导混合多元的空间利用

批准的规划包含了一个高密度和混合开发的 50 个新建筑和其他结构，包括 20 个历史建筑、20 个新的公共街道和 10 个新的公共空间。具体而言，规划中包括了世界级的公共空间，2 000 个家庭和 650 个学生宿舍单元，一些教育和健康设施。所有能够混合使用的地面面积是 74 万平方米，大概有 45.5 万平方米为办公空间，4.6 万平方米零售区，4.7 万平方米旅馆和服务公寓，19.5 万平方米用来作为住房使用，剩余的用来作为非住房机构和娱乐设施。

(1) 混合利用的开放空间。根据规划，通过开放空间的建立，确保使用者不会远离热闹的广场或街道的场景，大约 40% 的区域是专门的开放空间，用来提供给每一个参与的人，包括家庭、工人、学生、老人和年轻人等。在建设初期，阿根特公司（Argent）也认为公共空间非常有利于吸引早期租户。水体也通过各式各样的利用方式带入到空间中。水会给人一种柔软的感觉，而不是生硬的商务的特性，例如喷泉和设立运河边上可供休息的台阶。由汤森建筑师和肯特工作室为主设计的喷泉，成为家庭见面和休息的好地方。因此，开放空间也是混合使用的。无论是摄政运河、卡姆拉（Camley）街心公园和城市自然景观保护地，都已被纳入新计划，成为一个拥有 2.8 公顷的玩耍场所、公园、蔬菜花园和流行的咖啡厅等。该区域也是伦敦最大的户外、免费的公共 Wi-Fi 体验区，被塑造为"Wi-Fi 总是开放"的公共区域。

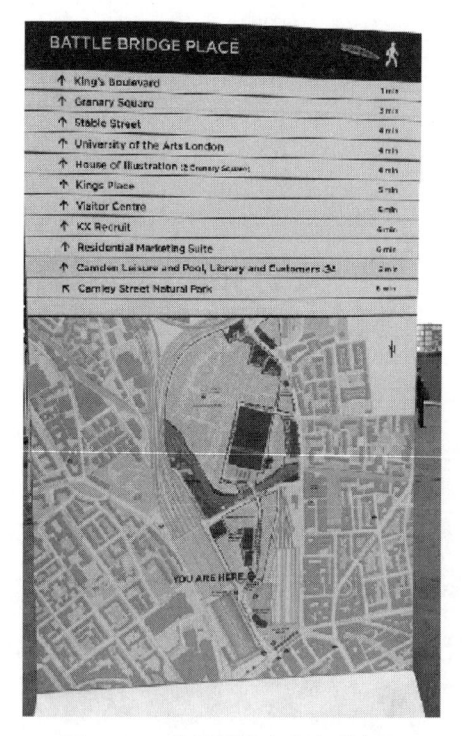

图 7-21　伦敦国王十字车站主要场所步行距离提示牌

资料来源：邓智团拍摄于 2014 年。

（2）多元化的办公楼宇：政府办公与企业总部。设计团队希望通过建设各式各样的办公楼来吸引全球的或伦敦的经济部门入住。整个区域提供了 23 栋新建和修葺一新的办公楼宇，有着各式各样的规模，如圣潘克拉斯广场，是毗邻国王十字车站和圣潘克勒斯国际火车站的一个新的欧陆风格城市广场，包括草坪、露台、水景和休息区，由 7 座现代建筑包围，而肯顿区议会就在这里办公，成为灵活的政府办公空间。法国巴黎银行地产公司开发圣潘克勒斯广场 6 号，与谷歌公司英国总部一样，将成为法国巴黎银行集团在英国的总部办公地。

摄政运河的主要商业路线向北的"丘比特"区域,包括5个主要的办公楼以及鹅卵石街道和小型公园。这区域被设计为一种富于创造性的工作区,内部空间很灵活很容易分割,其租户包括阿根特(Argent)、咨询工程师事务所霍尔(Hoare Lee)和创意中介公司Zone等。而且,2013年1月谷歌宣布其英国总部移至该区域,是网络巨擘谷歌公司除加利福尼亚公司总部谷歌综合体(Googleplex)之外最大的分部,其一楼被设计为4 650平方米的零售区。这个建筑外墙的壳形设计灵感也来源于维多利亚时代的仓库,反映本地区丰富的工业历史。

(3) 多元化的零售区。开发商要通过多样性来追求和实现艺术、文化和娱乐服务。零售区和娱乐业通过不同群聚变化形成丰富多样的特色,从而形成更大的吸引力。举例来说,国王大道的步行街(King's Boulevard)是一个绿树成荫的大道,将国王十字车站、圣潘克勒斯车站与谷仓广场(Granary Square)和摄政运河以北区域连接了起来。因此,这条街将打造为一个混合的、大规模的独特国际品牌的精品店集聚街,同时还会布局街头食

图7-22 国王十字车站周边的街道

资料来源:邓智团拍摄于2014年。

品贸易商,将极大地满足学生和上班族的午餐需求。而四通八达的卸煤场(Coal Drops Yard)在整个区域的中心位置,是由零售商、画廊、精品店和音乐表演场地组成,这些都是维多利亚时代的拱门廊道改建而来的。这些拱门廊道自身本来就非常有吸引力,成为设计师和奢侈品牌服装表演的场地。

(4) 居住功能。13种不同的住宅发展的计划。有商品房、共享所有权房、租房和经济适用房和学生住房等。

2. 引入大型文化机构

谷仓广场建筑综合体。由于国王十字车站周边区域丰富多样的历史,因此建筑的设计和建设都是由这些历史建筑所主导的,大多都是在历史建筑周边建造一些新的当代建筑。而谷仓广场建筑综合体就是一个典型的历史建筑,曾经是伦敦的粮仓,包括20栋左右的历史建筑,最后通过翻修更新、成为一个新的大学校园和"创意仓库(creative warehouse)",于2011年成为伦敦中央艺术与设计学院的新校址,用来连接不同院系的宽阔街道和步行道上,修建了些单间、工作室、讲堂等,成为这里文化和创意的心脏,为这里的艺术家、设计师和建筑师提供了文化与创意的枢纽。

3. 注重历史建筑的保护

在1996年伦敦提出的战略规划导则里面,国王十字车站被认定为最重要的中心城区边缘机遇区"Central Area Margin Key Opportunities",这表明必须采用混合的土地利用方式,进而在车站周边进行和高密度和最商业化的开发。同时,也要求提供适当的居住和社区配套服务设施去帮助改善周边社区环境,规划者同时要求重视历史遗迹和保护建筑的重要性。在大伦敦的空间开发战略《伦敦规划(The London Plan)》里和肯顿市自己的地区规划中,都提出了保护周边遗迹的观点。概念规划经过6年的协商后,终于在2006年得到了批准。国王十字车站周边有许多的历史建筑,其中有一个非常具有典型意义的是大北方宾馆(Great Northern Hotel),紧邻国王十字车站,始建于1854年,是一座包括超过90间客房的六层楼建筑。目前该

图 7-23　国王十字车站周边更新保留的 1930 年老公寓房
资料来源：邓智团拍摄于 2014 年。

建筑已恢复其昔日的辉煌，并被作为新的国王十字车站的主要地标。

4. 丰富多元的文化娱乐事件

丰富多元的文化娱乐事件是围绕不同的用户群体而设计的，目的是要留住到这里游玩的人群，可以从运河边上观看电影放映到美食节和一次性庆祝活动等。丰富的活动方案几乎排满全年日历。同时，该区域非常看重所有活动对公众的开放性。一些项目的预算可能包括部分的服务收费，如大屏幕，商家有时也会很乐于为此买单，但在这个区域的零售商或餐厅等商户，因游客的到来会得到很大的好处。

5. 公众参与推动落实社区化的城市设计理念

1996 年，新的国王十字车站规划重新开启，经过 10 余年的咨询讨论，2007 年开始建设。整个咨询过程举行了近 4 000 次会议。为了避免偏见，Argent 组织了 3 个设计团队，经过长期的讨论，最后的愿景是建设成为伦敦一个人们可以生活和工作的高密度区域。在规划还处于草案阶段时，Argent 提出的是一个被命名为"人的城市的规则"的材料，就是要提供"改善和提高城市生活水平的条件"作为经济发展的关键。包括以下几个方面：提供充满活力的城市架构；提供持续的新地方；提供通达性；提供充满活力的混合使用；提升遗迹的价值；服务于国王十字车站，服务于伦敦；达到长期的成功；清晰和开放的沟通等10余项具体原则性内容。

第八章
创新街区建设的上海实践

第一节 上海创新街区的识别

考虑到数据和案例考察的可能性,本章主要从上海的实践进行考察。目前还没有能真正称得上创新街区的创新集聚区,但考虑到上海发展的实际和研究的需要,本章将适当放宽创新街区的识别标准。

一、杨浦:大创智功能区与四大创业创新街区

杨浦区全力支持各类众创空间开展创新创业服务,让创新要素集聚、创新平台完善、创新企业汇聚、创新人才云集、创新文化活跃、创新服务便捷,力争使杨浦成为上海乃至全国创新活动最活跃、创业最容易成功的区域之一。众创空间的"森林"已然在杨浦形成。

推进科技创新与城市更新不断融合,形成杨浦区域内"西部核心区+中部提升区+东部战略区"的创业创新空间发展格局。西部核心区构建以五角场城市副中心为核心,以复旦全球创新中心、环同济知识经济圈、大连路总部研发基地为支撑的"创新经济走廊"。中部提升区建设一批市场化、专业化、集成化、网络化的众创空间,构筑"创客生态社区"。东部战略区传承百年工业文明,围绕"科技创新—文化创意—科技金融"核心功能,建设"滨

江国际创新带"。2016年11月,上海市政府颁布《关于全面建设杨浦国家大众创业万众创新示范基地的实施意见》,杨浦区推进全面建设国家双创示范基地建设,这个意见中杨浦将打造创智天地、国定东路、长阳路和环上海理工大学四大创业创新街区。

  大创智功能区。经过10余年的建设发展,创智天地已初步形成了要素完备的"知识经济产业链"和"知识创新生态圈"。2014年,为全面推进上海科创中心重要承载区建设,杨浦区政府决定在更大范围内延伸创智天地品牌,建设"大创智功能区"。大创智是杨浦打造国家双创示范区域的核心区,也是建设上海科创中心重要承载区的先行区。大创智功能区规划建筑面积130万平方米,其中办公面积约56万平方米。截至2016年年底,大创智累计孵化注册1 600家创新企业,超过4万人在这里工作、学习和生活。这里吸引了IBM、DELL EMC、AECOM等一大批世界500强跨国公司,还聚集了中国工业设计院、鲁班软件、狄邦教育、新智控股等国内成熟企业,并加速孵化了摩拜单车、问吧科技、挚达科技、爱回收等大量初创团队,已形成了以云计算大数据为特色的软件信息服务业、现代设计和创意传媒为主的产业集群。

图8-1 大创智功能区示意图

资料来源:大创智功能区(2018)。

大创智功能区整体规划包括 5 个功能区：创智天地广场、创智坊、INNOSPACE＋、创智天地企业中心及江湾体育中心。贯穿创智坊的大学路更成为沪上小资文化的典范，已是上海旅游文化地标之一。

图 8－2　杨浦大创智功能区功能示意图
资料来源：大创智功能区(2018)。

二、虹口：北部地区与大柏树科技创新中心

在《上海市虹口区国民经济和社会发展第十三个五年规划纲要》中，北部地区强调突出科技创新，依托大学、科研院所、科技企业和创新机构集聚的优势，依托现有企业厂房、城市更新升级换代的载体资源，聚焦科技创新生态环境打造，在校区合作、项目孵化、资本服务等方面积极创新突破，成为上海科技创新中心建设的重要节点，成为虹口活力的体现。虹口北部地区框架性定位综述：在虹口区层面，是承担科技创新的核心承载区；在上海市层面，是全球科技创新中心的重要节点。在大柏树科技创新中心的建设中集聚科技要素资源，提升科技创新能力，实现科技产业集群发展，努力将虹口建设成为"创新人才集聚地、创新企业成长地、风投公司首选地"。并且在科创产业集群发展的前提下，实现各产业片区的差异化发展，根据各自不同的产业资源禀赋，发展不同的重点产业。

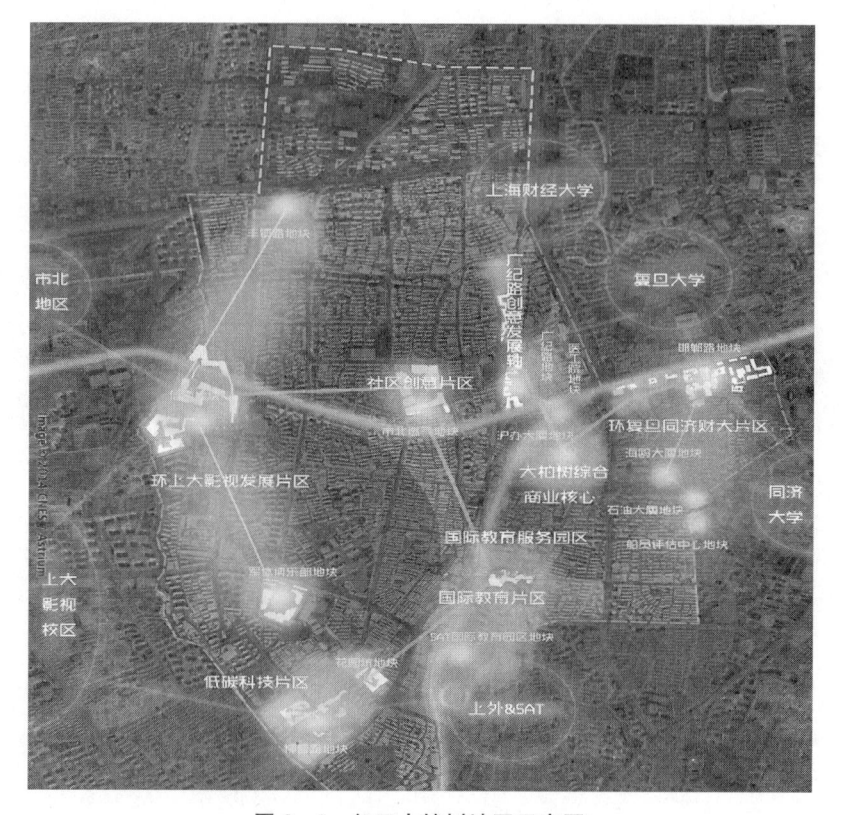

图 8-3　虹口大柏树地区示意图
资料来源：上海市虹口区科学技术委员会（2017）。

三、徐汇：两大创新活力区与漕河泾新兴技术开发区

作为上海中心城区的徐汇区，近年来在科技创新领域也取得了显著成效。根据《徐汇区产业发展和科技创新"十三五"规划》，在十二五期间徐汇区的创新活力有较大提升。主要表现在四个方面：

一是发明专利授权数突破新高。"十二五"期末区域每万人发明专利授权数达 40 件，位列本市第一，发明专利授权数占专利授权数的比重超过 40%。二是企业创新主体地位持续增强。至 2015 年，徐汇区累计拥有国家级重点实验室、工程技术研究中心 12 家，市级工程技术研究中心 41 家；累

计建成国家级企业技术中心4家,市级技术中心27家,区级技术中心55家。421家中小科技型企业列入市"四新"抓手领域样本企业。高新技术企业440家,拥有有效发明专利数1 604项。三是创新创业环境进一步完善。推动腾讯创业基地、可可空间等52家众创空间在徐汇集聚发展。完善知识产权服务链,佰腾等一批知名服务机构入驻徐汇,漕河泾新兴技术开发区国家知识产权服务业集聚发展试验区通过验收,并获准新一轮示范区建设。在代理、商用化、法律、高端咨询等六大功能性产业链上已集聚150余家服务机构。四是创新的空间集聚更加明显。从创新企业集聚的空间来看,徐汇区存在两个明显的创新活力区:漕河泾和徐汇枫林。这两个创新活力区也是当前徐汇区地方政府着力打造的"两大创新街区"。

上海漕河泾新兴技术开发区是国务院批准设立的经济技术开发区、高新技术产业开发区和出口加工区。现规划面积14.28平方千米。

开发区汇聚中外高科技企业2 500多家,其中外商投资企业500多家。81家世界500强跨国公司在区内设立131家高科技企业。2015年,开发区年销售收入2 588亿元,其中第三产业收入1 798亿元,地区生产总值(GDP)883亿元,工业总产值632亿元,进出口总额82亿美元,单位面积经济效益在全国开发区名列前茅。立足建设上海科技创新中心重要承载区的目标定位,全面提升全球创新主体及创新资源要素集聚交汇功能,积极构建促进创新转化、培育创业孵化的多元创新创业生态体系,提升发展信息产业集群,培育发展生命健康产业集群,大力发展以数字内容为主的文化创意产业集群,重点发展以科技金融为主的创新金融产业,推动制造业向智能高端转型升级。以中环线和桂菁路-上澳塘为南北纵轴,自西向东分为西区、中区和东区,西区以现代服务业集聚区一期和二期为载体,重点布局总部经济、研发设计、创新孵化、商贸服务等产业;中区在漕河泾开发区公园、漕河泾开发公共运动场等基础上,以桂果路绿化带、上澳塘沿岸等为重点区域,增加绿色和通透,探索建立生态休闲和公共活动空间区,深化建设国家生态工业示范园区;东区以上海市生产性服务业功能区建设为契机,重点发展软件和信息服务业、新材料、新能源、生物医药研发、车联网等。

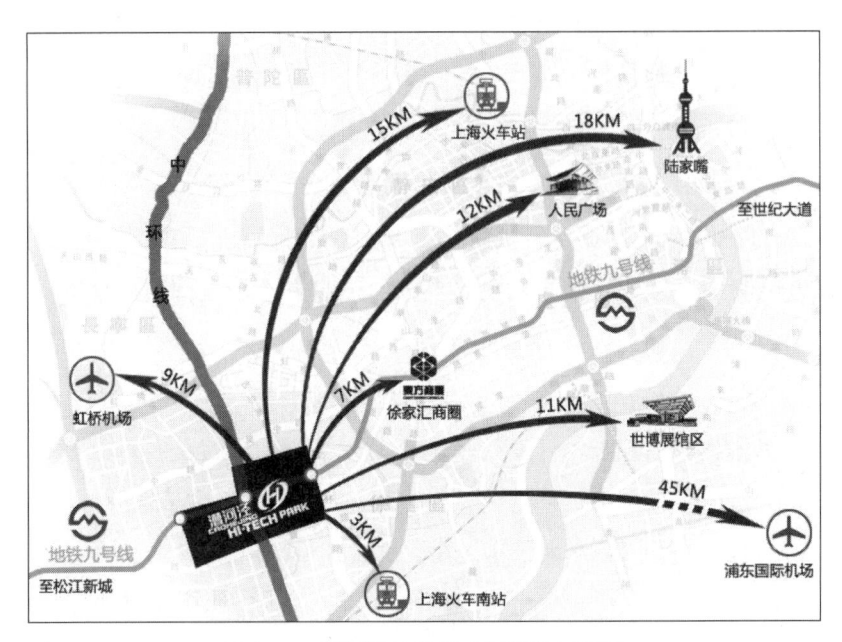

图 8-4 漕河泾开发区空间区位示意图

资料来源:漕河泾(2018)。

四、静安:市北高新园区

市北高新园区面积 3.13 平方千米。在科技创新方面,截至"十二五"末,园区新增高新技术企业累计达 58 家;有效专利授权数累计达 650 件。在产业孵化方面,通过打造 2 万平方米的孵化基地,形成了多功能、全方位的创业创新载体。"十二五"期间,全区国家高新技术企业总量达到 235 家,超出规划目标,居中心城区第三位。上海市科技小巨人(培育)企业总量达到 76 家,总量位居中心城区第二位。上海市创新资金项目 195 项,国家创新基金项目 53 项,居中心城区第三。此外,各类科技软件类项目获得资助近 600 余项,争取到国家和上海市科技扶持资金总量近 5 亿元。

根据《静安区科技创新与发展"十三五"规划》意见，推动市北高新园区持续升级。将市北高新园区打造成为新静安的重要经济增长极、上海中心城区园区的领头羊、全国产业转型的示范基地。而《市北高新园区十三五规划》则明确提出，市北高新园区作为静安"中环两翼产城融合发展集聚带"的重要组成部分，将以"深度转型、内涵发展"为主线，进一步激发创新活力、汇聚创新人才、集聚新兴产业，尤其聚焦云计算、大数据产业发展，继续在区域贡献和高科技产业发展方面发挥核心作用，加快打造上海中心城区最具创新创业活力、最具创新创业氛围、最具创新示范效应的区域，努力成为上海中心城区对接科创中心建设的核心承载区和中国创新型产业社区的示范区。

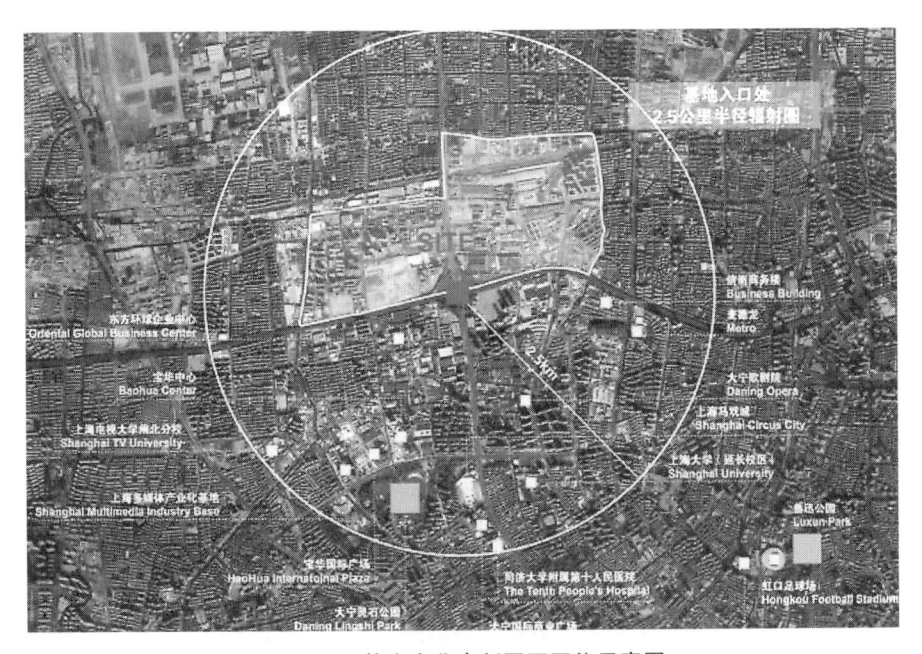

图 8-5　静安市北高新园区区位示意图
资料来源：上海市市北高新技术服务业园区(2018)。

五、普陀：四大科技创新功能区与桃浦科技智慧城

"十二五"期间提出的以软件和信息服务产业为主，生物医药、新材料、

高技术服务和先进制造业并举的"1+4"主导产业领域的高新技术企业与新兴产业集群态势初步凸显。区内 200 家高新技术企业中，软件和信息服务业、先进制造业的企业数分别位居第一和第二；先进制造业、高技术服务业的营业收入分别位居第一和第二。区内天地软件园、华东师范大学科技园、长风生态商务区、新曹杨高新区、武宁科技园和上海化工研究院新材料园区等在内的 9 家科技园区整体融入大张江发展格局，有效吸收国家高新区建设的创新创业文化和品牌辐射，资金、技术、政策等资源加快集聚。建成国家级科技企业孵化器 1 家、市级科技企业孵化器 9 家、新型孵化器 6 家、创新创业苗圃 6 家、加速器 1 家。

根据《上海市普陀区科技创新"十三五"规划》，普陀区在十三五期间，将

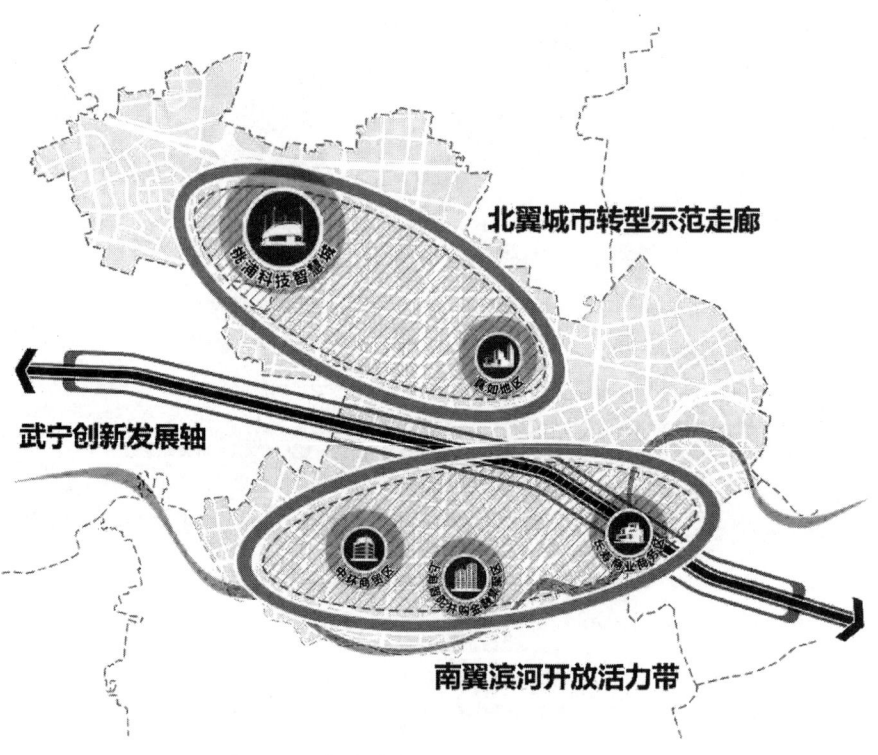

图 8-6　普陀科技创新功能区分布示意图
资料来源：上海市普陀区政府(2017)。

重点推进四大科技创新功能区建设。一是发挥同济大学学科优势,整合高校科技资源,聚焦智能城镇化、生命健康和信息安全,着力推进桃浦科技智慧城建设;二是以上海联交所、长风金融并购集聚区等为抓手,打造科技成果转化和提升功能平台,着力推进长风生态区"科创高地"试点建设;三是聚焦天地软件园的手游、动漫产业和华东师范大学的数字化教育装备产业,重点发展以"互联网+"为代表的软件信息服务业,着力推进华东师范大学科技园核心功能区建设;四是依托电科所的"国家机器人检测和评定中心",探索推动服务机器人产业突破性发展,配合商务委推进长征智能制造、智能照明产业园建设,着力打造长征智能制造创新功能区。

六、简单评价

上海的创新街区大致可以有以下5个:杨浦的大创智功能区、静安的市北高新园区、虹口的大柏树科技创新中心、普陀的桃浦科技智慧城和徐汇的漕河泾开发区。当然上海还有很多在规划建设中或成长中的创新集聚区,根据本书的设计研究,有的可能是区位不在中心城区(如闵行紫竹高新技术开发区),有的可能是规模太大,如张江科学城,有的则是规模太小或只是一些楼宇或众创空间等。同时也考虑到研究的可推进,本书仅筛选出以下5个创新街区。

同时,以剑桥肯戴尔广场作为五星(★★★★★)的最高标准,对这些创新街区的发育和成长阶段进行简单评价。结果见表8-1。

表8-1 上海创新街区的识别与评价

识别项	识别内容	杨浦:大创智功能区	静安:市北高新园区	虹口:大柏树科技创新中心	普陀:桃浦科技智慧城	徐汇:漕河泾开发区
标准1	空间区位	√	√	√	√	√
标准2	空间范围	√	√	√	√	×

续 表

识别项	识别内容		杨浦：大创智功能区	静安：市北高新园区	虹口：大柏树科技创新中心	普陀：桃浦科技智慧城	徐汇：漕河泾开发区
标准3	创新要件	创新驱动者	★★★☆☆	★★☆☆☆	★★☆☆☆	★☆☆☆☆	★★★★☆
		创新培育者	★★★★☆	★★★☆☆	★★☆☆☆	★☆☆☆☆	★★★★☆
标准4	空间要件	公共空间	★★★★☆	★★☆☆☆	★★★☆☆	★★★★☆	★★★☆☆
		私人空间	★★★☆☆	★★☆☆☆	★★★★☆	★★★★☆	★★☆☆☆
		便利空间	★★★★☆	★★★☆☆	★★★☆☆	★★★★☆	★★☆☆☆
标准5	社会要件	强连接	★★★☆☆	★★☆☆☆	★★★☆☆	☆☆☆☆☆	★★★★☆
		弱连接	★★★☆☆	★★☆☆☆	★★★☆☆	☆☆☆☆☆	★★★☆☆

资料来源：作者编制。

第二节　上海创新街区建设的类型

一、上海创新街区建设的类型

对上海杨浦大创智功能区、静安市北高新园区、虹口大柏树科技创新中心、普陀桃浦科技智慧城和徐汇漕河泾开发区等几个区域的发展进行总结发现，上海创新街区的形成过程大致可以分为两类：园区升级型和城市更新型。园区升级型是指形成于工业园区的潜在创新街区；城市更新型是指中心城区的一些区域通过城市更新推动形成的创新街区，包括两类：既有更新型和植入更新型。既有更新型是指围绕既有综合高校、科研院所、医疗机构或大型旗舰企业通过城市更新实施区域联动开发形成；植入更新型则是在中心城区一些亟须改造更新的欠发达区域,通过实施创新创业生态系统营造吸引创新创业企业集聚建设而成的创新街区。从杨浦大创智功能区、静安市北高新园区、虹口大柏树科技创新中心、普陀桃浦科技智慧城和徐汇漕河泾开发区等上海多个形成中的"创新街区"实践来看,除杨浦大创智功能区是在校区、商业区的基础上进行联动开发实现之外,上海创新街区的建设大多仍是以传统园区的转型升级上推进的。

表8-2 上海创新街区建设类型划分

类型		内涵	典型案例
园区升级型		形成于工业园区的潜在创新街区	上海静安市北高新园区,上海普陀桃浦科技智慧城,上海徐汇漕河泾开发区
城市更新型	既有更新型	指围绕既有综合高校、科研院所、医疗机构或大型旗舰企业通过城市更新实施区域联动开发形成	上海杨浦大创智功能区,上海虹口大柏树科技创新中心,上海黄浦广慈-思南医学创新园区
	植入更新型	在中心城区一些亟须改造更新的欠发达区域,通过实施创新创业生态系统营造吸引创新创业企业集聚建设而成	黄浦区北京东路创新街区建设

资料来源:作者编制。

地方政府推动更新的动力在于政府获得的综合收益最大化,上海政府对工业用地更新的收益有明确的定义:即针对已办理相关用地手续但土地利用效率不高、产业能级不高的土地,通过各种有效途径,对其进行重新开发利用,以提高土地经济效益、社会效益和空间效益。因此,探讨上海地方政府推进创新街区建设需要关注两个层面的问题:一是,上海创新街区的形成背景;二是,上海工业用地的政策变化。

以园区升级为主的创新街区建设,大致经历了三个阶段:工业园区阶段,容积率在0.6—1.5之间,高度在24米以下,这样的指标必然指向以卖地模式为主导的生产型空间;办公园区阶段,逐步地放开容积率和限高要求,鼓励总部研发企业入园,此时的开发模式是以卖楼为主导的空间模式;创新园区阶段,进一步放开容积率和限高,但对自持比例提出较高要求,开发主体应更加注重园区整体环境的打造,才能更好地进行出租经营,因此此时的开发模式应转变为以卖园租楼为主的空间模式。

表8-3 上海园区升级型创新街区发展过程

阶 段	特 征 与 功 能
园区1.0:工业园区阶段	容积率在0.6—1.5之间,高度在24米以下;工业生产空间;卖地为主
园区2.0:办公园区阶段	逐步地放开容积率和限高要求,鼓励总部研发企业入园;办公研发总部服务集聚空间;卖楼为主
园区3.0:创新园区阶段	放开容积率和限高,但对自持比例提出较高要求,开发主体应更加注重园区整体环境的打造,才能更好地进行出租经营;智能制造、研发创新、创业企业;以卖园租楼为主

资料来源:作者编制。

二、城市更新型创新街区建设

当前上海的创新街区建设,主要侧重于城市更新型路径,如杨浦大创智功能区,依托周边的同济大学和复旦大学等高校研究机构得以成功建设,而虹口大柏树地区也想借鉴杨浦大创智功能区建设的经验,依托周边的复旦、同济和上海财大、上海外国语大学以及一系列的研究机构,推动虹口大柏树创新中心的建设发展。事实上,黄浦区北京东路地区的建设与植入型创新街区建设有些相似,但由于整个区域的改造更新还处于启动阶段,因此,很难对该区域的发展作为案例进行归纳总结。

1. 杨浦大创智功能区建设

20世纪90年代初,上海进入新一轮城市结构调整期,曾经辉煌的杨浦,高能耗制造业拉动的增长模式无以为继,工业企业从1 200家锐减至

200家,产业工人由60万人减到6万人,每年失业工人都在万人以上。2003年,上海市委、市政府作出建设杨浦知识创新区决策,明确以大学、以科技创新带动城区发展,拉开一场从"传统工业杨浦"向"知识创新杨浦"的城区功能大转型。创智天地作为"三区融合、联动发展"理念的标杆性实验项目正式开启。虽然想加快推动创智天地建设,然而,条与块的传统分割方式,让高校、科研院所与地方长期隔"墙"相望,老死不相往来,科技创新体制机制不畅;土地资源大多在直属大企业、部队手中,资源调控难度大;改造成本高、动拆迁难度大、就业压力大。

(1) 从地方政府投入成本来看,杨浦区几乎不计成本全力推动大创智功能区建设。创智天地园区位于五角场城市副中心,被复旦、上财、同济等高校紧密环绕。规划占地1 258亩,投资规模达100亿元,建成后总建筑面积约100万平方米。为了推动校区、社区和园区真正联动起来,激发创新创业氛围,杨浦腾出最好的土地让大学就近拓展,舍得把接近成熟的商业和地产项目让出来建设大学科技园,打破围墙,支持大学做大做强,使得该区大学用地从4.3平方千米增加到7平方千米。事实上,2000年左右,五角场地区的5个角中,有3个角属于军用土地。杨浦区委、区政府,千方百计找到部队与地方互利互动结合点,主动沟通、主动让利、主动服务,搁置了长达10年的五角场军用土地终于挂牌拍卖,在全军成为首创。为真正打通产学研,杨浦创建了大型公共服务平台,汇集了以硅谷银行为代表的风险投资服务体系,以联合国南南全球技术产权交易为代表的要素市场服务体系,以知识产权园为代表的咨询服务体系,以海外高层次人才基地为引领的人才服务体系,以财力为支撑的担保、融资服务体系,形成从初创、成长到产业化等不同发展阶段的"接力式"创新服务体系。针对处在不同创业阶段的中小科技企业,杨浦探索形成"预孵化—孵化—加速孵化"创业扶持三级体系。

(2) 从地方政府收益来看,创智天地成为杨浦知识创新区的名片,推动创智天地向大创智功能区扩展,创新创业企业高度集聚,基础设施和公共服务环境优化,推动区域实现升级,杨浦区基本实现成功转型。经过10余年的建设发展,创智天地已初步形成了要素完备的"知识经济产业链"和"知识创新生态圈"。2014年,为全面推进上海科创中心重要承载区建设,杨浦区政府决定在更大范围内延伸创智天地品牌,建设"大创智功能区"。大创智是杨浦打造国家双创示范区域的核心区,也是建设上海科创中心重要承载区的先行区。大创智功能区规划建筑面积130万平方米,其中办公面积约56万平方米。截至2016年年底,大创智累计孵化注册1600家创新企业,超过4万人在这里工作、学习和生活。这里既有大象起舞,也有蚂蚁雄兵。不仅吸引了IBM、DELL EMC、AECOM等一大批世界500强跨国公司,还聚集了中国工业设计院、鲁班软件、狄邦教育、新智控股等国内成熟企业,并加速孵化了摩拜单车、问吧科技、挚达科技、爱回收等大量初创团队,已形成了以云计算大数据为特色的软件信息服务业、现代设计和创意传媒为主的产业集群。

2. 虹口大柏树创新中心建设

虹口北部地区包括大连路广中路以北区域,面积约13平方千米。从人口角度上看,未来该地区的养老压力将进一步增大。虽然消费类服务在虹口北部地区的覆盖度较好,但在餐饮、购物等消费服务层面聚集点以中等强度为主,聚集度较高的区域主要在虹口北部地区的外围,如龙之梦、五角场、大宁地区等。虹口北部地区内缺少高能级的项目。虹口北部地区已经形成了科技创意园区的聚集,但仍存在产业能级不够高的问题。虹口北部地区在交通优势上存在能够与周边重要功能区——五角场、大宁等地区竞争的能力。而由于缺乏功能上的互动,就业和产业并未因为轨交站点形成集聚效应,交通潜力还未能转换成有效的城区吸引力。为推动虹口北部地区的转型,虹口区在十三五期间,全力推进。

(1)从地方政府可能投入来看,虹口北部地区为打造创新创业集聚地,在十三五期间推出一系列重要举措。一是,建立创新创业服务平台。建立为人才和创业服务的事务性服务平台,科技创新创业服务驿站,为本区的创业者、创业团队、科技企业提供政策服务、资源共享的一体化、一站式综合平台。二是,建立科技金融扶持平台。为创客提供天使基金,为好项目提供资金引导和金融服务扶持,为科技创新企业发展提供相应的优惠条件和保障机制。三是,创新载体建设模式。统筹集聚创新资源,创新产业园管理运作模式,发挥国资国企力量,集中收储、租赁一批闲置或利用低效的土地、厂房、楼宇。对北部地区现有已建成运营良好的园区通过改造改建提升其能级,往特色产业园区方向发展;现有能级较低的园区通过提升其能级、更换运营主体等方法,改造为创新、创业支撑载体。四是,创建舒适便捷工作环境。改善交通环境,进一步优化地面公交线网,加强"轨交"+"公交"的衔接,增设点对点班车,提倡绿色出行。优化静态交通体系,合理配建停车场(库)。在有条件的地区试点打造适宜步行和骑行的片区和街区。加强园区市容绿化建设,鼓励有条件的园区建设屋顶绿化、沿口绿化、墙面绿化等,优化园区创新创业环境;提升配套商业品质,结合曲阳商务中心区块形态再造和功能提升,进一步增强商业环境对产业发展的支撑;提升园区信息基础设施能级,加快推进园区信息化建设,打造智慧园区。

(2)从地方政府可能收益来看,目前暂时只能从区域定位和未来目标来判断。虹口北部地区的定位,在虹口区层面,是承担科技创新的核心承载区;在上海市层面,是全球科技创新中心的重要节点。虹口北部地区到2020年,基本形成"一中心六平台"科技创新生态体系,高科技企业、创新创业者、海内外高端科技人才加速集聚,科技创新体制机制更加完善,金融服务效能全面提升,科技园区品质显著提升,"大众创业,万众创新"氛围日趋活跃,将虹口打造成为具有影响力的创新创业活力区,不断推动科技金融融合、国际科技教育合作、创新人才集聚,形成具有虹口特色的"硅巷"式科技创新特色区域。

三、园区升级型创新街区建设

静安市北工业园区建设是上海园区升级型创新街区建设的典型。从烟囱林立、浓烟滚滚的彭浦老工业园区发展成生产性服务企业集聚区,再到国家授牌的高新技术园区,上海市北高新园区经历了20年的栉风沐雨,不仅成为上海"创新驱动、转型发展"的成功典型,同时也是魅力新静安的一张名片。目前园区高端产业、高端住宅、高端医疗、高端商业汇聚,逐步向创新街区升级。

1. 从地方政府的成本投入来看,全力推动园区基础设施、生活服务设施转型,打造宜居宜业的产业社区

一是,拓展后续发展空间。加快对园区老厂房改造升级的步伐,积极探索地下空间混合开发,按需增设公共停车场、员工餐厅等公共配套项目;东部园区探索地下空间综合利用,用下沉或半下沉方式建设公共配套服务设施,完善餐饮、银行、邮政等公共设施,提高土地的集约利用度。二是,基础设施优化。综合考虑前期投入和后期维护的成本,再次考虑道路体系建设、车库设立等生活配套的合理性。结合智慧园区建设提升信息化基础设施,继续加强与运营商的沟通与协作,推动园区范围内4G网络的全覆盖。三是,整合创新服务平台资源,构建综合完善的服务体系。在原有传统服务平台的基础上以创新服务、人才服务和金融服务为新重点,着力完善园区配套服务体系,凝聚各方资源为企业的科技创新和业态创新提供全方位的保障。四是,围绕生态园区建设标准,提升园区综合管理水平。按照18万企业职工、5万常住人口导入的新形势,深化综合管理,从而确保园区安全,优化园区环境。五是,树立市北高新创新品牌,发挥区域联动的带动作用。打造常态化品牌论坛"上海静安国际大数据产业发展论坛",以聚能湾创新创业中心为主体,积极组织开展创业竞赛、创业成果展、创业精英论坛等活动。

2. 从地方政府收益来看,创新创业企业高度集聚,"国家级转型升级示范区",地方税收贡献和就业贡献巨大

3.13平方千米的市北高新产业园区,目前主要发展大数据、云计算等高新产业,现在云集了2000多家高科技企业。市北园区作为上海云计算产业基地与大数据交易中心,同时拥有聚能湾国家级创新创业中心、市北英特尔众创空间等一流平台,无疑是静安产业发展的战略高地,大量跨国企业地区总部与各类科创企业的聚集,更是将市北园区摆在了科创中心建设的最前沿。市北高新园区正是静安"三带"中的中环两翼产城融合聚集带的核心力量。这里数据大咖云集,其中包括浪潮集团、鹏博士、上海数据港。据统计,入驻园区的大数据云计算企业已经超过了150家,形成"政务云、医疗云、办公云、教育云、金融云"等多种云服务平台,园区丰富的大数据产业生态圈正日趋完善。这样的大数据产业圈一直默默地在为静安区的管理甚至整个上海市的城市管理添砖加瓦,让城市朝着"宜商、宜业、宜居"的方向迈进。截至目前,园区跨国公司地区总部数量累计已达13家,引进了诸如大公国际、思高万达、仲利国际贸易等知名企业。目前,市北高新园区税收突破亿元的企业已经达到8家;跨国公司地区总部企业达到17家,具有总部特征企业达到50余家,成为名副其实的以总部经济为引领的"国家级转型升级示范区"。同时,市北高新园区还在2016年放眼全球科创资源,引入intel、超算中心等关键机构,并借助复旦大学、上海交通大学等高校资源,抢占知识、技术和产业应用的制高点;园区聚能湾创新创业中心还成功被纳入上海首批众创空间发展名录,构建了覆盖企业全生命周期的产业投资体系,成为"高能级创新引擎"。此外,市北高新园区在2016年不断深化产城融合,完善中环北翼规划布局,成功竞得彭越浦西岸土地宝贵资源,大手笔规划3万平方米养老社区和12万平方米河滨体育公园,倾力打造产城融合深度发展的新亮点。园区还不断提升服务能级,并启动运营上海市中医医院市北名医诊疗所,使园区高端产业、高端住宅、高端医疗、高端商业汇聚,向中国创新型产业社区迈进。

第三节　上海推进创新街区建设成本与收益考察

一、成本投入问题

1. 重生产，轻生活

当前上海的创新街区建设，在生产空间的塑造上可以说是不遗余力，但在生活和生态空间的塑造上则相对显得有些蜻蜓点水，没有能从根本上实现产城融合功能多元。通常而言，创新街区在塑造生活空间时，较为重视咖啡馆、餐馆和广场等公共空间，往往成为社交互动、企业间合作和观点交流的扩展的办公空间。

社交型公共空间有两类：一类是收费的零售空间，在空间配置、价格范围、营业时间、设计和使用等方面的共同特征是，有免费 WIFI、"中等"价位和 24 小时营业等；另一类是免费的公共空间，其特征是邻近一些具有良好声誉的零售空间，增加的交通流量可以使广场看起来更加活跃，而且建筑入口需要直接连接开放空间。

2. 重独立，轻共享

从国际经验来看，创新街区的建设过程中，为了降低创新创业的综合成本吸引创新创业企业集聚，共享办公空间成为重要的举措之一。但当前上海创新街区建设过程中，大多众创空间相对分散于中心城市，而在本身创新要素相对集聚的园区中却相对较少。事实上，从国际经验来看，需要重视共享型办公空间，如共享空间、孵化器、加速器和公共创新中心等类型。最常见的办公型公共空间是共享办公空间，即建设一些可以共同办公的空间，这已成为传统公司和年轻初创公司更好地利用员工生产力和最大化潜力的优选空间，它通常以会员资格的方式以及较为低廉的租金享受配置相对较全的办公环境。而与创新创业最直接的办公型公共空间是发展孵化器与加速器，可以是营利或非营利组织，通常会与风险资本家和创业培训合作。孵化器可以配设孵化空间，是入驻初创公司的办公或合作空间，可以是高科技实验室空间（如 Lab Central）、原型制造商空间（如绿城实验室）或纯粹办公空间等。加速器是一种特定类型的孵化器，与初创企业的早期阶段相匹配，加速时间相对较短期，通常为 90 天到几个月，同时加速器也可以是一个投资者，为初创公司提供一定数量的资本（一般大约 5% 的股权）。最后也最重要的是，对公共创新中心建设不够重视。公共创新中心不同于传统的社区中心，目的是支持创新生态系统的建设，优化街区的创新环境。

3. 重设施，轻文化

当前上海的创新街区建设，相对而言，较为重视基础设施和公共服务的改造升级，如塑造开放空间（公园和广场）或改善基础设施（街道、路灯、供水/下水道升级、停车和路灯）等。但对创新文化的培育重视不够，即那些能改善创业、创新文化和就业等相关的公共空间，可分为社交型公共空间和办公型公共空间等两类新公共空间。

一方面，新公共利益优化了街区生活环境。宜居宜创的环境让创新人才不断增加，而大量的创新人才又改善了街区环境，成为一个良性循环过程。从国外典型创新街区经验来看，创新企业选择区位时优先考虑的是，能雇到专业技术人员，而专业人士最喜欢住的地方是有良好的城区生活环境，这也让开发商意识到需要改变原有的城市开发理念以获得更多的开发收益。

另一方面，新公共利益为创新活动、思想共享、企业间合作和社会互动等新型活动创造了新场所。从国外典型创新街区经验来看，这些有利于促进创新活动的新型办公活动，大多发生在传统办公楼之外的公共空间，且大多都在距离地铁站或其他主要公共交通站 10 分钟步行距离内。

4. 重政府，轻社会

当前上海在推进创新街区建设时，重视政府财政的推动力，但没有很好地发挥财政的撬动作用，带领社会协力推进。从国际经验来看，大多数创新街区，主要由私营部门开发商与公共机构或机构合作启动开发。在这些情况，开发商作为开发主体，推动区域建设详细规划和总体规划获得政府批准。位于虹口北部地区的创新街区建设，也经历了多次空间拓展，主要参与者目前仍以政府推动为主。杨浦大创智功能区由瑞安房地产主导，对于房地产开发商，大面积的可用城市土地提供了难得的商业机会和巨大的经济潜力。当然，创新区的开发建设与所在地块的既有用地属性并不一致，因此，典型的过程是，开发商只是执行公共部门的长期愿景，将建筑环境保留并通过基础设施完善连接起来，推动城市对该区域实行新的土地管理办法。

二、收益获得问题

1. 重经济，轻社会

因为 GDP 是各级政府年度政绩考核的重要指标，致使各级领导相对其他经济指标更加重视 GDP。在上海创新街区的建设过程中，或者是园区的转型升级过程中，园区 GDP 仍然是园区管理层相对看重的一个指标，而就业数的增加并没有成为园区考核的关键指标。因此，在推进过程中，对于创新创业企业而言，其本身的经济产出水平，特别是纳税水平相对有限，但对人才和就业的贡献却比较明显。

2. 重短期，轻长远

与住宅区或商业区的开发建设不同，由于创新创业企业本身的特殊性，创新街区的建设，其投资回报周期相对较长。然而，作为园区开发者或管理者来看，其政绩或业绩考核的周期却相对较短。从而导致创新街区建设的自身规律与管理者考核的周期间脱节,结果是园区管理者或开发者相对重视短期效益,轻视长远。在实践中,管理者往往急于彰显自身业务能力,不计成本,不顾区域长期利益,而只考虑眼前成绩和地位,过度投资、重复建设,不利于长远发展。

3. 重优惠,轻氛围

在创新街区的建设过程中,由于地理区位的原因,商务成本只高不低,但较高的商务成本,并不利于创新创业的集聚。从国际经验和上海已有创新街区的建设实践来看,财政税收优惠难免成为区域间竞争的首选措施,包括商业税、租金和水电煤气费等的优惠和补贴,在短期内确实能吸引到不少的创新创业者集聚。但从长远来看,创新创业者更看重的是区域创新氛围的吸引力。因此,从这个角度来看,重优惠轻氛围的措施,并不利于创新街区建设的真正推进。

4. 重项目,轻联动

创新街区的建设,需要推动大量的项目。而抓项目重项目进度是比较容易直接量化考核的工作,因此,在实践过程中,项目的建设和推进相对而言得到了高度重视,并效果明显。但在具体的项目推进过程中,创新街区的管理者或建设者,忽视了对项目和项目的协同把握,往往重点项目的推进相对顺利,但相关配套和生活服务相关的建设则重视不够。而且对项目与周边区域联动的关注度也不够,导致项目的溢出效应较弱,对大区域的带动不足。

第四节 上海创新区建设策略

2017年12月底举行的中共上海市第十一届委员会第三次全体会议,强调"着力构筑上海发展的战略优势",并提出了四个方面的着力点。其中,第一个是"强化创新驱动",要求"更加重视通过政府层面创新,推动各个层面创新,加速发展动力转换"(邓智团,2018)。

2017年6月,美国布鲁金斯学会发布报告称,"创新区建设"正在从根本上转变美国城市既有发展模式。所谓创新区,是指城市中顶级锚机构(如研究型高校、研究院所、三甲医院和旗舰企业)和创新企业集聚,并伴有创业公司、企业孵化器和加速器的新经济空间。它通常经济密度高、交通便利、提供混合住房和丰富生活服务设施,主要包括中心城区的创新街区和郊区具备完善城市生活功能的科技园区。

在全球城市竞争升级的新背景下,上海要建设具有全球影响力的科技创新中心,有必要追踪前沿、对标一流,积极调整城市空间发展战略,研究、制定并推行创新区建设规划。

一、努力提升经济弹性

美国多数城市都存在废弃工业用地和发展水平较低的区域。这些区域的再发展,为美国城市发展提供了新机遇。通常,政府制定新的经济发展战略,并通过与私营部门合作,协同推进创新区建设。随着新经济空间形成,先进的研究型大学、医疗综合体以及创新和创意公司集群进一步推动创新创业活动在中心城区集聚。

创新区建设需要多样化用地和集聚创新创业活动。创新区创造的就业机会,既包括创新创业、风险资本和智能制造等行业或岗位,也包括餐饮、娱乐和零售等传统行业的升级版岗位。创新区多元化的经济活动,使得相关区域的经济充满弹性。还有一个关键点是,环境友好的、空间需求少的智能制造可以在创新区集聚,而不再需要与办公室或住宅邻里显著隔离。这对创新创业企业而言,将是非常有吸引力的。

创新区建设还离不开私营部门的开发主体作用。美国不少城市的大多数创新区,主要由私营部门开发商和公共机构合作启动开发。开发商作为开发主体,推动区域建设详细规划和总体规划获得政府批准。

比如,美国西雅图的南湖创新区计划由威肯房地产主导。对于房地产开发商来说,大面积的可用城市土地提供了难得的商业机会和巨大的经济潜力。

二、政府发挥关键作用

根据布鲁金斯学会的研究,相关城市的政府在推动创新区建设过程中,扮演着召集者、督促者和催化者的重要角色。这对创新区计划的顺利实施起到了关键的作用。

1. 作为召集者,召集不同利益相关者共同协商并主导提出创新区建设计划

地方政府或城市市长在认识到创新区的积极作用后,可以作为召集者尽快启动关于创新区的相关研究,并召集重点研究机构、高校和企业等组织的领导者,对创新区建设的成本、收益和风险等展开讨论。最重要的是,协商后能形成关于创新区建设计划的可行性方案,并推动尽早执行。

美国罗德岛州的普罗维登斯市长埃洛萨为强化该市生物医药创新、"海洋科技"以及设计领域的比较优势,决定推动创新区建设。为此,埃洛萨先后多次召集该市的重要高校如布朗大学的校长、教务长以及重要医院的高层等,共同研讨推动创新区建设的可行性,并通过努力赢得利益相关者的认同,协同推进实施创新区建设战略,最终吸引到剑桥创新中心、强生公司、通用电气等先后入驻。

2. 作为督促者,坚定推动创新区建设计划实施

地方政府或城市市长在形成推动创新区建设的共识后,可以作为督促者公开宣布创新区战略愿景,对关键利益相关者进行放权,制定落实战略愿景的创新区建设行动方案,并竭力推动创新区建设计划实现包容性发展。

美国西雅图的南湖创新区在开发建设过程中,虽然主要由私营实体威肯开发,但市长在支持创新区建设中仍发挥了关键作用。前市长尼克斯看

到创新"将作为城市和地区的经济驱动力"后,通过实施分区规划调整来支持生命科技的土地利用,并投资新的有轨电车线路和公园等公共设施等,来坚定地推进创新区开发建设。最终,该创新区成功吸引亚马逊总部入驻,推动创新区开发建设进入良性轨道。

3. 作为催化者,举全市之力保障创新区计划

在宣布实施创新区建设计划后,地方政府和行政长官可以通过完善区域基础设施和公共设施等方式,特别是通过众创空间、创新中心、加速器和孵化器等创新创业生态系统的塑造,来坚定地推动创新区建设。

美国波士顿在遭遇经济衰退带来的高失业率后,研究确定创新区建设计划。主持市政厅大开挖项目的市长梅尼诺,于2010年宣布实行一项新的城市倡议:在南波士顿滨海的海港地区建设创新区,并通过实施"公共空间+"规划来强化创新区建设。这个规划包括一系列城市工作生活环境改造升级措施,如建立丰富的合作开放空间和场地、创建街区会客厅、发展24小时的社区、吸引一流的餐厅和活跃的夜生活文化机构。为确保创新区建设,2015年还推出了一个新经济发展项目"创业汇"。

三、提升两大空间定位

当前,上海正在经历从规模扩张向存量优化的内涵式发展转型,市区各级政府应重视对创新区的研究,形成推进创新区建设的愿景共识,尽早制订推出创新区建设相关计划和具体实施方案,加快推进市级和区级创新区建设,推动上海市域创新空间载体的迭代升级,引领上海新一轮发展。

与世界其他大都市相比,上海拥有两大战略空间:繁华的主城区和广阔的外围郊区。协同提升原有两大战略空间的创新功能定位,是上海全面推进具有全球影响力科技创新中心建设的关键突破口。作为第一战略空间的主城区,在积极响应科创中心建设的同时,根据内部各区差异化的要素条件,推动科技创新要素和活动集聚,促进主城区发展路径的多元化;作为第

二战略空间的外围郊区,需强化在科创中心建设中的核心载体作用,形成上海新一轮发展的战略空间。

一方面,推进中心城区创新街区建设。中心城区应以城市内涵式发展为契机,以城市更新为抓手,以创新街区建设为突破口,提升中心城区创新功能。对创新资源相对优越的区域实施"示范创新街区计划",如升级拓展杨浦的创智天地和徐汇漕河泾等,可在全市范围形成街区创新发展的示范效应。对城市更新范围集中的区域,实施"创新街区培育计划",如在黄浦、虹口和普陀规划一批小型创新街区等。

创新街区建设具体路径可分为两类:一类是既有型,即发挥既有锚机构的带动作用,围绕锚机构实行区域联动开发;另一类是植入型,即在市区的某些面积较大且亟待改造更新的区域,通过基础设施、公共服务和生活环境等改造升级,打造顶级创新创业生态系统,吸引创新创业企业集聚。

另一方面,完善郊区科技园区的城市功能。贯彻生产、生态和生活融合理念,增强科技园区的生态生活功能。要调整思路,打破郊区原先城镇功能与园区的隔离,改变传统园区开发模式,建议在郊区工业地块的存量调整中,与周边实行联动开发,建设产城融合、城市化的科技特色小镇。或者,在已有国际风情小镇的优质生活基础上叠加科技创新功能,向科技特色小镇转型。在基础设施、公共服务投入方面应体现全市公平,降低或取消对郊区基础设施的配套融资要求,避免人为提高郊区土地、人力等综合商务成本。

第九章
创新街区建设经验与建议

无论"创新"一词的定义如何,将工业和服务部门融入一个紧凑、密集、舒适的城市社区是 21 世纪城市的自发过程,与更广泛的技术和经济变化相一致。基于这些原因,有或没有"创新街区"称呼,这些新形式的发展都将继续给这些地区带来动力和人气(Katz & Wagner, 2014)。在创新街区的背景下,创新中心代表了一种新形式的公益模式,它是在后工业化的市中心核心区域内建立的虽分散但相互关联、混合使用、生活工作,公共—私人的城市地区。通过查看世界各地的特定创新街区,人们可以开始将促进创新生态系统的地方类型拼凑起来,以及如何将公共领域与就业增长和经济发展的需求相结合。

第一节 创新街区的理论经验

无论"创新"如何定义,将工业和服务部门融入一个紧凑、密集、舒适的城市社区是 21 世纪城市复兴的自发过程,也与更广泛的技术和经济变化相一致。从这个角度来看,创新型企业向城市中心区集聚这一特定现象,不管是否用"创新街区"进行命名,这一转变还是给城市的再发展带来新的动力和人气。

一、创新街区的理论探讨

1. 内涵特质

基于对已有概念的对比探讨,提出采用"创新街区"这一概念来反映创新型企业向城市中心区集聚这一特定现象,并对其内涵进行界定,提出"城市特质"(cityness)是其根本特性之一。

"创新街区"有四个方面的显著特征:一是要具备"城市特质",即复杂性、高密度、文化与人口结构的多样性以及新旧事物的层次性。二是要部分或全部地整合创新企业、教育机构、创业者、学校、金融机构、消费性服务业等经济活动要素。三是位于城市内部的高密度城市化区域,且具备免费与半免费的公共空间、混合功能开发的空间要素。它可以是中心城区,也可以是历史性滨水空间;既包括"支柱核心型创新区"和"城区再造型创新区",也包括中心城区非支柱型创新区。四是要有便利的交通和互联网基础设施等。

2. 兴起动力

通过对创新街区形成动力的分析,发现创新企业、知识员工与地方政府三个行动主体都能从创新街区的建设中提升收益:创新企业追求良好城区生活环境以提升知识"溢出效应",知识员工因办公空间的演变推动其倾向城区生活环境,地方政府则是因中心城区复兴压力与城市经济弹性提升的内在需求。从经济理性人的角度来看,只有当创新街区建设能给三个行动主体带来收益增加,才能形成内在的最大动力。

对创新企业而言,良好城区生活环境能更好地获取知识"溢出效应"。对于创新活动而言,知识可以通过人际接触和跨企业流动进行有效传递。高科技产业集聚发展已经表明,在传递隐性专业知识过程中,基于共同的目标和工作分享文化的社会关系和非正式互动十分重要。例如,在午餐或在高尔夫球场上面对面的接触和讨论,被视为硅谷型产业集群成功的关键。同时有研究表明,良好城区生活环境的软区位因素对吸引创新企业和知识员工有积极的作用。

对于知识员工而言，办公空间的演变推动员工倾向具有良好生活环境的中心城区。在20世纪80年代和90年代初，企业办公的时尚是遵循设计师所谓的"通用规划"——成排的独立隔间。然而，这种排列相同小隔间的传统方法被证明降低了生产率和工人之间的沟通，并最终阻碍了创造力。当创新成为知识经济的关键因素后，企业逐步认识到创新基本上是社交活动的结果，于是开始打造多样性的办公空间，如开放楼层规划、灵活空间和"非领地型"办公规划等，并开始建立规范以提高部门间合作、日常沟通等。

对于地方政府而言，可以促进中心城区复兴并提升城市经济弹性。从国际上看，原先城市郊区化过程中遗留的"城市疤痕"空间大、成本低，成为城市复兴的机遇区，其触发点正是2008年前后开始的经济衰退。地方决策者开始认识到创造就业的主力军是中小型企业，因而提出大力发展创业公司和小型企业的政策计划，以帮助城市缓解经济衰退和降低失业率。在政府的适当干预下，初创型和中小型企业得以用较低的成本入驻中心城区"创新街区"。而随着企业收益上升，地方政府的综合收益也得到提升，这是一种双重经济理性行为。

3. 场所营造

通过对现有典型创新街区案例的对比研究，公共空间对社区公共福利进行了重新定义，社交型公共空间和办公型公共空间的塑造激活了街区的创新活力，特别是以公共创新中心为代表的办公型公共空间成为创新街区的重要标志。在创新街区的具体建设过程中，中小公司相互交织、功能混合开发、公共空间（零售公共空间，如咖啡馆；公共创新空间，如公共创新中心）以及24小时社区的建设是关键规划策略。

波士顿海港创新街区是创新街区最经典案例。在建设过程中，波士顿的规划主要策略有：一是促进合作。创建紧密的生态系统以促进创造性增长，将小公司与大公司相互交织。二是提供"公共空间＋规划"。建立丰富的合作开放空间和场地,并创建街区会客厅。三是发展 24 小时的社区。建设创新住房,提供居住工作空间,并吸引世界一流的餐厅和文化机构,营造活跃的夜生活。

具体从规划建设过程来看,土地利用是波士顿形成"创新街区"的关键因素。一是,非住宅用途的总建筑面积的 20% 用于创新空间,包括实验室、小企业孵化器、研究设施、设计和开发用途、汽车共享或自行车共享服务,从而为城市带来新增工作等。二是,推出项目助力"微型单位"创新发展。这个项目共有 832 个单位,其中有 96 个租金较低的"微单位"。三是,打造开放空间,如绿色海港、法院广场、海港山和公园。值得一提的是街区会客厅,作为街区中心,其主要功能是吸引人才和商业,由非营利运营商以 5 年一美元价格运营,还提供会场补贴,相当于为租借公司节省了 100 万美元的费用。

二、创新街区的经验总结

1. 西雅图南湖联盟区

西雅图的私人投资对区域经济有利,吸引了人才;中型企业需要在创新生态系统中持续存在;对小公司缺乏支持可能导致他们迁往其他地区;办公空间和公共领域的可进入性非常关键;提供公共空间和公共设施,为开放和沟通创造了基调;全球性公司或学术机构可以作为该地区的锚点,吸引人才。

2. 伦敦硅环

该区通过商业和融资获得政府支持;没有核心私人开发商,所以没有整体愿景;基础设施刚刚上线,宏伟的市民空间从未实现;如果没有计划维持创新生态系统的其他成员,更容易受到公司入侵;目前对初创经济和面向小型、中型和大型公司的可用空间有强大的支持系统,但可用空间正在缩小;创业公司的生存根植于合作空间,公共部门可以进入的领域;现有社区没有太多参与,对政府持负面态度;如果有更多的合作和投入,可有潜在的更好公共领域。

3. 剑桥肯戴尔广场

麻省理工学院的存在对于向肯戴尔广场提供人才和资源至关重要；公共领域内的网络和社会空间通过私人和非营利行为持续存在；私人经营的公共空间已经取得成功，但对更广泛社区的影响有限；人才以及与振兴相关的物质环境和房地产开发机会吸引了私人投资；由于租金上涨和空间不足，公司办公选点已开始向波士顿市中心转移；剑桥通过以下方式解决了初创公司缺乏租金可负担的办公空间，如地区分区措施、交换自由空间、使居住的创业公司成为区域文化的一部分。

4. 波士顿海港创新街区

创新街区拥有许多成功的要素。公共创新中心：街区会客厅。多个大公司的世界总部：Au Bon Pain, Gillette, John Hancock, Vertex 和 PwC。国家最大的创业加速器：MassChallenge。几乎无与伦比的本地人才库：哈佛、麻省理工学院、塔夫茨、巴布森、东北、BU、BC。

大量的私人和公共投资，海港广场利用公私伙伴关系创造一种新型的公共空间，具有专业知识和联系的非营利运营商确保了创新中心的成功和公众支持。

PDA过程和开发商的愿景确保了项目中支持创新生态系统；在以前空置的地区建立一个24小时社区非常关键；现在已经开始考虑创新街区内的办公空间需求，以支持小公司和防止本地创业公司离开。

第二节 创新街区的规划对策

一、核心策略

这些研究发现，创新街区的规划建设对新型城镇化背景下，"提升城市创新能力"、"改造提升中心城区功能"，推动我国城市向内涵式发展转变有重要的政策借鉴价值。

1. 因势利导因地制宜

当前我国大量城市正从依赖"摊大饼"式的规模扩张向城市内涵发展转变。在"新型城镇化"和"大众创业、万众创新"两大国家战略背景下,应积极发挥中心城区在推动城市创新能力提升过程中的积极作用。改变长期以来,城市发展过程中,中心城区仅强调对高端商业和商务办公、文化创意产业的重视,积极响应当前国际上大都市中心城区创新街区建设蓬勃发展的最新趋势,学习借鉴伦敦硅环、剑桥肯戴尔广场和波士顿海港广场等创新街区的规划建设经验,因势利导因地制宜地实施创新街区计划,推进城市的创新街区的建设步伐,"改造提升中心城区功能","提升城市创新能力"。

2. 注重政府政策引导

应积极制定和发挥政策工具对创新街区建设的引导作用。如实施中小公司相互交织、功能混合开发、公共空间(零售公共空间,如咖啡馆;公共创新空间,如公共创新中心)以及24小时社区建设等关键规划策略。实施强大的公共空间计划以吸引人才和就业,推进街区公共创新中心的建设,以促进区创新的交流和沟通。公共部门可以继续鼓励私人发展中的创业公司和大公司的组合,并尽可能创造廉价的办公空间,特别是通过实施共享办公在可能的办公空间实施租金上限,以防止纯粹大型租户情形的出现。建设共享办公空间缓解租金上升的压力,鼓励房地产开发商承担创业企业入住风险,满足创业公司与小公司的发展需求。

3. 激励激发市场主导

鼓励和激发私人开发商在创新街区开发建设过程中的主导作用。积极鼓励私人开发商与地方政府合作推进零售公共空间和创新公共空间建设。推动私人开发商开发小型企业和创业企业可承受的灵活办公空间的想法转变成为街区政策计划,并适当允许相对较大的企业租户补贴成本。在推进建筑物内部更新改造过程中,重点考虑增加零售公共空间,并推动楼宇大厅与一楼的公共空间自然衔接,并能与外围开放空间互通;鼓励私人开发商重以创新公共空间建设为代表的新公共福利,推进私人半开放型创新中心吸引租户,获得空间使用的灵活性与政府认定。

二、具体对策

1. 对创新街区规划设计的建议

经济发展注重打造灵活空间,新经济、初创企业来创造新增长点,需要支持性的基础设施和公共空间来推动。

创新街区应强化公共空间计划和设施以吸引人才和就业。

创新型的地理空间标杆很重要,可以学习借鉴街区会客厅,在开发阶段作用巨大。

公共创新中心可以通过接触更广泛的人员,并强化社区参与,可以取得更好的效果,而公私合作的 PPP 模式比较有效。

防止创新街区转变为企业园区的风险,好的公共基础设施和政策对保护小企业和吸引新工作十分必要,可以鼓励私营部门为创业租户提供创新空间和灵活的办公空间。

政府公共部门制定政策来保护创新街区内的住房和办公空间的租金水平,以防止本地公司被淘汰。

2. 对引导私人开发商市场行为的建议

创新街区的租金水平需要控制适当水平,可以引导推行可承受的灵活空间发展计划,允许大企业租户补贴办公成本。

拓展创新街区发展空间,重点考虑增加公共空间,推动办公楼宇的一楼设计为零售型或办公型公共空间,推动办公大楼与一楼公共空间连接通畅,培育创新社区。

在参与创新街区开发过程中,应重视公共领域,并将此作为项目发展潜力的一部分提供社区公共利益,如公共创新中心吸引租户,并帮助开发商适度灵活开发许可,促进开发过程中功能混合的实现。

3. 对政府部门政策制定的建议

可考虑实施一个地方创新街区倡议,以确定和鼓励更多具有创新潜力的其他社区获得创新能力的提升。

尽可能创造廉价的办公空间。考虑将包容性分区作为一种机制,在开发办公空间时需要设置一定水平的可替代办公空间,以防止纯粹大型租户过于集中,在可能的情况下,对办公空间实施租金上限。

新公共空间重新定义了社区公共福利,社交型公共空间和办公型公共空间的塑造有助于激活街区创新活力,特别是以公共创新中心为代表的办公型公共空间成为创新街区的核心地标。因此,要激活街区的创新活力,需要在规划建设街区过程中强调功能与空间的双混合策略,强化新公共空间的塑造,进而推动新经济和初创企业的集聚。

实施功能空间双混合策略。在功能上可以包括居住(商业公寓、人才公寓等)与办公(私人办公楼宇或共享办公等)、居住与服务(如文化、教育、餐饮、娱乐或旅馆等)以及居住与公共服务设施(如绿地、广场等社交型公共空间以及加速器、公共创新中心等公共创新空间等)的混合,从而可以提高相关街区功能的多样性,形成小型范围经济,也减缓交通压力,从而增强城区活力;在空间上,可以在建筑物的不同高度上混合布置不同功能形成建筑综合体,也可以在街区水平布置不同功能设施,或在整个街区同时在纵向和水平空间上混合布局。

增加社交型公共空间。创新街区活力来源于公共空间,社交型公共空间与办公型公共空间共同推动形成了创新街区的生活活力与创新活力。当前城市推进社交型公共空间的塑造,在整个街区推行免费 WIFI,在零售型的公共空间中,用室外座位与人行道互通,价位尽量"中等"增加亲和力。而在创新街区规划建设办公型公共空间,需要尽量邻近一些具有良好声誉的零售空间,并将所有开放空间彼此相通,形成人流互动,让人们更频繁地访问公共空间,建筑入口直接连接开放空间,突出以零售空间和开放空间为代表的社交型公共空间在集聚人气、促进沟通和激活创新活力的作用。

打造公共创新中心。发展办公型公共空间的路径,主要包括规划建设共享办公空间、孵化器、加速器和公共创新中心等。特别是以公共创新中心为代表的办公型公共空间不同于传统的社区中心,目的是支持创新生态系统的建设,优化了街区的创新环境,是重新定义街区公共利益的根本。城市在推进公共创新中心过程中,可半公共半私人开发建设和运营管理,在具体开发建设过程中,可以因地制宜地参考借鉴不同运营模式:租用的提供共享办公空间的剑桥创新中心模式;免费会议空间的微软 NERD 模式(因为 Microsoft 能够补贴使用费);或是购买第三方服务(提供财政补贴)与非营利运营商进行合作的波士顿街区会客厅模式,以提升整个街区对创新型人才和企业的吸引力。

附录
创新的前沿:量化测度与国际比较*
——对联合国教科文组织《2012年创新统计》的解读

创新和经济发展间的高度相关性,已经得到广泛认可。本文主要关注创新的测度以及部分国家创新水平的差异。结果表明,研发在创新过程中扮演了至关重要的作用;在制造业中,创新与企业规模呈现出高度相关性,企业规模越大,产品与工艺创新、组织创新以及营销创新等的比例越高;创新活动都依赖高技能劳动力以及与其他企业和公共研发机构间的相互作用。

"提高自主创新能力,建设创新型国家"已成为当前中国发展的主旋律。"创新"也已成为当前人们关注的核心,并由此衍生了一系列热点和焦点问题。如何测度企业创新?什么力量驱动创新?什么因素阻碍创新?为回答这些问题,联合国教科文组织统计研究所2012年出版了《2011联合国教科文组织统计研究所创新统计年鉴(RESULTS OF THE 2011 UIS PILOT DATA COLLECTION OF INNOVATION STATISTICS)》(以下简称《2012年联合国创新统计》),该报告的统计基础主要基于《创新测度——奥斯陆手册(第三版)》(下文简称《奥斯陆手册》)[1],是对创新测度的进一步思

---

* 本文主要基于联合国教科文组织统计研究所报告《RESULTS OF THE 2011 UIS PILOT DATA COLLECTION OF INNOVATION STATISTICS》的评介,特此致谢!

[1] 《奥斯陆手册》已经成为国际认可的创新调查指南,是世界各国测度创新必备的指导书。所涉内容包括创新的定义、类型、数据收集及创新调查的方法与程序等。参见 OECD and Eurostat, Oslo Manual: Guidelines for Collecting and Interpreting Innovation Data, http://www.oecd.org/sti/inno/oslo-manual-guidelines-for-collecting-and-interpreting-innovation-data.htm.

考与实践,为深刻理解世界各国创新程度及其重要的意义。根据《奥斯陆手册(第三版)》的观点,创新分为四类:产品创新、工艺创新、营销创新和组织创新,《2012年联合国创新统计》在此基础上,增加了对各国创新活动、创新合作、创新信息源的测度。

一、创新活动:外部获取主导

在《2011联合国教科文组织统计研究所创新统计年鉴》中创新和创新活动被区别开来。根据 UNESCO UIS(2012)的观点,创新是与市场相联系起来的,如果一项研发或专利没有进入市场,则被归纳为创新活动,而不是创新,或者创新产出。[①] 具体而言,根据《奥斯陆手册》,创新活动是所有科学性、技术性、组织性、财务与商业步骤的活动,这些活动能真正导致或者目的就是为了能带来创新产出。创新活动包括那些并不能真正带来创新产出的研发。创新活动的公司是指那些在观察期间内采用、放弃和正在进行着产品或工艺创新活动的企业。简而言之,创新活动的公司不仅仅包括那些真正运用了创新的公司,还包括那些在观察期内放弃了某些创新或正在进行某种类型创新的公司。

附表1 创新活动在创新企业中的比重   单位:%

	企业内研发	企业外研发	购买机器、设备和软件	获取其他外部知识	培训	创新的市场推介	其他准备
巴 西	4.7	1.9	34.1	4.8	26.5	14.7	16.7
中 国	63.3	22.1	66	28.1	71.5	60.6	36.9
哥伦比亚	26.8	8.9	85.8	7.2	19.8	26.6	n.a.
埃 及	41.3	5.5	74.3	11	56.9	19.3	35.8

---

① AU-NEPAD (African Union-New Partnership for Africa's Development). African Innovation Outlook 2010, http://allafrica.com/download/resource/main/main/idatcs/00020962: f05275efe82dfdca46ad6b8ble71405f.pdf.

续　表

	企业内研发	企业外研发	购买机器、设备和软件	获取其他外部知识	培训	创新的市场推介	其他准备
加　纳	42.1	14	80.7	15.8	86	71.9	45.6
印度尼西亚	48.3	5.23	9.3	21.6	37	85.4	77.5
以色列	48.9	32.2	85.1	12.9	52.6	9.1	n.a.
马来西亚	42.5	15.8	64.9	29.8	50.2	32	n.a.
俄罗斯联邦	18.9	20	64	12.7	18.3	9.6	n.a.
南　非	54.1	22.4	71.2	24.8	69.6	42.6	47.7
乌拉圭	11.1	1.2	20.3	4.4	15.1	n.a.	n.a.
欧盟最小值	8.2	5.8	25.2	2	8.9	14.3	9.4
欧盟最大值	81.3	54.8	98.8	53.1	96.4	48.4	88.1

资料来源：UNESCO UIS(2012)。

在这些被试点考察的国家中，制造业最可能进行的创新活动的从外部获取机器、设备和软件，超过70%的企业都进行着这些活动，如哥伦比亚(85.8%)，以色列(85.1%)等。相对而言，欧盟27国中最大值为98.8%，近100%。所有国家中，在企业内研发和创新的市场推介上的创新活动也比较高，在中国，进行企业内研发活动的企业比重为63.3%，仅低于欧盟国家中的最大值(81.3%)。

简而言之，这些数据支持了创新不仅仅局限于研发的观点，在获取机器、设备和软件的过程中进行的技术扩散也同样非常重要。而且，从外部获取机器、设备和软件的活动是所有创新活动中的最重要的，紧随其后的是培训。相对照的是，只有两个国家进行企业内研发活动的企业比重超过50%。同时，数据也表明，没有任何一个国家企业参与企业外部研发活动的企业占比能超过50%。

二、创新联系：多元化的创新信息源

创新联系是知识和技术的源头，从被动的信息来源到有形或无形的知识和技术合作伙伴的供应商。每一个创新联系将企业和创新系统中的其他机构联系起来,这个创新系统包括政府实验室、大学、政策制定部门、管理者、竞争者、供应商和消费者等。[①] 这里有3种外部联系或知识与技术向企业流动的方式:一是,不包括购买知识和技术或知识和技术相互作用的开放信息源;二是,购买或获取知识和技术;三是,创新合作。

附表2 创新型制造业企业的重要信息源:类别结构与国别差异　单位:%

	内部	市场				机构		其他		
	企业或企业集团内	设备、原材料、部件或软件供应商	客户或消费者	竞争者或者行业中其他企业	咨询、商业实验室或私人研发机构	大学或其他高等教育机构	政府或公共研究机构	论坛、贸易市场、展览	科学杂志、贸易或技术出版物	专业或行业协会
巴西	10	38.3	46	22.7	10.8	6.3	4.9	n.a.	n.a.	n.a.
中国	49.4	21.6	59.7	29.6	17.1	8.9	24.7	26.7	12	14.8
哥伦比亚	92.2	40.7	51	34.1	30	16.7	10.8	49	43	21.6
埃及	84.4	32.5	20	20	2.9	1.9	1	24.8	1.2	6.7
加纳	43.9	29.8	35.1	17.5	5.3	n.a.	3.5	14	7	14
印度尼西亚	45.5	45	81	51	9	7	6	25	15	14
马来西亚	72	39	39.6	33.9	39.6	17.1	17.3	25.1	22.9	23.2
菲律宾	70	49.5	67	37.9	21.2	10.1	7.12	1.7	16.7	15.7
俄罗斯联邦	32.9	14.13	4.9	11.3	1.7	1.9	n.a.	7.4	12	4.1
南非	44	17.9	41.8	11.5	6.9	3	2.2	12.9	16.7	8.4

---

① OECD and Eurostat,Oslo Manual: Guidelines for Collecting and Interpreting Innovation Data, http://www.oecd.org/sti/inno/oslo-manual-guidelines-for-collecting-and-interpreting-innovation-data.htm.

续 表

	内部	市 场				机 构		其 他		
	企业或企业集团内	设备、原材料、部件或软件供应商	客户或消费者	竞争者或者行业中其他企业	咨询、商业实验室或私人研发机构	大学或其他高等教育机构	政府或公共研究机构	论坛、贸易市场、展览	科学杂志、贸易或技术出版物	专业或行业协会
乌拉圭	39.4	21.7	36.1	17.1	13.1	7	n.a.	16.5	14.1	n.a.
欧盟最小值	22.3	11.2	13.9	6.2	0.8	0.9	0.3	5.1	3.3	1.4
欧盟最大值	85.3	71.1	41.8	36.8	25.7	8.8	7.8	59.7	27	21.2

资料来源：UNESCO UIS(2012)。

从表中可以发现，大多数国家的创新型制造业企业都将内部信息源看作是最为重要的信息源，埃及为84.4%，马来西亚为72.0%，以色列为66.3%，中国为49.4%。第二重要的信息源是客户和消费者，包括印度尼西亚、中国、巴西和俄罗斯联邦在内的国家，其创新型企业都将客户和消费者作为非常重要的信息源，分别达到81.0%、59.7%、46.0%和34.9%。与此相对的是，机构并未被创新型企业看作重要的信息源，除中国外(24.7%)，几乎其他国家的创新型制造业企业将机构看作重要信息源的比例不超过20%。

三、创新合作："硬"合作强于"软"合作

创新合作与从开放信息源有显著的区别，创新合作获取知识和技术的方法依赖于参与方共同的工作。根据《奥斯陆创新手册(第三版)》[①]的观点，创新合作可以帮助企业获得那些依靠自身实力不能获取的知识和技术。创

---

① OECD and Eurostat,"Oslo Manual: Guidelines for Collecting and Interpreting Innovation Data", http://www.oecd.org/sti/inno/oslo-manual-guidelines-for-collecting-and-interpreting-innovation-data.htm.

新合作可以沿供应链进行选择，包括消费者和供应商都能参与到新产品、新工艺或其他创新活动中来。技术的或商业的信息交换自然有助于产品和服务的贸易。消费者需求信息以及供应商商品供应经验信息在创新过程中都扮演了重要作用。此外，创新合作也包括平行合作，即与其他公司或公共研究机构一同合作。

附表3　有创新合作伙伴的创新型制造业企业比重　　单位：%

	任意形式的合作伙伴	企业集团内部的其他企业	设备、原材料、零部件或软件的供应商	客户与消费者	竞争者或行业中的其他企业	咨询、商业实验室或私人研发机构	大学或其他高等教育机构	政府或公共研究机构
巴西	9.7	1.1	5	3.5	1	1.9	1.9	n.a.
中国	n.a.	n.a.	n.a.	n.a.	n.a.	n.a.	n.a.	n.a.
哥伦比亚	47.8	18.3	31.8	24.9	5.8	20.7	14.9	n.a.
埃及	7.5	n.a.	n.a.	n.a.	n.a.	n.a.	n.a.	n.a.
加纳	n.a.	28.1	21.1	31.6	17.5	22.8	12.3	8.8
印度尼西亚	n.a.	37.8	66.3	n.a.	18.4	24.5	19.4	11.2
以色列	33.4	8.3	19.6	21.3	14.4	17.3	12.6	8.2
马来西亚	n.a.	65.5	55.1	56.1	30	84	45	37
菲律宾	n.a.	91.2	92.6	94.1	67.6	64.7	47.1	50
俄罗斯联邦	37.3	12.6	16.9	10.9	3.9	5.1	9.1	15.6
南非	33	14.2	30.3	31.7	18.6	21.1	16.2	16.2
欧盟最小值	12.9	2.4	7.1	4.2	2.7	4.4	4.3	1.1
欧盟最大值	56.2	23	41.5	36	30.8	33.8	30.8	26.3

资料来源：UNESCO UIS(2012)。

通过附表3,可以更为清楚地看到,创新型制造业企业选择创新合作对象的差异。在所有合作伙伴中,设备、原材料、零部件或软件的供应商成为合作伙伴的可能性是最高的,印度尼西亚达66.3%,哥伦比亚为31.8%,俄罗斯联邦为16.9%,巴西为5.0%。客户和消费者作为主要合作伙伴的国家包括菲律宾(94.1%)、南非(31.7%)、加纳(31.6%)和以色列(21.3%)。

通常而言,大多数企业并没有与大学或其他高等教育机构进行大规模的合作,同样与政府和公共研究机构的合作也较少。这也表明需要进一步强化私人与教育和公共部门间的联系。

四、产品与工艺创新：并驾齐驱,大企业主导

产品创新是指根据特征或使用目的引进新的或重大改进的商品或服务。它包括在技术规范、零件和材料、合并软件、用户友善或其他功能特色等方面的重大改进。产品创新可以利用新的知识或技术,或是现有的知识或技术的新应用,或者混合应用新的和现有的知识或技术。工艺创新是指新的或明显改进的产品或传输方式的实现。它包括技术、设备和(或)软件上的重大改变。工艺创新可用于减少单位的生产或传输成本、提高质量,以及制造或传输新的或重大改进的产品。生产方式包括通常用于生产商品或提供服务的技术、设备和软件。

在参与考察的10个国家中,制造业企业中进行产品创新的国家间相差较为显著,菲律宾制造业企业中运用产品创新的企业比重达到34.2%,是所有国家中最高的,紧随其后的是以色列(34.2%)和马来西亚(29.5%)。菲律宾同时也是所有国家中,制造业企业中进行工艺流程创新比重最高的国家,达44.0%,紧随其后的是马来西亚(33.3%)和巴西(32.0%)。与此相对的是,产品和工艺创新水平最低的国家分别是哥伦比亚(分别为4.2%和20.0%)和(分别为6.0%和8.3%)。

在中国,制造业企业中进行产品和工艺创新的企业比重大致相当,分别

为25.1%和25.3%。在以色列、俄罗斯联邦和南非,企业中产品创新的比重(分别为34.2%、8.0%和16.8%)要高于工艺创新的比重(分别为30.9%、5.9%和13.1%)(见附图1)。

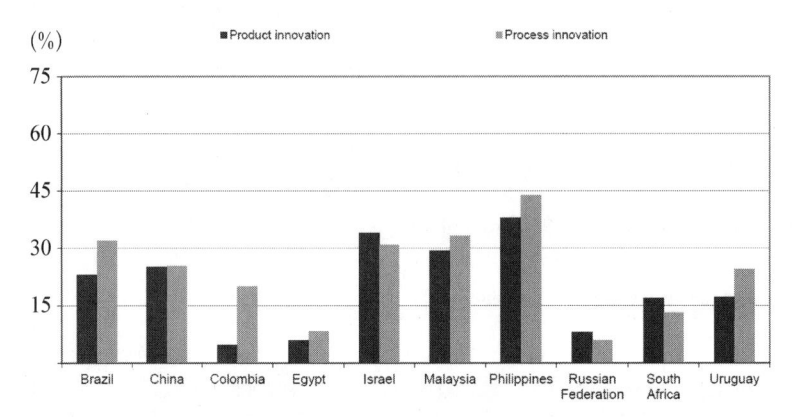

附图1 制造业中开展产品和工艺创新的企业比重

资料来源:UNESCO UIS(2012)。

附图1的数据分别代表了制造业企业中进行产品和工艺创新的比重。附图2则反映了一个国家的产业或工艺创新指数,即在一个国家中所有企业中进行产品或工艺创新的企业的比重[①]。

菲律宾制造业企业中进行产品或工艺创新的企业比重达到50.2%,是所有国家中最高的。紧随其后的是以色列(42.4%)与欧盟27国的平均水平(42.0%)相当,从某种程度而言,马来西亚和巴西的情况也比较一致,分别为39.0%和38%(见附图2)。

附图3反映了制造业中开展产品或工艺创新的企业规模分布,分为微型、小型、中型和大型企业4类。统计结果支持了相关理论,创新与企业的规模之间呈现出高度相关性,即企业的规模越大,进行产品或工艺创新的比重越高(见图3)。在中国,83.5%的大型制造业企业进行了产品或工艺创

---

① 根据UNESCO UIS(2012)的观点,产品或工艺创新指数通常不包括那些放弃或正在进行的创新活动,在该报告中,企业总体主要是制造业企业的总和。

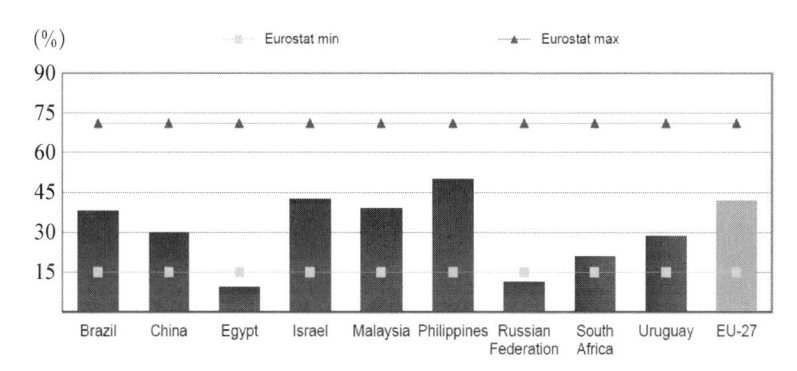

附图2　制造业中开展产品或工艺创新的企业比重

资料来源：UNESCO UIS(2012)。

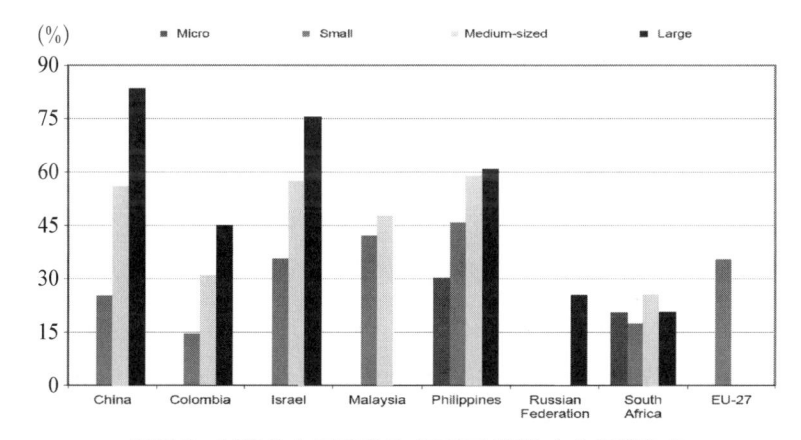

附图3　制造业中开展产品或工艺创新的企业规模分布

资料来源：UNESCO UIS(2012)。

新，紧随其后的是以色列(75.5%)和菲律宾(60.8%)。不过，南非和俄罗斯联邦、哥伦比亚三国中大型企业进行产品或工艺创新的比重不足50%，分别为20.5%、25.4%和45.0%。就中型企业而言，最高的是以色列(57.4%)和中国(55.9%)，最低水平的是俄罗斯联邦，只有5.4%。小型企业则差异非常明显，哥伦比亚(14.6%)、南非(17.4%)和中国(25.2%)，而菲律宾和马来西亚的比重却分别高达45.8%和42.1%。在受观察的国家中，所有国家大型制造业企业进行产品或工艺创新的比重最高，但南非除外。在南非，4

种规模的企业进行产品或工艺创新的比重都非常接近。这也在一定程度上说明,创新资源主要集中在发达国家。

五、组织创新:全球盛行,以大企业为主

组织创新是指企业的运营策略、工作场所组织或外部关系等方面新的组织方式的实现。组织创新可以用于通过减少管理成本或交易成本、提高工作间的满意度(和劳动生产力)、获得不可交易资产(如未被编撰的外部知识)或减少供应商的成本以提高企业的绩效。组织创新不仅是产品和工艺创新的支撑要素,也可能是企业自身绩效的重要影响因素。组织创新能改进工作的质量和效率,增强信息的交流,提高企业学习和利用新知识和技术的能力。营销和组织创新的加入,以及广义创新定义的使用,即包括开展和采用创新的活动,意味着越来越多的企业符合创新性的基本要求。

组织创新在制造业企业中仍较盛行,如在菲律宾有58.0%的企业采取了组织创新,包括南非(52.6%)和以色列(50.6%)也超过了一半。在其他国家同时组织创新与企业规模间有高度相关性。通常而言,企业规模大的企业更容易采取组织创新,比如在以色列和南非分别高达72.0%和71.1%。

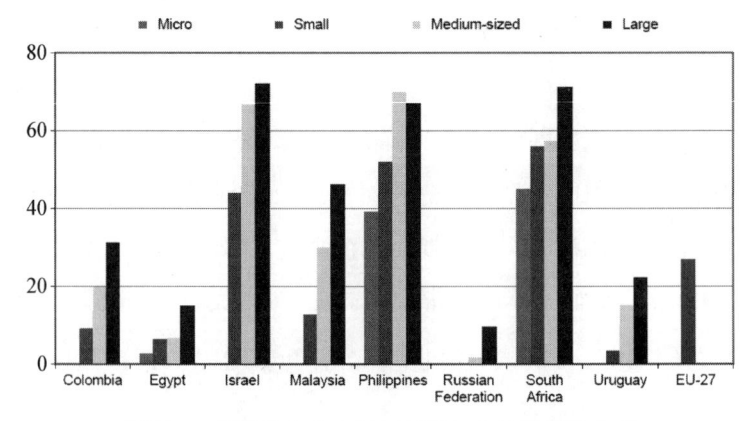

附图4 制造业企业中组织创新与企业规模的关系

资料来源:UNESCO UIS(2012)。

唯一例外的是菲律宾,大型企业采取组织创新的比例(67.0%)低于中型企业运用组织创新的比例(70.0%),但还是非常接近。在其他国家中,中型企业采取组织创新的比例都要低于大型企业。在所有国家中,小型企业和微型企业采取组织创新的比例都非常低。

六、营销创新:大中型企业主导

营销创新是指新的营销方式的实现,包括产品的设计或包装、分销渠道、促销方式以及定价等方面的重大变革。营销创新旨在更好地满足消费者需求,开辟新市场,或重新配置企业在市场上的产品,以提高企业的销售额。在创新调查框架体系中加入营销方法,是为了更完整地描述创新活动。第一,营销创新可能对企业绩效和整个创新过程都很重要。第二,营销创新的定义特性以消费者和市场为导向,着眼于提高销售水平和增加市场份额。

从附图 5 可以发现,欧盟国家中 60.4% 的企业推动营销创新的比重是所有国家中最高的,其余最高国家分别为以色列(57.9%)、菲律宾(50.4%)和巴西(48.0%)。哥伦比亚(10.8%)、埃及(3.6%)、俄罗斯(3.4%)和乌拉圭(4.8%)4 个受观察国家企业中进行营销创新的比重都要低于欧盟

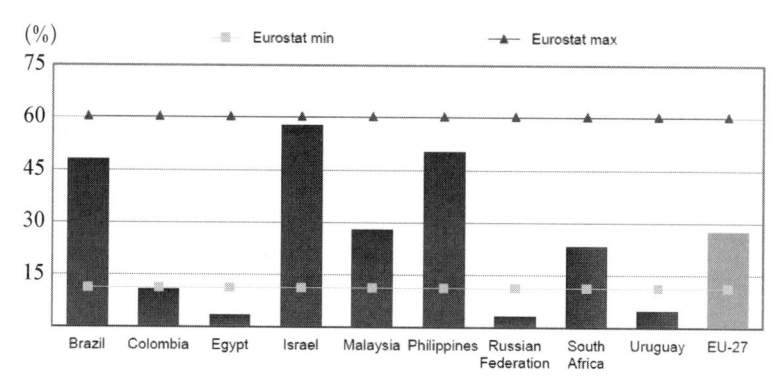

附图 5 制造业企业中推动营销创新企业的比重

资料来源:UNESCO UIS(2012)。

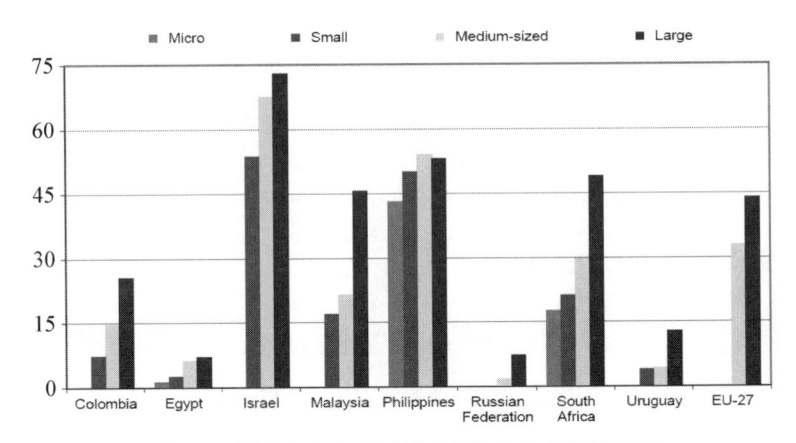

附图6　制造业企业中营销创新与企业规模的关系

资料来源：UNESCO UIS(2012)。

的最低水平。

然而，欧盟大企业进行营销创新的平均比重为43.9%，只有以色列(73.0%)、马来西亚(45.7%)、菲律宾(53.0%)和南非(48.9%)四国的水平超过。

七、创新制约因素：由企业的资金与人才决定

政策制定者和商业领袖们都很想知道到底是什么因素推动了创新的形成，又是什么因素会阻碍创新的发展。通常阻碍创新的要素可以写出很多，但主要还是可以归为缺乏以下几种要素：可以获取的金融支持、新产品的需求、技术劳动力、合适的能推动创新项目的创新合作伙伴以及能促进创新的技术知识或营销知识。[①] 下表列出了影响企业创新能力的主要因素，分为成本及经济因素、知识因素和市场因素三大块。

[①] OECD and Eurostat, "Oslo Manual: Guidelines for Collecting and Interpreting Innovation Data", http：//www.oecd.org/sti/inno/oslo-manual-guidelines-for-collecting-and-interpreting-innovation-data.htm.

附表 4　阻碍创新的主要因素　　　　　　单位：%

	成本与经济因素				知识因素				市场因素		
	公司或集团内部缺少资金	缺少外部资金来源	创新成本太高	公司或集团内部缺少资金	缺乏技术人才	缺少技术信息	缺少市场信息	寻找合作伙伴困难	市场被已有企业垄断	创新产品或服务需求未定	创新易于被模仿
巴西	n.a.	17.5	21.6	17.7	16.2	5.9	4.4	7.1	n.a.	n.a.	n.a.
中国	n.a.	n.a.	n.a.	n.a.	28	n.a.	n.a.	n.a.	n.a.	n.a.	12.3
哥伦比亚	42.1	33.8	n.a.	n.a.	41.5	42.3	41.3	31.2	n.a.	44.5	34.7
埃及	28.6	28.6	21.8	n.a.	29.4	36.1	37	27.7	26.1	29.4	n.a.
加纳	47.4	28.2	38.6	n.a.	14.1	7	8.8	17.5	19.3	12.3	n.a.
印度尼西亚	46	44	46	44	29	29	23	36	37	31	n.a.
以色列	26.5	11.1	21.4	n.a.	16	5.5	4.5	6.3	10.7	6.2	n.a.
马来西亚	29.3	40.3	41.3	33.8	28.7	25.6	22.9	22.6	30.7	21.5	n.a.
菲律宾	19.1	10.2	20.9	n.a.	11.7	8.2	10	5.6	14.7	9.9	n.a.
俄罗斯联邦	39.8	n.a.	27.8	16.3	5.3	1.8	2.9	1.6	n.a.	9.1	n.a.
南非	38	23.5	33.5	n.a.	23	11.9	11.7	13.1	17.5	15.5	n.a.
乌拉圭	24.8	n.a.	n.a	15.0	32.4	7.3	11.3	16.4	n.a.	n.a.	n.a.
欧盟最小值	11	4.4	9.6	n.a.	8.1	2	1.6	2.5	5.3	4.5	n.a.
欧盟最大值	42.1	36.6	44	n.a.	26.6	35	36.4	23.4	26	24.3	n.a.

资料来源：资料来源：UNESCO UIS(2012)。

在影响创新的主要因素中，企业自身缺少资金对 7 个主要观察国家中的大多数企业来说都是最为关键的，如加纳有 47.4% 的将创新不足归结为缺少内部资金。当然创新的高成本也是大多数企业创新能力不足的重要原因,如印度尼西亚(46.0%)、马来西亚(41.3%)、巴西(21.6%)和菲律宾(20.9%)等国家的比例相对较高。

在阻碍创新的知识要素中,在12个被观察国家中有7个国家的制造业企业将技术人才缺乏作为主要因素,比如近1/3的乌拉圭(32.4%)企业和28.7%的马来西亚企业。在市场因素中大多数国家的企业将"市场被已有企业垄断"作为制约企业创新的关键因素,如印度尼西亚(37%)、马来西亚(30.7%)、加纳(19.3%)、南非(17.5%)、菲律宾(14.7%)和以色列(10.7%)等。

参考文献

[1] Acitelli, Tom. The Innovation District Is Not as Innovative as We Thought [N]. Curbed Boston, August 13, 2013.

[2] Allen T J.. Managing the flow of technology: Technology transfer and the dissemination of technological information within the R&D organization[J]. MIT Press Books, 1984, 1.

[3] Alice Dragoon. Mapping the Changes in Kendall Square[DB/OL]. [2018 – 07 – 17]. https://www.technologyreview.com/s/540536/mapping-the-changes-in-kendall-square.[2015 – 08 – 18].

[4] Alonso William. The economics of urban size[J]. Papers in Regional Science, 1971 (1): 66 – 83.

[5] Audretsch D B, Feldman M P. R&D spillovers and the geography of innovation and production[J]. The American economic review, 1996, 86(3): 630 – 640.

[6] Ben Quinn. Silicon Roundabout gets Brexit jitters [DB/OL]. [2018 – 05 – 04]. https://www.theguardian.com/technology/2017/aug/19/silicon-roundabout-gets-brexit-jitters.

[7] Ben-Akiva, et al. Discrete Choice Analysis: Theory and Application to Travel Demand[M]. Cambridge, MA: MIT Press, 1985.

[8] Boschma R. Proximity and innovation: a critical assessment[J]. Regional studies, 2005, 39(1): 61 – 74.

[9] Boston Municipal Research Bureau. I-Cubed Development Tool Used for Fan Pier Project[R]. Boston Municipal Research Bureau, 2011.

[10] Boston Redevelopment Authority, Seaport Square PDA No. 78, November 15, 2012.

［11］Boston Redevelopment Authority. Downtown Design and Development Study［R］. City of Boston，1969.

［12］Breschi S, Malerba F. The geography of innovation and economic clustering: some introductory notes［J］. Industrial and corporate change，2001，10(4)：817-833.

［13］Katz，Bruce，& Wagner，Julie. The Rise of Innovation Districts: A New Geography of Innovation in America［R］. Washington，D. C: Brookings Institution，2014.

［14］Bui，Quoctrung. Map: The Most Common Job In Every State［N］. NPR，February 5，2015.

［15］Butcher，Mike. London's Tech Boom Is More Than Just Hype，The Hard Numbers Say So［DB/OL］.［2017-12-08］. http://techcrunch.com/2014/09/20/londons-tech-boom-is-more-than-just-hype-the-hard-numbers-say-so/.

［16］Cambridge Community Devlopment Department. Kendall Square Central Square Planning Study (K2C2)［DB/OL］.［2018-07-17］. http://www.cambridgema.gov/CDD/Projects/Planning/K2C2.［2013-09-10］.

［17］Castells M. European cities, the informational society, and the global economy［J］. New left review，1994(204)：18.

［18］Castells M. The informational city: Information technology, economic restructuring, and the urban-regional process［M］. Oxford: Blackwell，1989.

［19］Chatterji A, Glaeser E, Kerr W. Clusters of entrepreneurship and innovation［J］. Innovation Policy and the Economy，2014，14(1)：129-166.

［20］City of Boston. Innovation District — The Official Site from the City of Boston［DB/OL］.［2017-12-08］. http://www.innovationdistrict.org/.

［21］City of Seattle. Office of the Mayor. City Releases Report on South Lake Union Evolution，Public-private Investment［DB/OL］.［2017-12-05］. https://wayback.archive-it.org/3241/20131219033736/http:/www.seattle.gov/mayor/press/newsdetail.

［22］Cityofboston［DB/OL］.［2017-12-05］. https://www.cityofboston.gov/news/uploads/20806_50_1_41.pdf.

［23］Cooke，Robert. Biotech: Boston's Next Boom?; Genetic Engineers: From Labs to Riches［N］. The Boston Globe，1991，September 13.

［24］Cortese，Amy. From Empty Lots to Bustling Waterfront［N］. New York Times，

October 7, 2007.

[25] Coughlin C C, Terza J V, Arromdee V. State Characteristics and the Location of Foreign Direct Investment within the United States[J]. The Review of Economics & Statistics, 1991, 73, (4): 675 - 683.

[26] David S. Rose. Silicon Alley Rising: New York Startup Funding Applications Trump The Long-Reigning Valley[N]. Forbes, 4/28/2015, http://www.forbes.com/sites/groupthink/2015/04/28/silicon-alley-rising-new-york-startup-funding-applications-trump-the-long-reigning-valley/.

[27] Davis, Alice Brooks. Innovation Districts: Economic Development, Community Benefits, and the Public Realm[D]. Massachusetts Institute of Technology, 2015.

[28] Debra M Amidon, The Innovation SuperHighway: Harnessing Intellectual Capital for Sustainable Collaborative Advantage[M]. Oxford: A Butterworth-Heinemann Title, 2002.

[29] Delgado M, Porter M E, Stern S. Clusters and entrepreneurship[J]. Working Papers, 2010, 10(10): 495 - 518.

[30] Devol C, Wong P, Catapano C J, et al. America's high-tech economy: Growth, development, and risks for metropolitan areas[C]//Milken Institute Research Report. 1999.

[31] District Hall[DB/OL]. [2017 - 12 - 05]. www.districthallboston.org.

[32] Drinkwater, Sarah. Happy 3rd Birthday, Campus London![DB/OL]. [2017 - 12 - 05]. http://googlepolicyeurope.blogspot.com/2015/03/happy - 3rd-birthday-campus-london.html.

[33] Drinkwater, Sarah. Happy 3rd Birthday, Campus London! Google Europe Blog [DB/0L]. [2017 - 03 - 04], March 26, 2015. http://googlepolicyeurope.blogspot.com/2015/03/happy - 3rd-birthday-campus-london.html.

[34] Drucker, Peter F. Post-capitalist Society[M]. New York, NY: HarperBusiness, 1993.

[35] Edward L. Glaeser. Reinventing Boston: 1640 - 2003[J]. Journal of Economic Geography, 2005(2): 119 - 153.

[36] Esmaeilpoorarabi N, Tan Y, Guaralda M. Place quality in innovation clusters: An empirical analysis of global best practices from Singapore, Helsinki, New York, and Sydney[J]. Cities, 74, 2017.

[37] Florida, Richard L. The Joys of Urban Tech[N]. The Wall Street Journal, August 31, 2012.

[38] Florida, Richard L. The Rise of the Creative Class and how it's transforming work, leisure, community and everyday life[M]. Princeton, N. J. : Basic Books, 2002.

[39] Florida, Richard L. What Critics Get Wrong About Creative Cities[N]. CityLab, May 30, 2012.

[40] Forester T. High-tech society: the story of the information technology revolution [M]. Mit Press, 1987.

[41] Future Cities Catapult. Urban Innovation Centre[DB/OL]. [2016 - 06 - 06]. http://www.urbaninnovationcentre.org.uk/.

[42] Garfinkel, Simson.. Building 20: The Proactive Eyesore[J]. Technology Review, 1991, December.

[43] George Bugliarello. Urban Knowledge Parks Knowledge Cities and Urban Sustainability[J]. International Journal Technology Management, 2004, 28 (3): 388 – 394.

[44] Gordon Douglass and Jonathan Hoffman. The science and technology category in London[DB/OL]. [2015 - 04 - 24]. GLAECONOMICS working paper March 2015. https://www. london. gov. uk/sites/default/files/gla _ migrate _ files _ destination/WP64.pdf.

[45] Granovetter, Mark S. The Strength of Weak Ties[J]. American Journal of Sociology 1973, 76 (6): 1360 – 1380.

[46] Hackler, Darrene. Unlocking the Potential of Innovation and Entrepreneurship: The Role of Local Policy in Cities[D]. George Mason University, 2012.

[47] Hall, Peter, and Ann R. Markusen. Silicon landscapes [M]. Taylor & Francis, 1985.

[48] Harris, David. Rory Cuddyer Is Boston's New Startup Czar[N]. Boston Business Journal, March 2, 2015.

[49] Hec, Fur.. Foreign Banking in China: A Study of 279 Branch Units in 32 Cities [J]. Eurasian Geography and Economics, 2008, 49, (4) : 457 – 480.

[50] Hoffman, Kirsten. Waterfront Development as an Urban Revitalization Tool: Boston's Waterfront Redevelopment Plan [N]. Harvard Environmental Law Review, 1999, Vol. 23, Issue 2.

[51] ICA: The Institute of Contemporary Art/Boston [DB/OL]. [2016 - 06 - 06]. http://www.icaboston.org.

[52] Innovation and the City Conference [DB/OL]. [2016 - 06 - 06]. http://innovationandthecity.org.

[53] Innovation Warehouse. Innovation and the City Conference [DB/0L]. [2017 - 03 - 04]. http://www.innovationwarehouse.org.

[54] Innovation Warehouse[DB/OL]. [2016 - 06 - 06]. http://www.innovationwarehouse.org.

[55] Jacobs J. The Death and life of great American cities[M]. Random House, 1961.

[56] Jaffe A B, Trajtenberg M, Henderson R. Geographic localization of knowledge spillovers as evidenced by patent citations[J]. The Quarterly journal of Economics, 1993, 108(3): 577 - 598.

[57] Joint Venture Silicon Valley. Silicon Valley Index 2012[R]. San Jose: Joint Venture Silicon Valley, 2012.

[58] Kahn K B. Interdepartmental integration: a definition with implications for product development performance[J]. Journal of product innovation management, 1996, 13 (2): 137 - 151.

[59] Keryx. Keryx Biopharmaceuticals Announces Opening of Boston Office [DB/OL]. [2016 - 06 - 06]. http://investors.keryx.com/phoenix.zhtml?c=122201&p=irol-newsArticle&id=1927347.

[60] Keydon, Jerold. Privately Owned Public Space: The New York City Experience [M]. Hoboken (New Jersey): John Wiley & Sons, 2000.

[61] King Staff. Early'90s bet on urban centers pays off for Seattle[N]. KING5, November 9, 2012.

[62] Kirsner, Scott. Can Cambridge's Proposed 5 Percent Rule Keep Kendall Square Safe for Entrepreneurs? [N]. Innovation Economy — Boston.com, February 25, 2013.

[63] Laura Bottazzi and Giovanni Peri. The International Dynamics of R&D and Innovation in the Long Run and in the Short Run[J]. The Economic Journal, Vol. 117, Issue 518, March 2007.

[64] Ledwith, Sara. Digital Tech Can Give London a $20 Billion Boost in a Decade [DB/OL]. [2016 - 06 - 06]. http://uk.reuters.com/article/2014/06/16/uk-britain-tech-growth-idUKKBN0ER00520140616.

[65] Longo, Anthony. So Long, Dogpatch Cambridge: Polaris' Startup Hatchery Is No More [DB/OL]. [2016 - 06 - 06]. BetaBoston, http://www.betaboston.com/news/2014/04/25/so-long-dogpatch-cambridge-polaris-startup-hatchery-is-no-more/.

[66] Lydia DePillis. Dinosaur Makeover: Can Research Triangle Park Pull Itself Out of the 1950s? [N]. New Republic, October 12, 2012.

[67] Mario Kranjac. Silicon Alley soaring:Gaining from Wall St.'s pain[N]. New York Post, Jan. 25, 2012.

[68] Mark Muro and Bruce Katz. The New 'Cluster Moment': How Regional Innovation Clusters Can Foster the Next Economy[R]. Washington, D.C: Brookings Institute, 2010.

[69] Markusen A. Sticky places in slippery space: a typology of industrial districts [M]//Economy. Routledge, 2017: 177 - 197.

[70] Markusen A. Urban development and the politics of a creative class: evidence from a study of artists[J]. Environment and planning A, 2006, 38(10): 1921 - 1940.

[71] Markusen, J. & Venables, A.. Foreign Direct Investment as a Catalyst for Industrial Development[J]. European Economic Review, 1999, 43(2), 335 - 356.

[72] Martins J. The Extended Workplace in a Creative Cluster: Exploring Space(s) of Digital Work in Silicon Roundabout[J]. Journal of Urban Design, 2015, 20(1): 125 - 145.

[73] Mcfadden D. Conditional logit Analysis of Quantitative Choice Behavior[M]. In Frontier in Econometrics, ed. P. Zarembka. New York: Academic Press. 1974: 105 - 142.

[74] Metcalfe, John. Saving Seattle's Neighborhood Authenticity Through Better Buildings — CityLab[DB/OL]. [2016 - 06 - 06]. CityLab, http://www.citylab.com/housing/2012/11/saving-seattles-neighborhood-authenticity-through-better-buildings/3864/.

[75] Michael Joroff, Dennis Frenchman, Francisca Rojas. New Century City Developments Creating Extraordinary Value[M]. Cambridge: Massachusetts Institute of Technology, 2009.

[76] Microsoft New England. Fueling the MassChallenge and Supercharging the Innovation Ecosystem in Massachusetts. [DB/OL]. [2017 - 08 - 20]. http://

blog. microsoftnewengland. com/2010/04/14/fueling-the-masschallenge-and-supercharging-the-innovation-ecosystem-in-massachusetts.

[77] Microsoft New England. Welcome Dogpatch Labs and TechStars to NERD! [DB/OL]. [2016 – 06 – 06]. http://blog. microsoftnewengland. com/2011/01/24/welcome-dogpatch-labs-and-techstars-to-nerd.

[78] Kim, Minjee. Spatial Qualities of Innovation Districts: How Third Places are Changing the Innovation Ecosystem of Kendall Square[D]. Massachusetts Institute Of Technology, 2013.

[79] Modestino, Alicia Sasser. Retaining Recent College Graduates in New England: An Update on Current Trends[R]. New England Public Policy Center at the Federal Reserve Bank of Boston, 2013.

[80] Molly McHugh. Silicon Valley vs. Silicon Alley: Can New York compete with the best of the west? [N]. Digit Trends, August 20, 2011.

[81] Musterd S. Segregation, urban space and the resurgent city[J]. Urban Studies, 2006, 43(8): 1325–1340.

[82] Nathan M. East London tech city: ideas without a strategy? [J]. Local Economy, 2011, 26(3): 197–202.

[83] P Pancholi S, Yigitcanlar T, Guaralda M. Societal integration that matters: Place making experience of Macquarie Park Innovation District, Sydney[J]. City, Culture and Society, 2017.

[84] Pancholi S, Tan Y, Guaralda M. Societal integration that matters: Place making experience of Macquarie Park Innovation District, Sydney[J] City, Culture and Society, 2017(10).

[85] Partovi, Hadi. Is Seattle Silicon Valley's Next Favorite Stop? [DB/OL]. [2016 -06 – 06]. TechCrunch, http://techcrunch. com/2015/04/25/is-seattle-silicon-valleys-next-favorite-stop/?utm_source=&utm_medium=&utm_campaign=#.x37vjp: PFHz.

[86] Pepin, Ellen. From Concrete Bunker to Startup Hub | Foster Blog. [DB/OL]. [2017 – 08 – 20] http://depts. washington. edu/foster/from-concrete-bunker-to-startup-hub/.

[87] Porter, Michael E. On Competition[M]. The Harvard Business Review Book Series. Boston, MA: Harvard Businesss School Publishing, 1998.

[88] Porter, Michael E. The Competitive Advantage of Nations[R]. Basingstoke: Macmillan, 1990.

[89] Pruitt, A. D. Cambridge, Mass., Mandates Low-Cost Office Space[N]. The Wall Street Journal, April 10, 2013. http://www.wsj.com/news/articles/SB10001424127887324010.

[90] Regenerate Old Street Roundabout[DB/OL]. [2017 - 01 - 05]. https://www.gov.uk/government/news/pm-announces - 50m-funding-to-regenerate-old-street-roundabout.

[91] Robin Wauters, and Neil Murray. Tech. eu: European Tech Exits Report 2014 [DB/OL]. [2017 - 06 - 08]. http://tech.eu/product/tech-eu-european-tech-exits-report-2014/.

[92] Robin Wauters, and Neil Murray. Tech. eu: European Tech Exits Report 2014 [DB/OL]. [2017 - 08 - 20]. http://tech.eu/product/tech-eu-european-tech-exits-report-2014/.

[93] Romano, Benjamin. The Startup Hall Story — How It Could Transform Seattle's U District[DB/OL]. [2017 - 08 - 20]. Xconomy, http://www.xconomy.com/seattle/2014/10/23/the-startup-hall-story-how-it-could-transform-seattles-u-district/.

[94] Rosenthal S S, Strange W C. Evidence on the nature and sources of agglomeration economies[J]. Handbook of Regional & Urban Economics, 2006, 4 (04): 2119 - 2171.

[95] Ross, Casey. Mayoral Candidates' Visions for Development[N]. The Boston Globe, August 18, 2013. http://www.bostonglobe.com/news/politics/2013/08/17/mayoral-candidates-visions-for-development/LPEVoz813FHUUG1dP8ePHL/story.html.

[96] Sable, Michael Sankofa. An Analysis of the Role of Government in the Locational De-cisions of Cambridge Biotechnology Firms[DB/OL]. [2017 - 08 - 20]. Massachusetts Institute of Technology, Dept. of Urban Studies and Planning. 2007, http://hdl.handle.net/1721.1/42111.

[97] Sagalyn L B. Public/private development-Lessons from history, research, and practice[J]. Journal of the American Planning Association, 2007, 73(1): 7 - 22.

[98] Sagalyn L. Negotiating for Public Benefits: The Bargaining Calculus of Public-Private Development[J]. Urban Studies, 1997, 34(12): 1955 - 1970.

[99] Saxenian A L. Regional networks and the resurgence of Silicon Valley[J]. California management review, 1990, 33(1): 89-112.

[100] Saxenian A L. The new argonauts: Regional advantage in a global economy [M]. Harvard University Press, 2007.

[101] Saxenian, A.-L. Regional Advantage: Culture and Competition in Silicon Valley and Route 128[M]. Cambridge, MA: Harvard University Press, 1994.

[102] Scott A J, Pope N E. Hollywood, Vancouver, and the world: employment relocation and the emergence of satellite production centers in the motion-picture industry[J]. Environment and Planning A, 2007, 39(6): 1364-1381.

[103] Simha, Robert. The Cambridge Redevelopment Authority[R]. March 22, Cambridge Ordi-nance Committee meeting, 2011.

[104] Smit, Annet. Spatial Quality of Cultural Production Districts[D]. University of Groningen PhD Thesis, 2012.

[105] Spencer, Tracey. Seattle among Cities with Best Practices for Small Business Development[N]. Puget Sound Business Journal, May 20, 2014. http://www.bizjournals.com/seattle/blog/2014/05/seattle-among-cities-with-best-practices-for-small.html.

[106] Sternberg R. ENTREPRENEURSHIP, PROXIMITY AND REGIONAL INNOVATION SYSTEMS[J]. Tijdschrift Voor Economische En Sociale Geografie, 2007, 98(5): 652-666.

[107] Stone M E. Shelter Poverty in Massachusetts, 2000-2007: An Overview [M]. Center for Social Policy Publications. 2009.

[108] Suzanne Berger. Making In America: From Innovation to Market[M]. Cambridge: MIT Press, 2013.

[109] Tambe, Prasanna. Job Hopping, Information Technology Spillovers, and Productivity Growth[D]. NYU Stern School of Business, 2013.

[110] Tech City Map[DB/OL]. [2017-01-05]. http://www.techcitymap.com.

[111] Telefonica Digital & Startup Genome. Startup Ecosystem Report 2012[DB/OL]. [2013-03-01]. http://reports.startupcompass.co/.

[112] Tercyak, Thad. Kendall Square Urban Renewal Project, Initial Years, 1963 to 1982[DB/OL]. [2017-08-20] Cambridge Civic Journal. http://cambridgecivic.com/?p=2102.

[113] The Economist. Silicon Alley 2. 0[N]. The Economist, 2010-06-10.

[114] Thetimes. Tech Nation will spread its wings to keep Britain ahead[DB/OL]. [2018-05-04]. https://www.thetimes.co.uk/article/tech-nation-will-spread-its-wings-to-keep-britain-ahead-q5skwfx97.

[115] VentureCafe. 2015. Building Innovation Communities — a Brief History of the Venture Café — YouTube[DB/OL]. [2017-01-05]. https://www.youtube.com/watch?v=pNyIAdhVPyw.

[116] Von Hippel E. "Sticky Information" and the Locus of Problem Solving: Implications for Innovation[J]. Management Science, 1994, 40(4): 429-439.

[117] Wainwright, Oliver. Silicon Roundabout: Tech City to Pioneer a Radical New Public Space[N]. The Guardian, December 13, 2012. http://www.theguardian.com/artanddesign/archtecture-design-blog/2012/dec/13/silicon-roundabout-tech-city-public-space.

[118] Wainwright, Oliver. Silicon Roundabout: Tech City to Pioneer a Radical New Public Space[DB/OL]. [2017-08-20]. The Guardian, December 13, 2012. http://www.theguardian.com/artanddesign/archtecture-design-blog/2012/dec/13/silicon-roundabout-tech-city-public-space.

[119] Weintraub, Karen. Biotech Players Lead a Boom in Cambridge[DB/OL]. [2017-08-20] NYTimes.com, January 1, 2013. http://www.nytimes.com/2013/01/02/realestate/commercial/biotech-players-lead-a-boom-in-cambridge.html?ref=business&_r=2.

[120] Whitehead R, Vandore E, Nathan M. A Tale of Tech City[DB/OL]. [2017-12-08]. https://www.mendeley.com/research-papers/tale-tech-city/.

[121] Whyte, William Hollingsworth. The Organization Man[M]. New York: Simon and Schuster, 1956.

[122] Willard, Foxton. Fifty Million Quid on Beautifying "Silicon Roundabout"? [N]. The Telegraph, December 6, 2012. http://blogs.telegraph.co.uk/technology/willardfoxton2/100008435/fifty-million-quid-on-beautifying-silicon-roundabout-thats-our-money-youre-throwing-away-dave/.

[123] Wired UK. London's Silicon Roundabout. Wired UK[DB/OL]. [2017-12-01]. http://www.wired.co.uk/magazine/archive/2010/02/start/silicon-roundabout.

[124] Wonglimpiyarat J. Technology foresight: creating the future of Thailand's

industries[J]. Foresight, 2006, 7(8): 23-33.

[125] [英]阿尔弗雷德·马歇尔.经济学原理[M].北京:商务印书馆,1964.

[126] [美]阿瑟.奥沙利文.城市经济学[M].北京:中信出版社,2002.

[127] 爱尔兰国家科技园官方网站[DB/OL].[2014-03-01].http://www.shannondevelopment.ie/.

[128] 漕河泾官网.区域位置[DB/OL].[2018-05-04].http://www.caohejing.com/item/default.aspx?f=2&s=7&t=11.

[129] 陈家海.上海城市功能的进一步提升与重点发展产业的选择[J].上海经济研究,2008(2):55-62.

[130] 成珞.硅巷 VS 硅谷:谁将引领信息技术新潮流?[N].解放日报,2012-7-28.

[131] 大创智功能区[DB/OL].[2018-05-04].http://ypsti.com/EnewsTRLetter.aspx?id=36&cid=1405.

[132] 邓智团,屠启宇.创新型企业大都市区空间区位选择新趋势与决定——基于美国大都市区的实证研究[J].世界经济研究,2014,(9):10-15.

[133] 邓智团,屠启宇,李健,林兰.创新驱动背景下上海城市空间的响应与布局研究[R].上海市科技发展基金软科学项目课题研究报告,2011.

[134] 邓智团,屠启宇,李健.从大学集聚区到创新街区的升华[J].华东科技,2012(9):69-71.

[135] 邓智团.创新街区研究:概念内涵、内生动力与建设路径[J].城市发展研究,2017,24(8):42-48.

[136] 邓智团.创新型企业集聚新趋势与中心城区复兴新路径——以纽约硅巷复兴为例[J].城市发展研究,2015,22(12):51-56.

[137] 邓智团.第三空间激活城市创新街区活力——美国剑桥肯戴尔广场经验[J].北京规划建设,2018(1).

[138] 邓智团.非对称网络权力与产业网络的空间组织——以我国台湾地区流行音乐产业网络为例[J].中国工业经济,2010(3):149-158.

[139] 邓智团.国际高新企业为何流行"搬回市区"[N].解放日报,2017年3月14日(思想版).

[140] 邓智团.伦敦科技产业的发展与空间分布的启示[J].上海社会科学院国际城市发展动态周报,2015(23):1-6.

[141] 邓智团.以新公共利益激活上海街区创新活力[N].解放日报,2017-6-26(思想版).

[142] 邓智团.对标一流城市,上海创新区建设怎么搞[N].解放日报,2017-06-26.

[143] 邓智团.产业网络进化论[M].社会科学文献出版社,2010.

[144] 邓智团.国际科技园区建设管理的新趋势[N].上海社会科学院国际城市发展动态周报,2013-01.

[145] 邓智团.驱动结构与城市发展[M].上海人民出版社,2016.

[146] 董宏达."大众创业、万众创新"心动不如行动[DB/OL].人民网—观点频道,2015-03-11.http://opinion.people.com.cn/n/2015/0312/c1003-26683063.html.

[147] 盖文启.创新网络——区域经济发展新思维[M].北京:北京大学出版社,2002.

[148] 广州高新区政策研究室.创新园区盈利模式 打造知识经济园区[DB/OL].[2018-03-06]. https://wenku.baidu.com/view/db100872852458fb760b5604.html.

[149] 黄艾娇,王春.沪首个市区校共建创意产业集聚区挂牌[N].科技日报,2009-9-15(4).

[150] 李健,屠启宇,张剑涛.上海新一轮城市规划:应打造创新空间[J].华东科技,2015(5):70-72.

[151] 李健,屠启宇.创新时代的新经济空间:美国大都市区创新城区的崛起[J].城市发展研究,2015,22(10):85-91.

[152] 迈克尔·波特.国家竞争优势[M].北京:中信出版社,2007.

[153] 上海虹口区科技委员会.虹口区科技创新十三五规划[R].上海虹口区政府,2016.

[154] 上海市普陀区人民政府.上海市普陀区科技创新"十三五"规划[DB/OL].[2018-05-04]. http://www.ptq.sh.gov.cn/shpt/gkgh-zhuangxian/20170607/217416.html.

[155] 上海市市北高新技术服务业园区.园区规划[DB/OL].[2018-05-04]. http://www.shibei.com/about/guihua/.

[156] 世界科技园协会(IASP)官方网站[DB/OL].[2018-02-028]. www.iaspbo.com/.

[157] 屠启宇,邓智团.创新驱动视角下的城市功能再设计与空间再组织[J].科学学研究,2011(9):1425-1434.

[158] 屠启宇,林兰.创新型城区——"社区驱动型"区域创新体系建设模式探析[J].南京社会科学,2010(5):1-7.

[159] 屠启宇.国际城市蓝皮书——国际城市发展报告2014[M].社会科学文献出版社,2014:60-66.

[160] 王缉慈,朱凯.国外产业园区相关理论及其对中国的启示[J].国外城市规划,2018(2).

[161] 王俊松.集聚经济与中国制造业新企业区位选择[J].哈尔滨工业大学学报(社会科学版),2011(11).

[162] 伊沙奎高地官方网站[DB/OL].[2015-01-028]. *www.issaquahhighlands.com*.

[163] 约瑟夫·阿洛伊斯·熊彼特.经济发展理论[M].北京:商务印书馆,1990.

[164] 郑德高,卢弘旻.上海工业用地更新的制度变迁与经济学逻辑[J].上海城市规划,2015(3):25-32.

后　记

　　20世纪末至21世纪初,信息社会与知识经济激活了城市发展新路径,创新创意成为城市发展新动力。新城市主义与创新创意人才的需求高度吻合,改善城市生态环境,促进文化多元,营造舒适的生活和工作环境,成为集聚创新创意人才塑造城市发展新动力的钥匙。"业兴人,人兴城"的城市发展逻辑,转变为"城兴人,人兴业"的新逻辑,将城市间的发展竞争,转变成更为显性和直接的人才争夺战,城市迎来新一轮发展。新一轮城市发展最为直观的标志就是"创新街区"广泛兴起。加快研究这一特定现象,对当前我国城市的内涵式发展(特别是亟待推进的"城市修补")的理论认识与现实实践有重要的参考借鉴价值。

　　笔者从2014年开始跟踪研究创新创业向高密度城市地区集聚的城市发展新趋势,并首次提出以"创新街区"来概括和研究这一特殊现象,先后获得上海市科委软科学重点项目(项目编号:17692106000;16692105000)以及上海市曙光计划项目(项目编号:17SG55)。经过几年的粗浅积累,博观约取,集成为当前的小册子,能得以提前顺利出版,得益于国家高端智库建设试点单位上海社会科学院院庆60周年·青年学者丛书的支持。作为"创新街区"这一新现象的探索性研究,沉淀不足又推出仓促,虽然有幸入选青年学者丛书,但愚以为本书并不能代表当前"尚社"青年学者的研究水准,而只能是本人作为一名土生土长的"尚社人"向60周年院庆的真诚献礼。

　　借用佐金(Sharon Zukin)《全球城市　地方商街:从纽约到上海的日常

多样性》(*Global Cities, Local Streets: Everyday Diversity from New York to Shanghai*)对城市与街区关系的理解,以及"上海2035"总体规划提出的"追求卓越的全球城市"的城市愿景,本书提出在知识与创新主导的时代,城市要追求卓越(不管是哪一种类型的城市追求卓越,卓越的全球城市或是卓越的区域城市),都应有让自身走向卓越城市的创新街区来实现城市新一轮发展。在此思路引导下,本书定名为《卓越城市 创新街区》,目的是希望能对不同等级、不同类型城市在确立未来发展新方向与实施策略方面给出参考借鉴。

本书在写作和出版过程中得到诸多帮助,感谢所长朱建江研究员和两位副所长周海旺研究员、屠启宇研究员的鼎力支持,感谢责任编辑熊艳老师的辛勤工作,感谢家人的默默奉献,感谢为为的到来。但由于笔者认识所限和研究视角的差异,书中难免还有一些不尽如人意的地方,诚恳期待学界同仁和实践者提出宝贵意见和建议,以期在后续研究中日臻完善。

邓智团

2018年5月23日于上海寓所

图书在版编目(CIP)数据

卓越城市 创新街区/邓智团著. —上海:上海社会科学院出版社,2018
(上海社会科学院院庆60周年:青年学者丛书)
ISBN 978-7-5520-2390-9

Ⅰ.①卓… Ⅱ.①邓… Ⅲ.①城市建设-研究-中国 Ⅳ.①F299.2

中国版本图书馆 CIP 数据核字(2018)第 166608 号

卓越城市 创新街区

著　　者：邓智团
责任编辑：熊　艳
封面设计：广　岛
出版发行：上海社会科学院出版社
　　　　　上海顺昌路 622 号　邮编 200025
　　　　　电话总机 021-63315900　销售热线 021-53063735
　　　　　http://www.sassp.org.cn　E-mail:sassp@sass.org.cn
排　　版：南京展望文化发展有限公司
印　　刷：上海景条印刷有限公司
开　　本：710×1010 毫米　1/16 开
印　　张：16.25
字　　数：210 千字
版　　次：2018 年 9 月第 1 版　2018 年 9 月第 1 次印刷

ISBN 978-7-5520-2390-9/F·526　　　　　定价：88.00 元

版权所有　翻印必究